Die KUNST des Zeichnens

10 STEPS

KATZEN

Titel der Originalausgabe:
10-Step Drawing
Cats
Learn to draw more than 50 Cats in ten easy steps!

Published in 2021 by Search Press Ltd.
Wellwood, North Farm Road
Turnbridge Wells
Kent, TN2 3DR

This book is produced by
The Bright Press, an imprint of The Quarto Group.
The Old Brewery, 6 Blundell Street,
London N7 9BH, United Kingdom
www.QuartoKnows.com

Zeichnungen: Justine Lecouffe

Übersetzung: Wiebke Krabbe, Damlos
Produktmanagement und Lektorat: Nicole Mering
Umschlaggestaltung: Eva Hook
Satz: Arnold & Domnick, Leipzig
Druck und Bindung: 1010 Printing International Ltd

1. Auflage 2022

ISBN 978-3-7724-4698-6
Best.-Nr. 4698

FSC www.fsc.org MIX
Papier aus verantwortungsvollen Quellen
FSC® C016973

Die KUNST des Zeichnens

10 STEPS

KATZEN

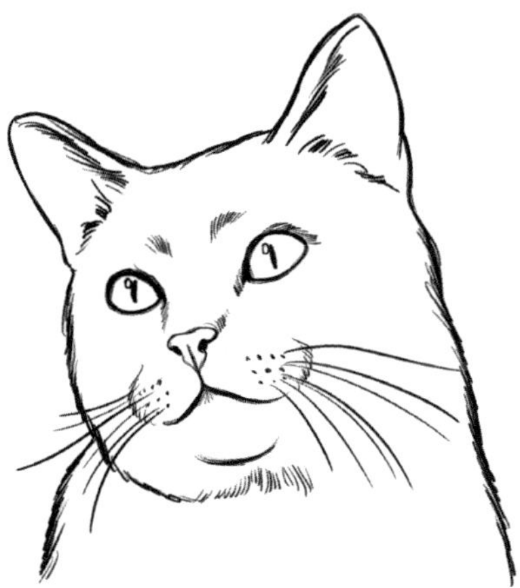

Justine Lecouffe

Inhalt

VORWORT 6
ÜBER DIESES BUCH 7

Gesichter & Details

Frontalansicht Kopf 10
Seitenansicht Kopf 12
Augen 14
Nase 15
Ohren 16
Birma 18
Karthäuser 20
Orientalisch Kurzhaar 22
Maine Coon 24
Singapura 26
RagaMuffin 28
Sphynx 30
Snowshoe 32

Ruhende Katzen

Sitzend von vorn 36
Sitzend von hinten 38
Liegend 40
Schlafend 42
Zusammengerollt 44
Nebelung 46
Perser 48
Ägyptische Mau 50
Devon Rex 52
Britisch Kurzhaar 54
Türkische Van 56
Sibirische Katze 58
Bengalkatze 60
Ragdoll 62
Balinesenkatze 64
Russisch Blau 66
Burma-Katze 68
Colorpoint Shorthair 70
Savannah 72

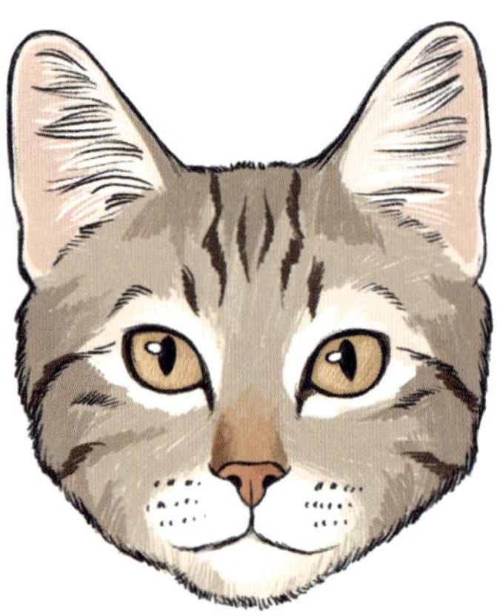

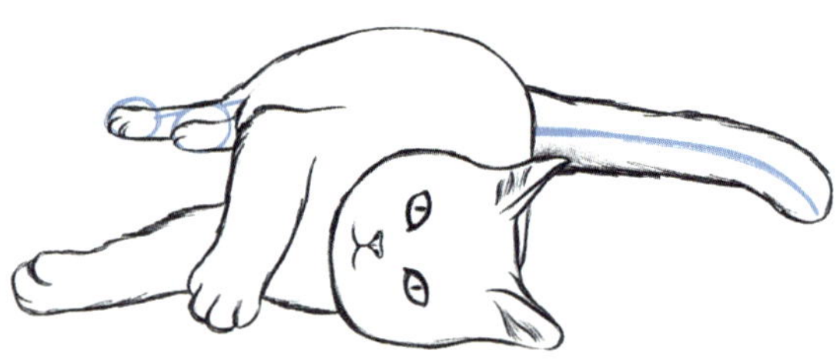

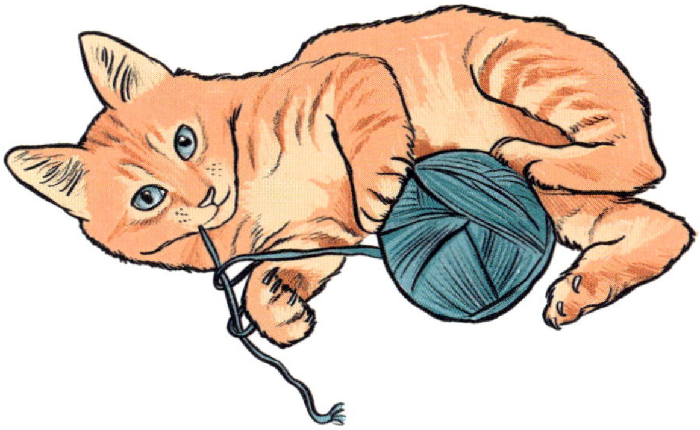

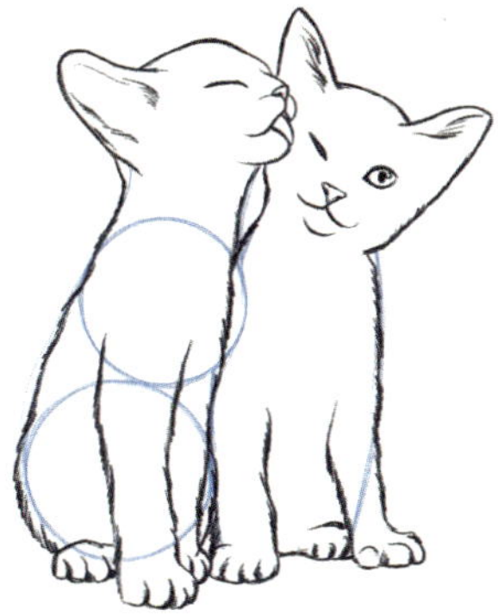

Katzen in Bewegung

Stehen ... 76
Putzen ... 78
Spielen ... 80
Angeln ... 82
Strecken ... 84
Gehen ... 86
Laufen ... 88
Springen ... 90
Bombay-Katze ... 92
Siamkatze ... 94
Norwegische Waldkatze ... 96
Burmilla ... 98
Chausie ... 100

Katzenbabys

Putzen ... 104
Klettern ... 106
Spielen ... 108
Buckel ... 110
Mutter & Kind ... 112
Abessinier ... 114
Exotisch Kurzhaar ... 116
LaPerm ... 118
Amerikanisch Kurzhaar ... 120
Schottisch Faltohr ... 122
Tonkinese ... 124
Ocicat ... 126

ÜBER DIE AUTORIN ... 128
DANK ... 128

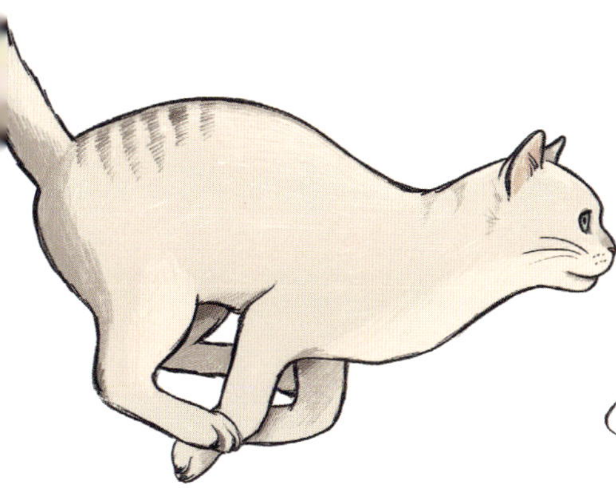

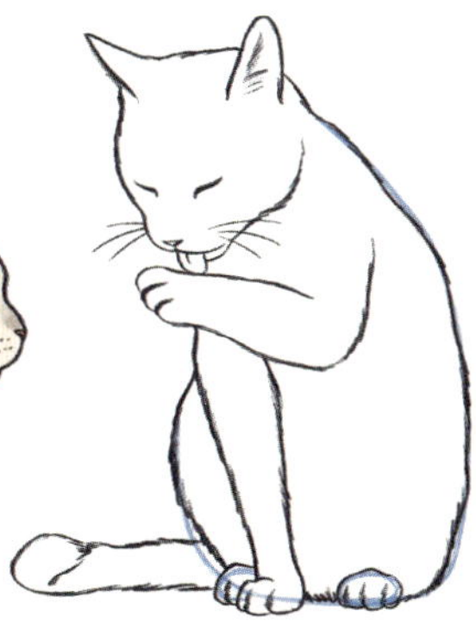

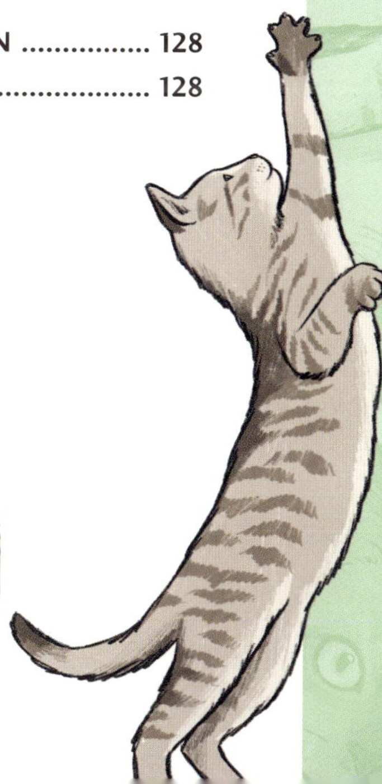

Vorwort

Dieses Buch präsentiert Zeichnungen von über 50 Katzen, die sich in nur zehn einfachen Schritten nachvollziehen lassen. Sie haben die Wahl zwischen verschiedenen Rassen – von der flauschigen RagaMuffin über die wilde Bengalkatze bis zur Kurzhaarkatze, die sich gemütlich zusammengerollt hat. Suchen Sie sich einfach Ihr Lieblingsmotiv aus, und legen Sie los!

VERSCHIEDENE KÖRPERFORMEN

Erwachsene und junge Katzen gibt es in verschiedenen Formen und Größen. In diesem Buch lernen Sie Schritt für Schritt, wie Sie Kopf, Gliedmaßen und Schwanz aus einfachen Grundformen und Umrissen aufbauen. Das ist wichtig, um stimmige Proportionen zu entwickeln.

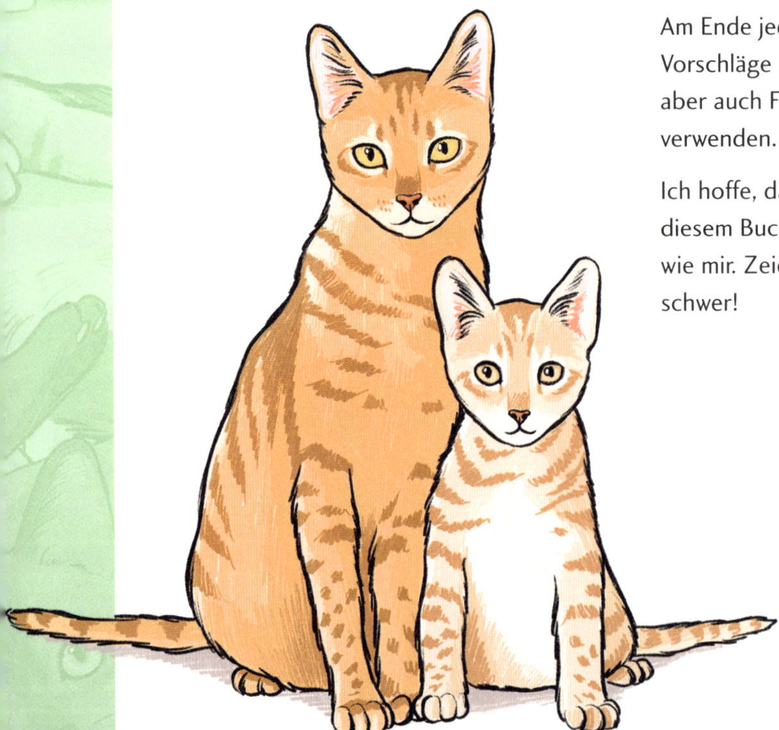

Am Anfang jedes Kapitels werden grundsätzliche Themen erarbeitet, beispielsweise Gesicht oder Haltung. Wenn Sie die Grundzüge beherrschen, können Sie sie auf die verschiedensten Rassen anwenden. Wenn Sie den Anleitungen für Kopf, Rumpf, Beine und Schwanz Schritt für Schritt folgen, werden Ihnen nicht nur realistische Darstellungen der verschiedenen Rassen gelingen, sondern auch natürliche Haltungen, etwa beim Putzen, Laufen, Springen oder Ruhen.

Am Ende jedes Projekts finden Sie Vorschläge zum Kolorieren. Sie können aber auch Farben eigener Wahl verwenden.

Ich hoffe, das Zeichnen der Motive in diesem Buch bereitet Ihnen so viel Freude wie mir. Zeichnen ist wirklich nicht schwer!

Über dieses Buch

GRUNDAUSSTATTUNG

Papier: Jedes Papier kann verwendet werden, am besten eignet sich aber gutes Zeichenpapier.

Bleistift, Radiergummi und Anspitzer: Probieren Sie Bleistifte in verschiedenen Härtegraden aus, und leisten Sie sich einen wirklich guten Radiergummi.

Farbstifte: Ein Kasten mit 24 Farben genügt vollkommen.

Kleines Lineal: Dieses ist nicht unbedingt nötig, aber nützlich zum Zeichnen von Hilfslinien.

SCHRITT FÜR SCHRITT

Zeichnen Sie zuerst die Hilfslinien und Umrisse des jeweiligen Schritts mit Bleistift. Dann Umrisse und Details mit einem dunklen Farbstift zeichnen. Die Bleistiftstriche ausradieren und das Motiv nach Belieben kolorieren.

KOLORIEREN

Bleiben Sie immer innerhalb der Konturlinien. Mit gut gespitzten Stiften lassen sich auch kleine Bereiche gut ausfüllen.

Hellere und dunklere Farbtöne entstehen, indem man den Druck variiert oder Flächen mehrmals übermalt.

Tierfell kann viele verschiedene Farben und Texturen haben. Wer etwas Übung im Schattieren der Figuren hat, kann mit unterschiedlichen Farben experimentieren. Variieren Sie dabei die Tonwerte.

Zum Kolorieren können Sie verschiedene Medien verwenden. Probieren Sie ruhig alle aus.

Farbstifte: Die einfachste Lösung. Alle Motive in diesem Buch sind mit Farbstiften koloriert.

Farben und Pinsel: Einsteiger kommen meist am besten mit Wasserfarben zurecht. Acryl- und Ölfarben haben den Vorteil, dass man Fehler einfach übermalen kann. Sie brauchen zwei oder drei Pinsel in verschiedenen Stärken, darunter einen sehr dünnen.

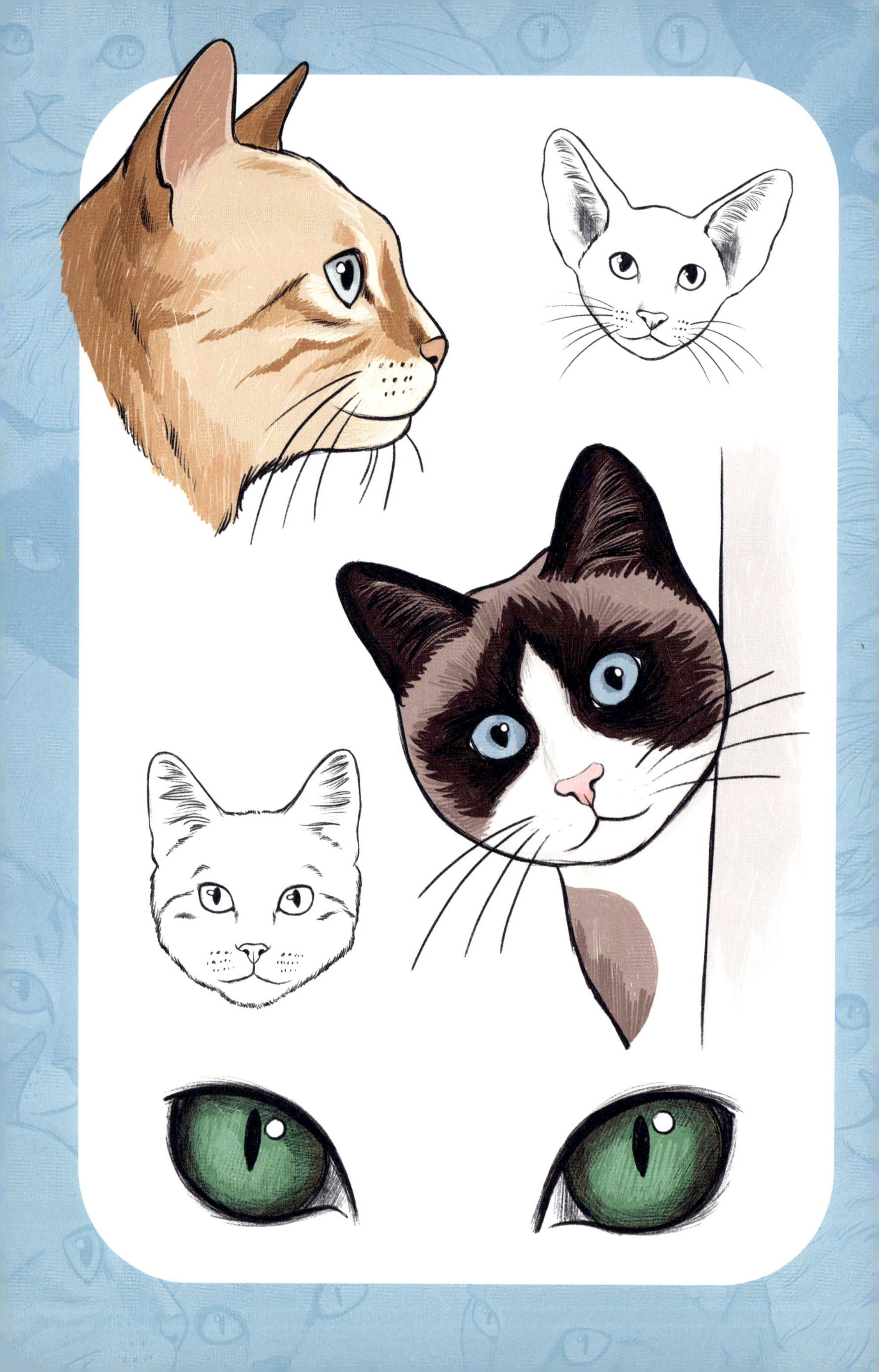

Gesichter & Details

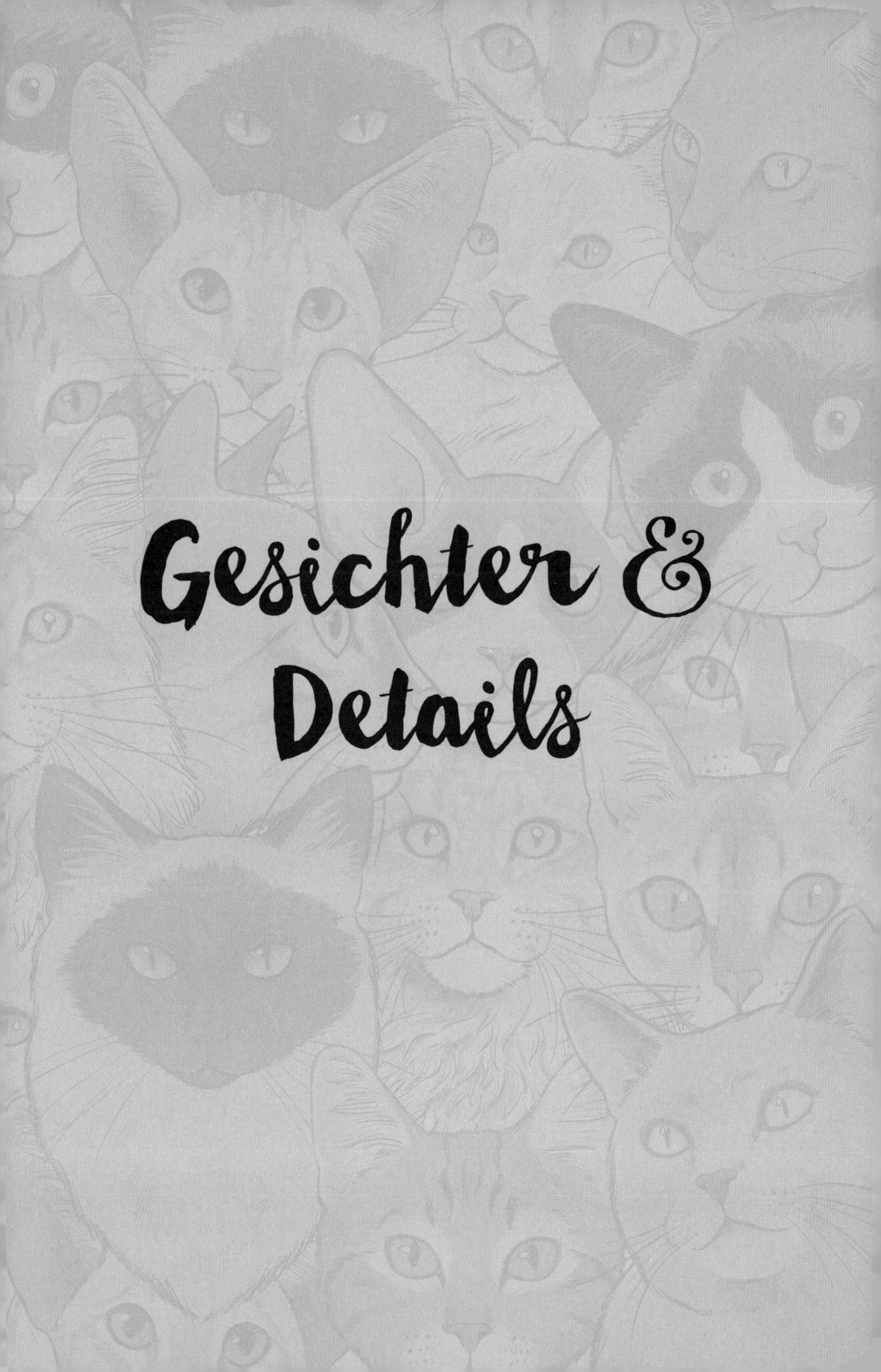

Frontalansicht

Kopf

Für einen klassischen Katzenkopf beginnen wir mit einem Kreis oder Oval, das für ein schlankes Gesicht auch schmaler sein kann.

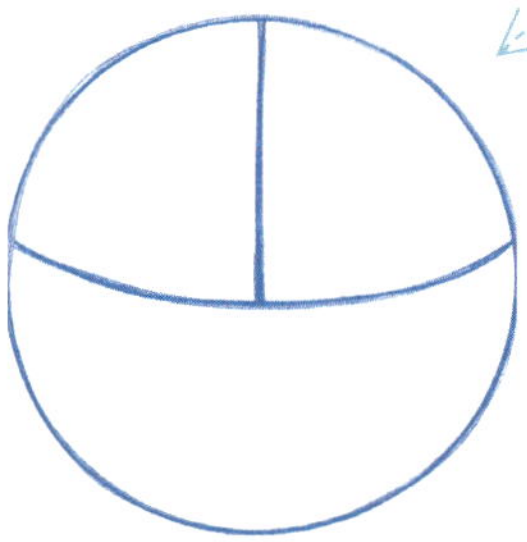

1 Mit einem Kreis beginnen. Eine gekrümmte, waagerechte Mittellinie und eine Senkrechte in die obere Hälfte zeichnen.

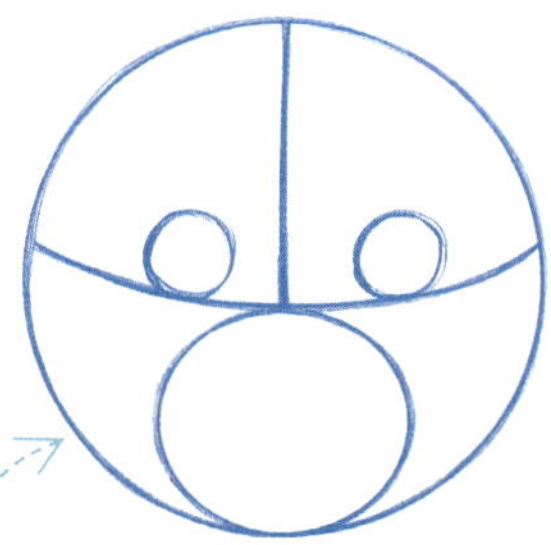

2 Die beiden Kreise für die Augen sind gleich groß und gleich weit von der senkrechten Hilfslinie entfernt. Für die Schnauze einen größeren Kreis zeichnen.

3 Zwei hohe, schmale Bögen für die Ohren zeichnen.

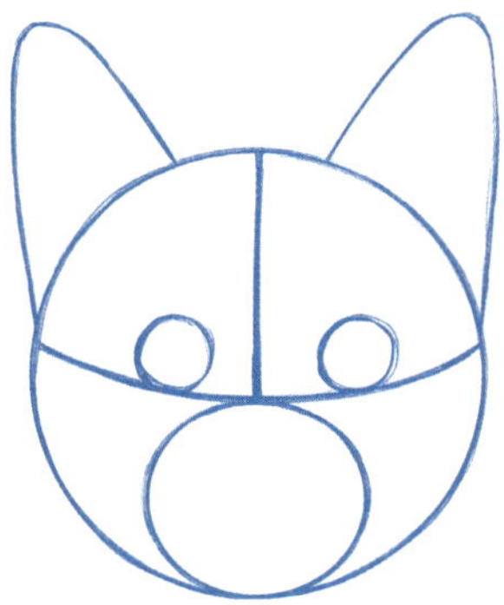

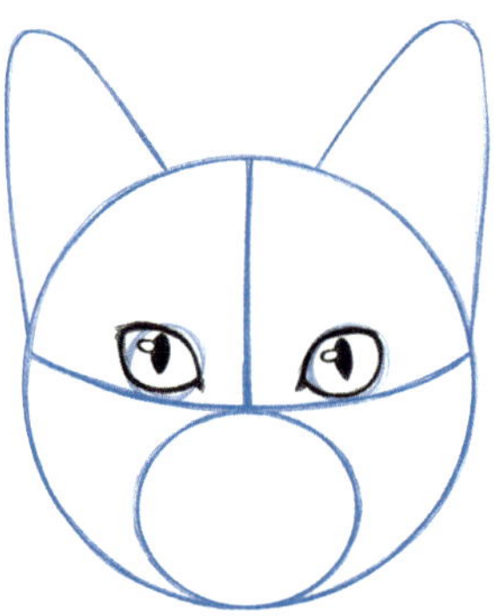

4 Die Augen ausarbeiten, die inneren Augenwinkel sind spitz. Die Pupille als Schlitz andeuten und daneben einen kleinen Lichtreflex einfügen.

5 Die Nase hat oben eine Wellenlinie, deren Enden zu den Augen gerichtet sind. Die Seiten sind nach innen gekrümmt. Die Nasenlöcher zeichnen. An die untere Spitze der Nase eine kurze senkrechte Linie anfügen

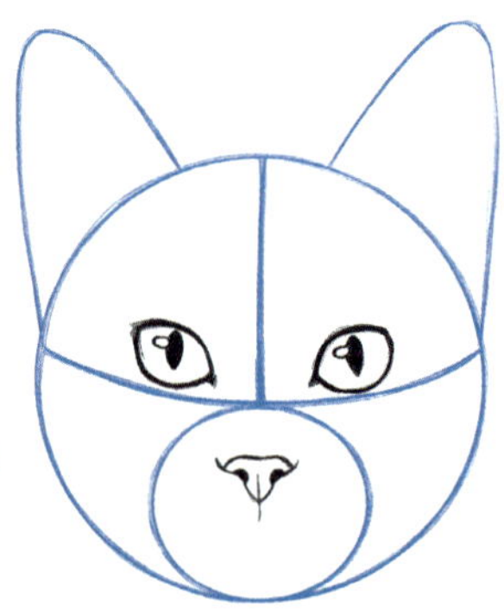

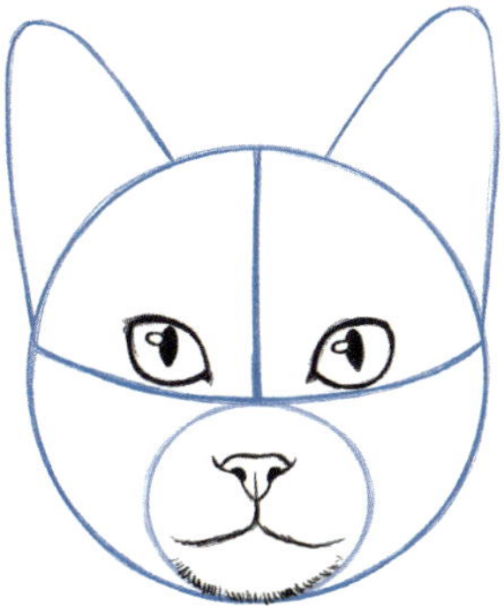

6 Für das Maul vom senkrechten Strich unter der Nase ausgehend zwei flache, waagerechte Bögen zeichnen. Am unteren Rand des Hilfskreises mit kurzen Strichen das Fell am Kinn andeuten.

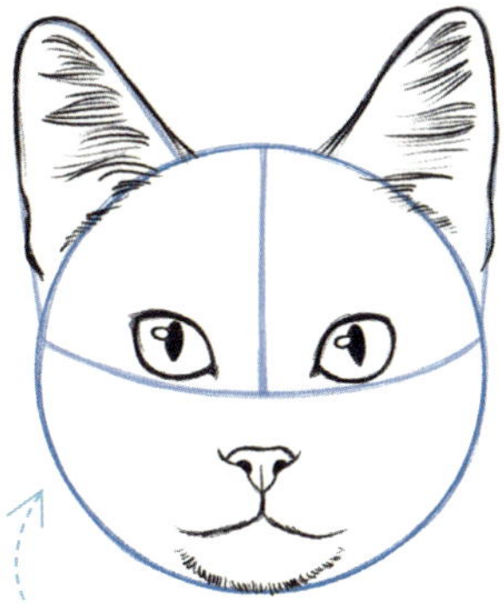

7 Die Konturen der Ohren nachzeichnen und das Fell im Inneren mit gekrümmten Strichen abdunkeln.

8 Die restlichen Kopfkonturen nachzeichnen, dabei die Seiten etwas verbreitern.

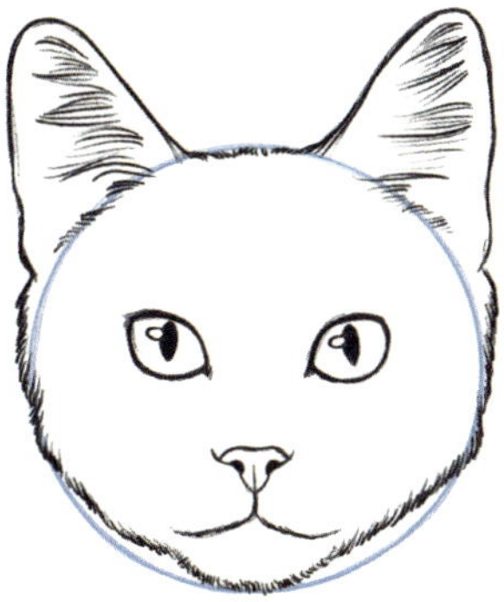

9 Die Hilfslinien ausradieren. Mit sparsamen Strichen einige Details im Gesicht andeuten.

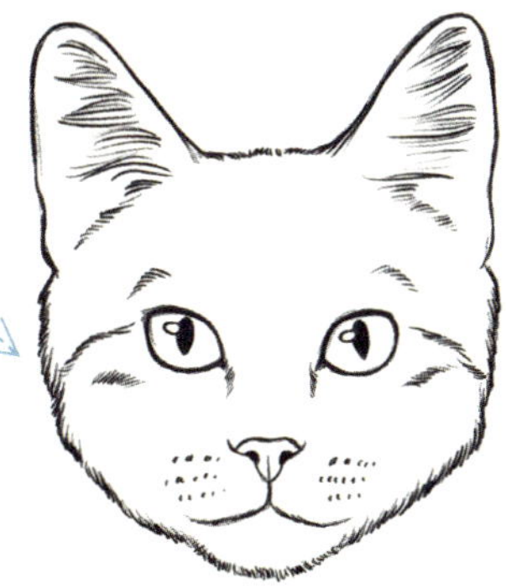

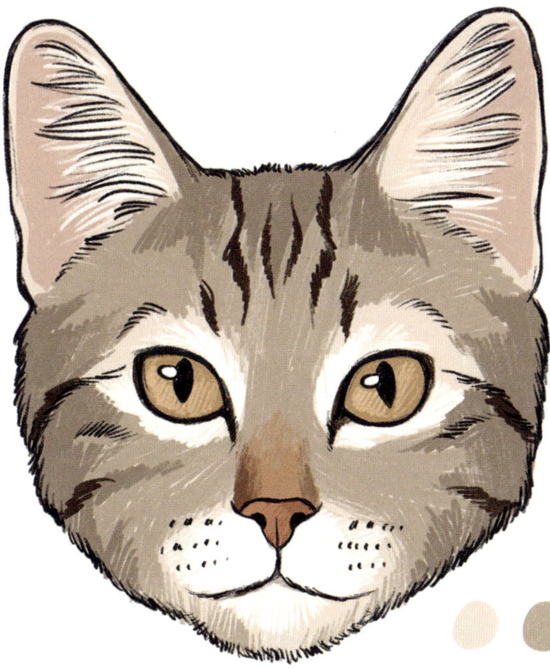

10 Die Grundfarbe ist Hellbraun. Für Ohren und Nase Rosa verwenden, für die Augen Gelb. Mit dunklerem Braun die Streifen auf Nase, Seiten und Stirn einfügen.

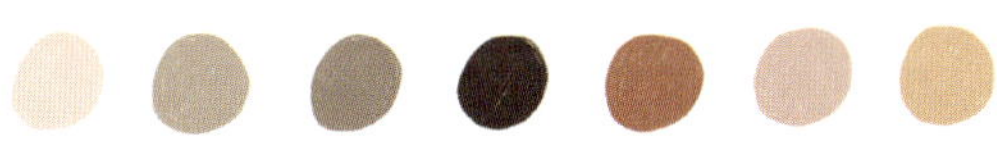

Seitenansicht

Kopf

Im Profil sind die spitzen Ohren und die Barthaare gut zu erkennen. Diese Grundtechnik lässt sich auf alle Katzenrassen anwenden.

1 Mit einem Kreis beginnen und ein Trapez für die Schnauze anfügen.

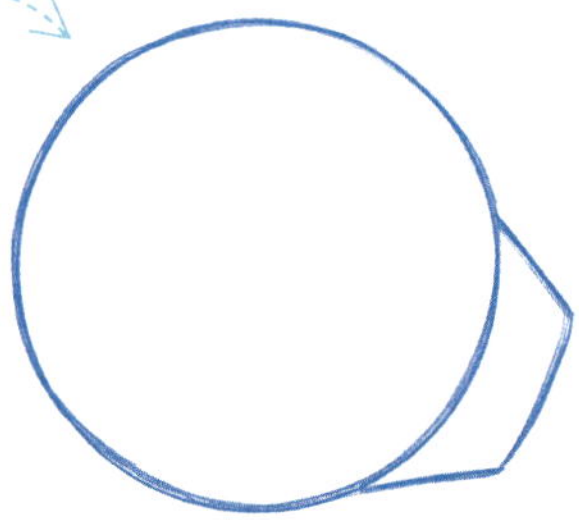

2 Eine waagerechte Hilfslinie einzeichnen. Sie endet am oberen Rand der Schnauze.

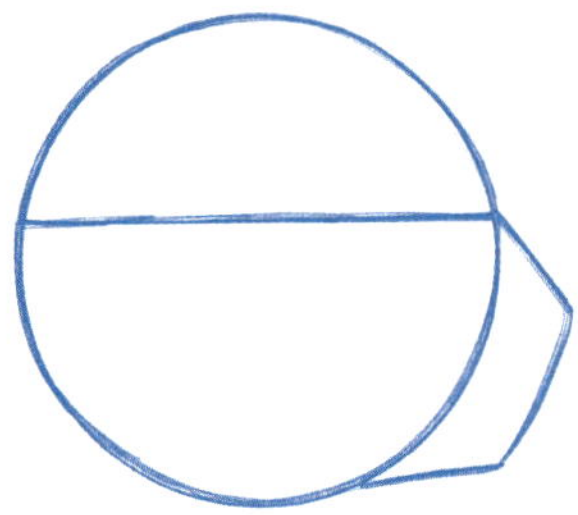

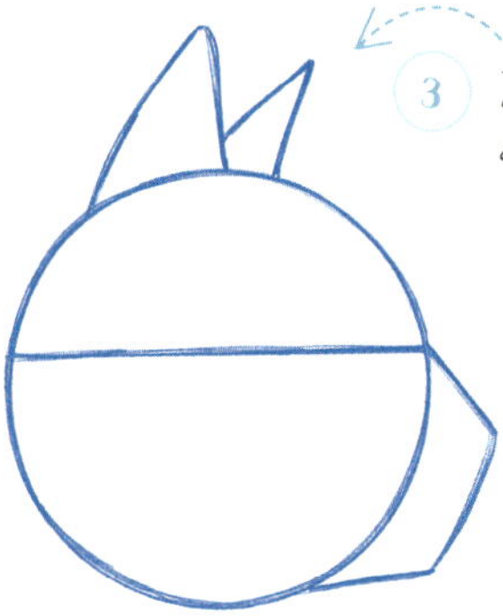

3 Zwei Dreiecke für die Ohren anfügen.

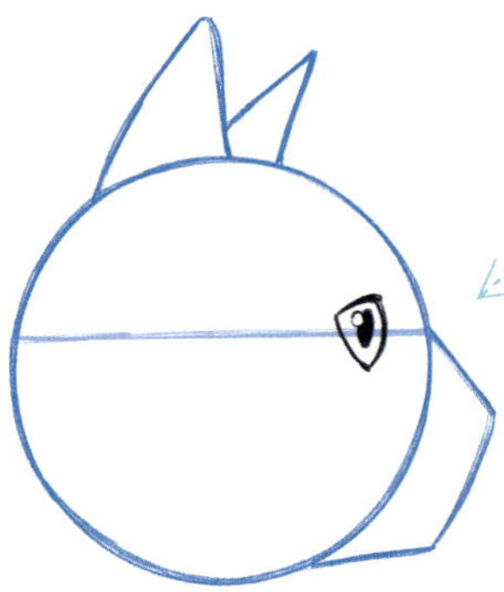

4 Das Auge ist wie ein Dreieck aus gekrümmten Linien geformt. Die schmale Pupille und daneben einen Lichtreflex einzeichnen.

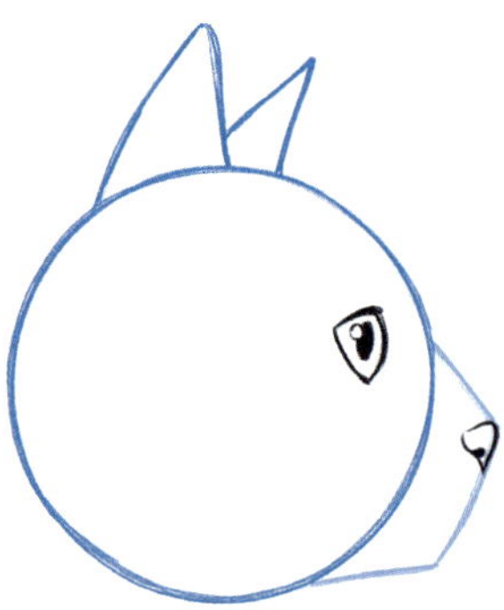

5 An der Spitze der Schnauze ein kleines Dreieck für die Nase einfügen und das kleine runde Nasenloch andeuten.

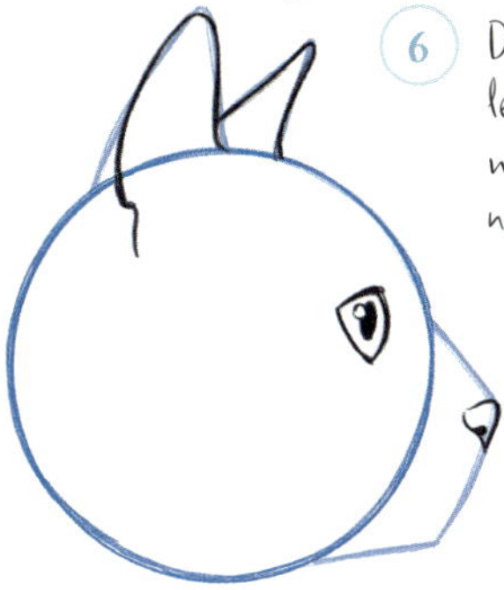

6 Die Umrisse der Ohren mit leicht gerundeten Linien nachziehen, damit sie natürlich wirken.

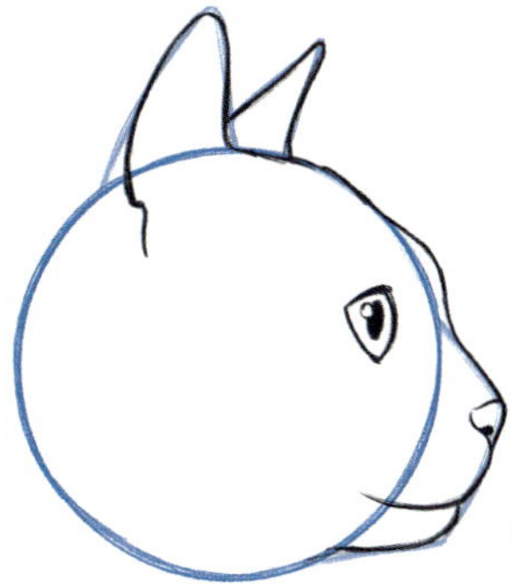

7 Für die Oberlippe unter der Nase einen Bogen einfügen. Darunter einen zweiten Bogen für das Kinn zeichnen. Die Nasenspitze mit den Ohren verbinden.

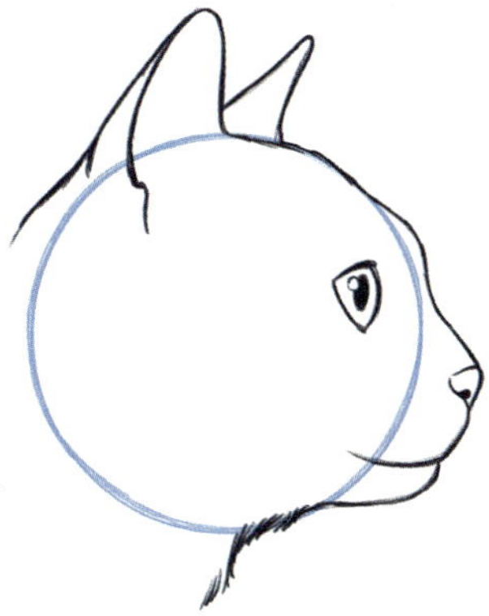

8 Nun den Hals und den Hinterkopf zeichnen. Die Hilfslinien ausradieren.

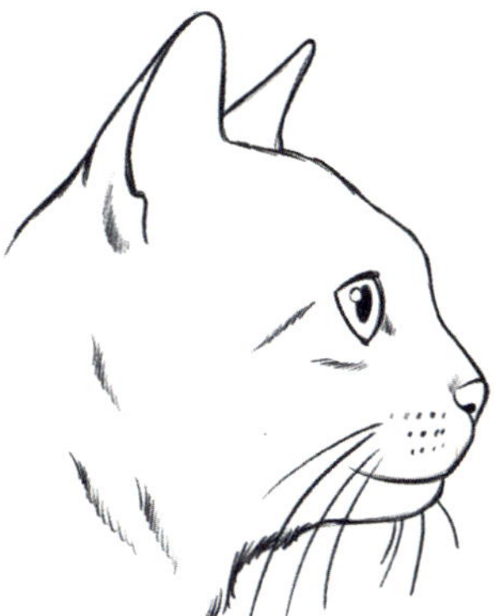

9 Mit leichten Strichen Details im Gesicht andeuten. Die langen Barthaare an beiden Seiten zeichnen.

10 Den Kopf mit Beige kolorieren, Ohren und Nase mit Rosa und die Augen mit Hellblau. Die Zeichnung auf Nase, Seiten und Hinterkopf mit Hellbraun ausarbeiten.

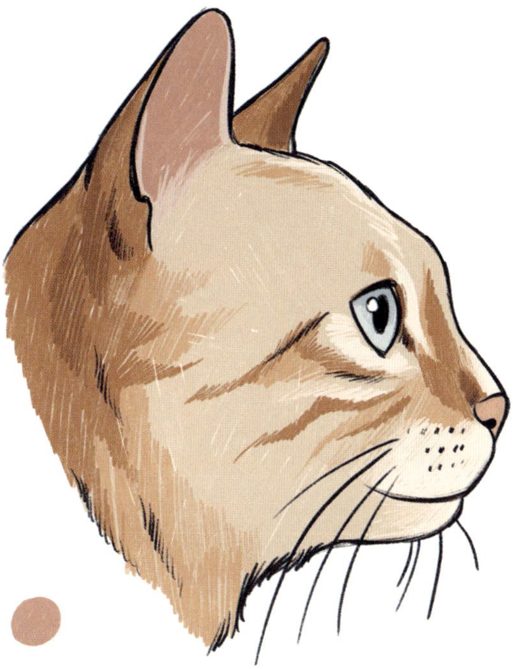

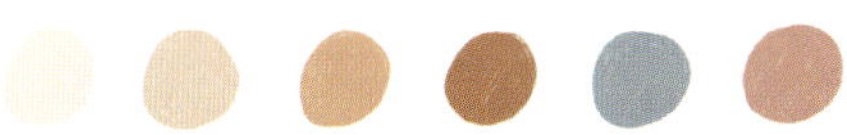

Gesicht

Augen

Katzenaugen stehen schräg. Die äußeren Augenwinkel liegen höher als die inneren. Das Fell in der Augenumgebung ist oft heller.

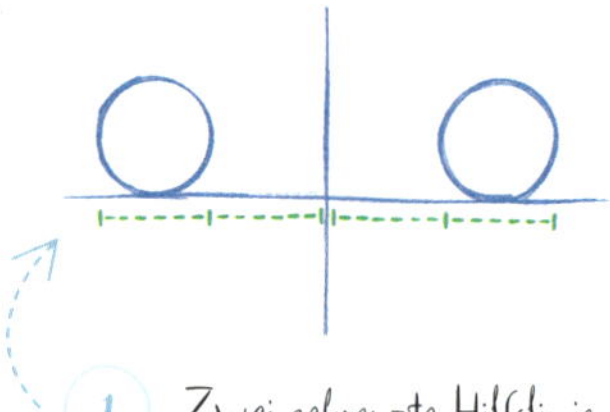

1 Zwei gekreuzte Hilfslinien zeichnen. Auf die waagerechte Linie zwei Kreise setzen. Die gestrichelte Linie hilft, sie symmetrisch anzuordnen. Der Abstand zwischen jedem Kreis und der Mittelsenkrechten entspricht einer Kreisbreite.

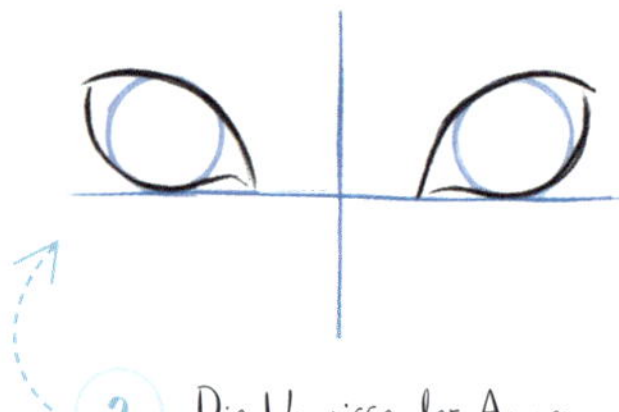

2 Die Umrisse der Augen ausarbeiten. Das Unterlid ist viel stärker gekrümmt als das Oberlid.

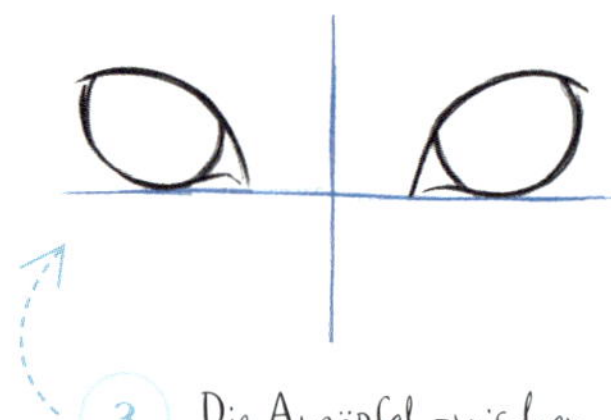

3 Die Augäpfel zwischen den Lidern mit kurzen Bögen einfügen.

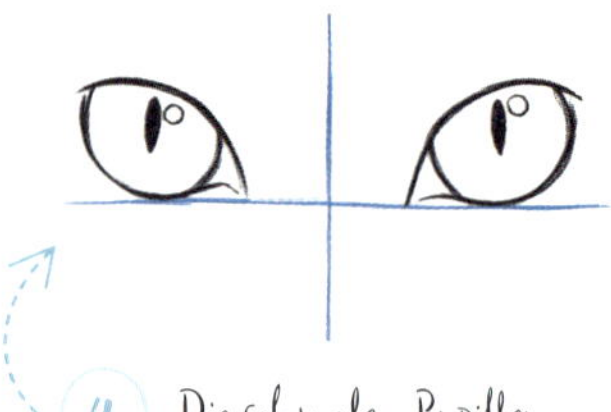

4 Die schmalen Pupillen und die kleinen Lichtreflexe einzeichnen.

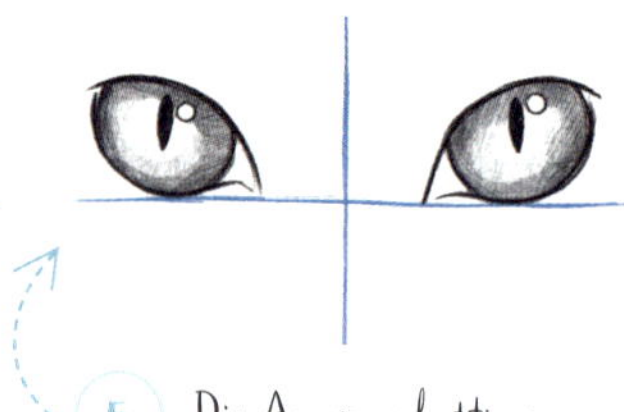

5 Die Augen schattieren. An den Rändern sind sie deutlich dunkler als in der Mitte.

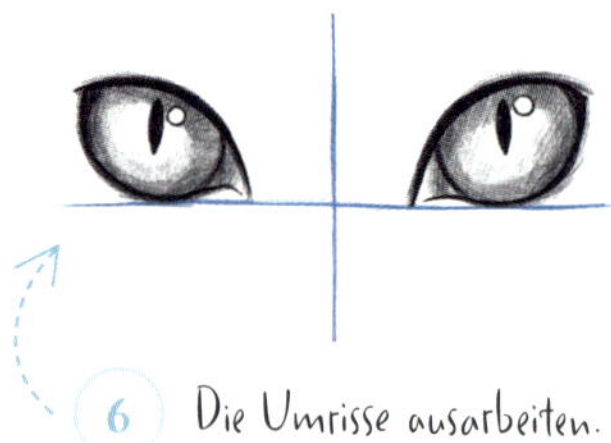

6 Die Umrisse ausarbeiten. Dabei die Lidränder mit dickeren Linien nachziehen.

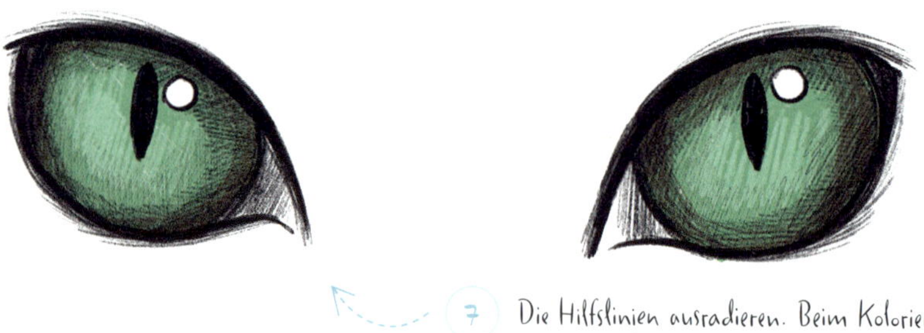

7 Die Hilfslinien ausradieren. Beim Kolorieren am Rand der Augen einen dunkleren Tonwert verwenden als in der Mitte.

Gesicht

Nase

Die Nase ist das wichtigste Sinnesorgan der Katze. Sie haben in der Nase über 200 Millionen Riechzellen – Menschen haben nur 5 Millionen.

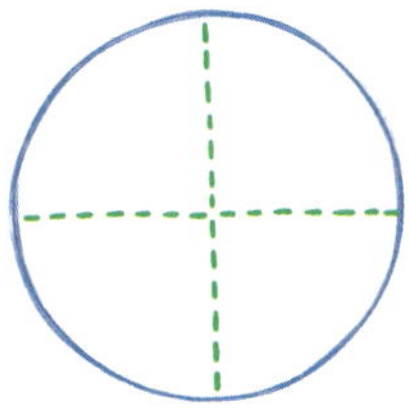

1 Für die Schnauze einen Kreis zeichnen und diesen mit gestrichelten Hilfslinien in Viertel teilen.

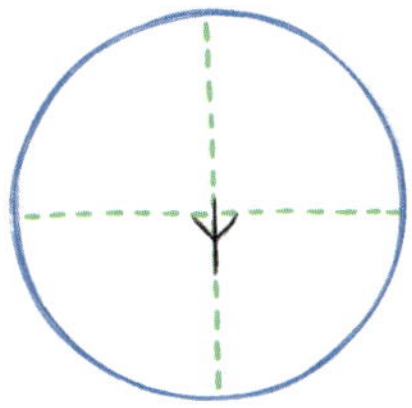

2 Die Nase in der Mitte mit einem kleinen Y andeuten.

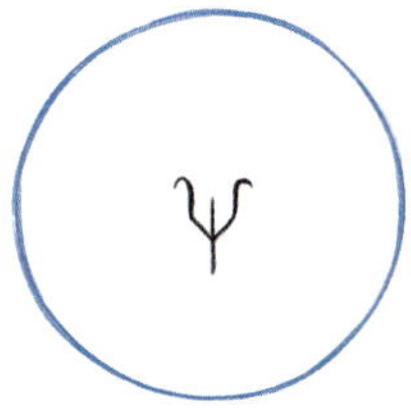

3 Für die Nasenlöcher an jeder Seite einen kleinen Haken anfügen.

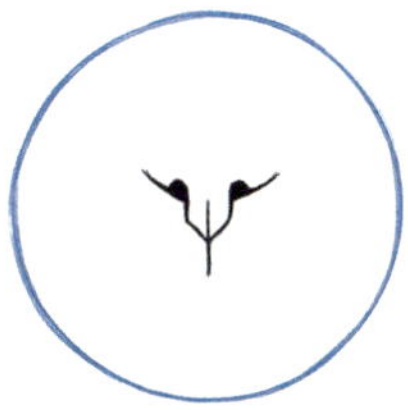

4 Kleine Striche zu den Seiten hinzufügen, dann die Nasenlöcher abdunkeln.

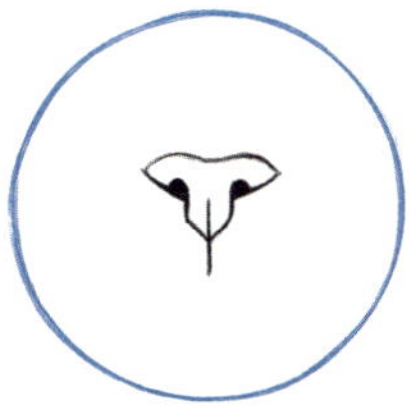

5 Für den oberen Rand der Nase eine Wellenlinie zeichnen.

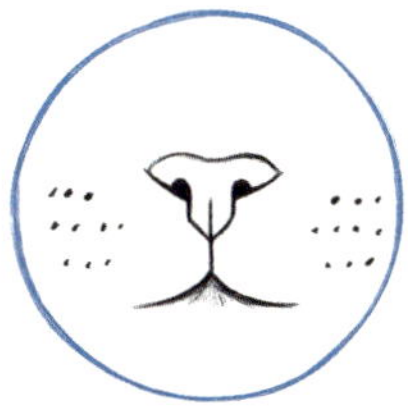

6 Für das Maul an den senkrechten Strich zwei flache Bögen anfügen. Kleine Punkte für die Barthaare einzeichnen.

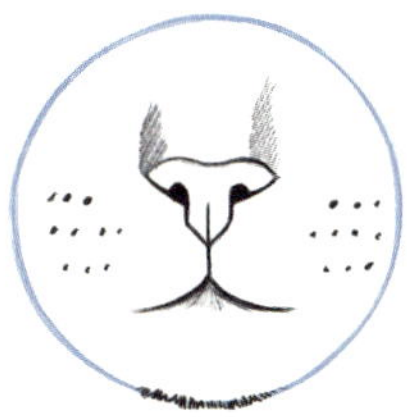

7 Schatten an den Seiten des Nasenrückens andeuten. Das Fell am Kinn mit kurzen Strichen darstellen.

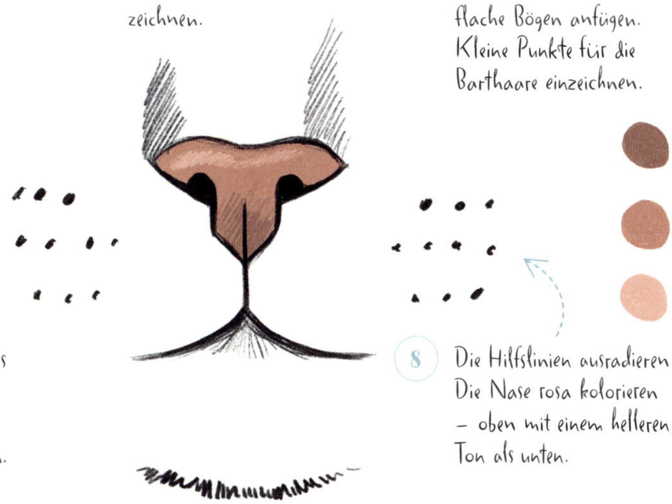

8 Die Hilfslinien ausradieren. Die Nase rosa kolorieren – oben mit einem helleren Ton als unten.

Gesicht

Ohren

Die Ohren können je nach Rasse verschieden aussehen. Maine Coones haben Haarpinsel an den Ohrspitzen, und die Schottisch Faltohr macht ihrem Namen alle Ehre.

Grundform

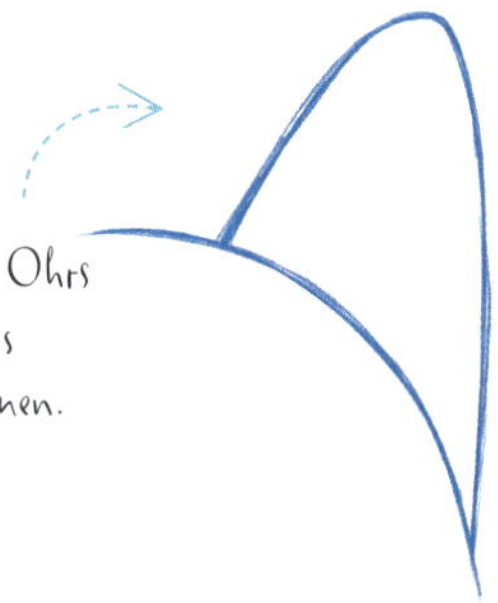

1 Den Umriss des Ohrs als abgerundetes Dreieck vorzeichnen.

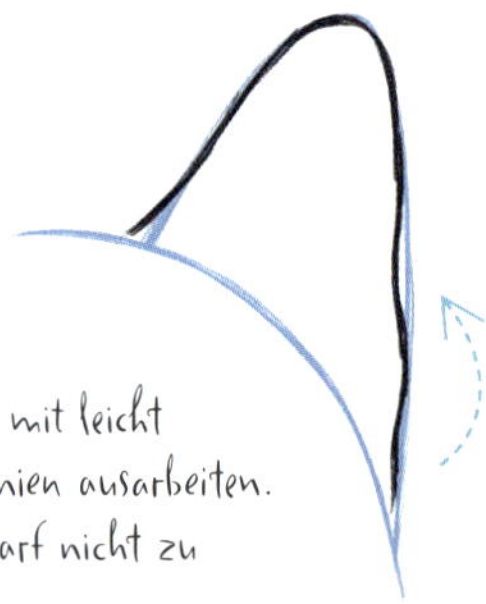

2 Die Kontur mit leicht welligen Linien ausarbeiten. Das Ohr darf nicht zu spitz sein.

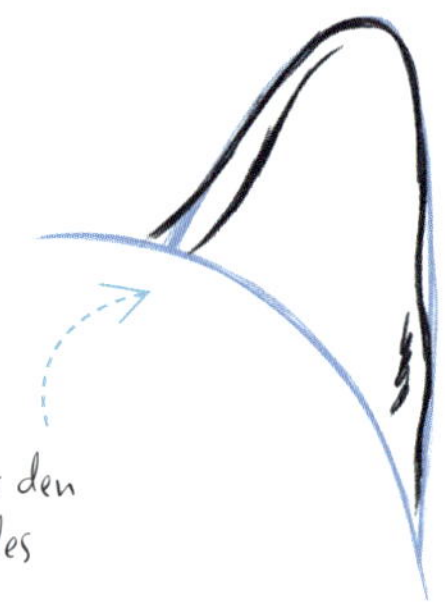

3 Parallel zur Kontur den Wulst am Rand des Ohrs einfügen.

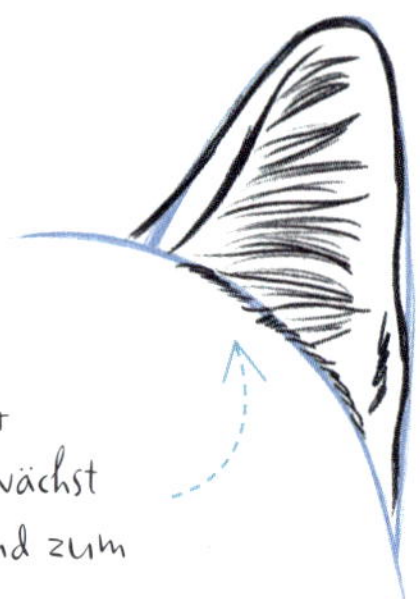

4 Das Fell im Ohr einzeichnen. Es wächst vom inneren Rand zum äußeren.

5 Die Hilfslinien ausradieren. Die Haut im Ohr mit Rosa kolorieren. Für das Fell auf der Innenseite einen dunkleren Ton verwenden als auf der Außenseite.

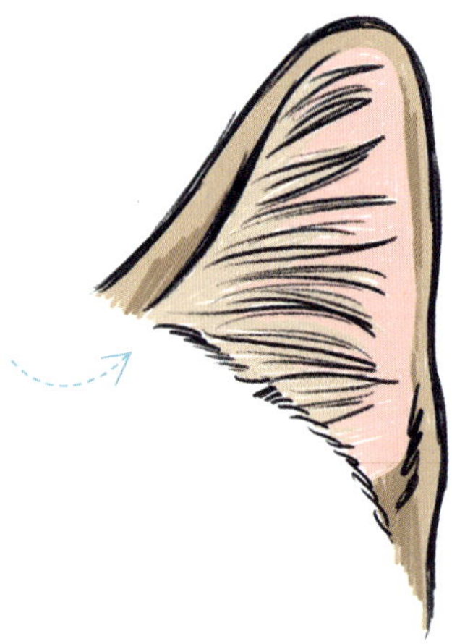

Maine Coon

1 Eine spitze Dreiecksform vorzeichnen.

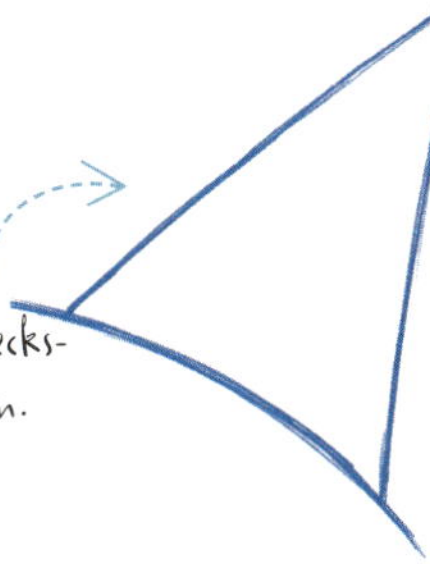

2 Die innere Seite der Ohrkontur deutlicher zeichnen und einige lange Striche an der Spitze anfügen.

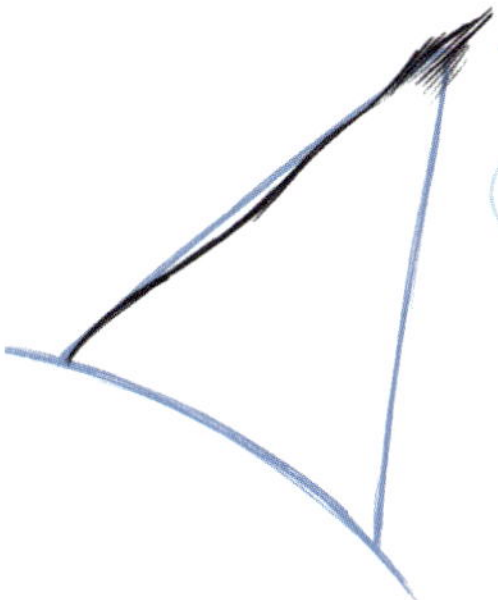

3 Für das Fell im Ohr lange Striche zeichnen, die über den äußeren Rand ragen.

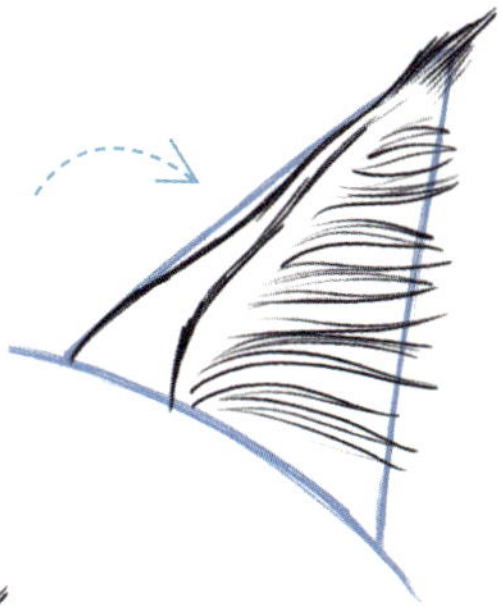

4 Die äußere Kontur des Ohrs zeichnen, dabei müssen die Haare weiterhin über sie hinausragen.

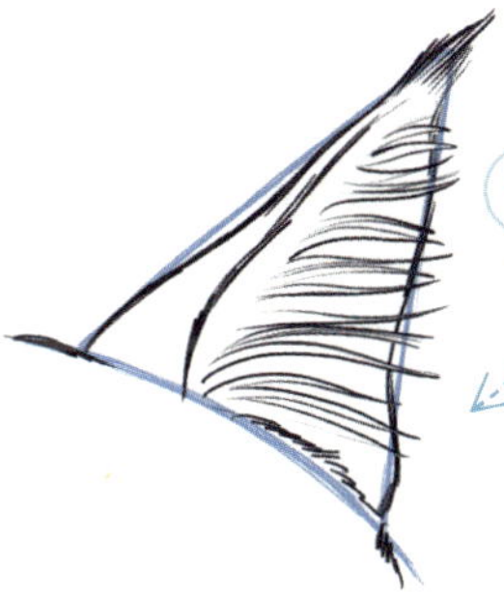

5 Die Hilfslinien ausradieren. Beim Kolorieren darauf achten, dass das Innere des Ohrs heller ist.

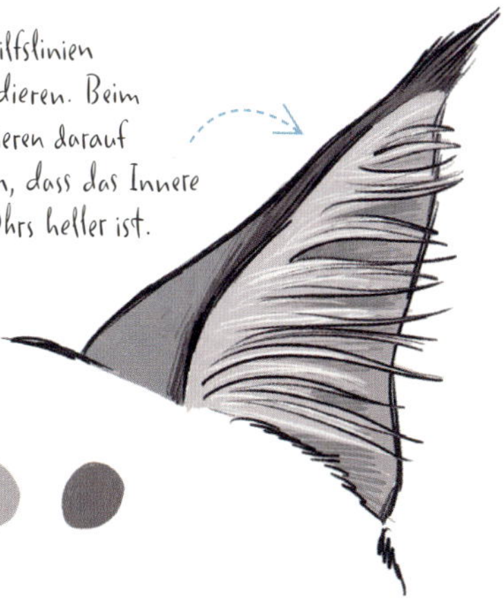

Schottisch Faltohr

1 Die Form als flaches, breites Dreieck vorzeichnen.

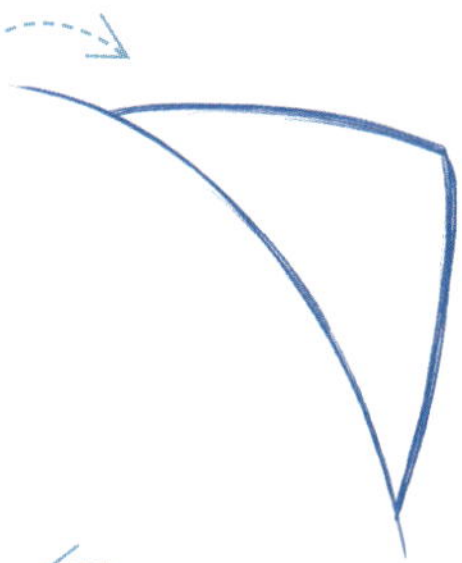

2 Die Falte am oberen Rand skizzieren.

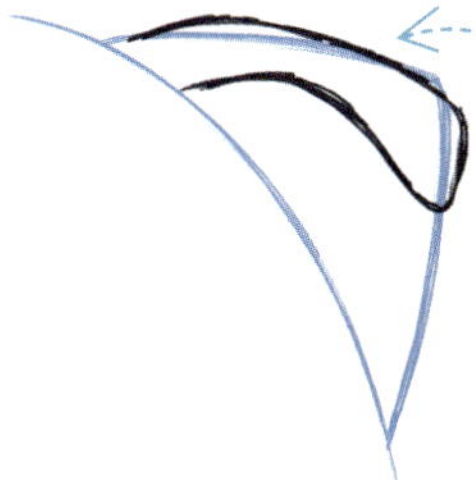

3 Den Schatten unter der Falte andeuten und die äußere Kontur des Ohrs nachzeichnen.

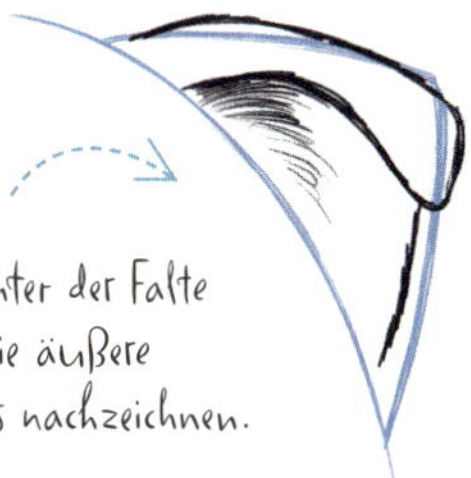

4 Den Übergang zum Kopf zeichnen.

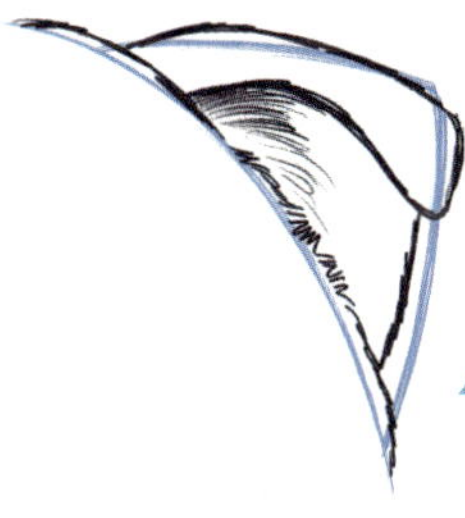

5 Die Hilfslinien ausradieren. Beim Kolorieren das Innere des Ohrs dunkler schattieren.

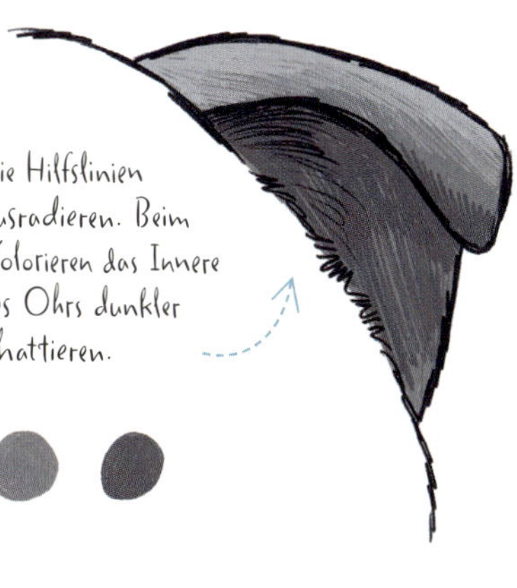

Gesichter

Birma

Wenden wir uns nun interessanten Katzenrassen zu. Die Birma ist ein Colourpoint-Typ. Sie hat im Gesicht, an Ohren, Pfoten und Schwanz dunkleres Fell.

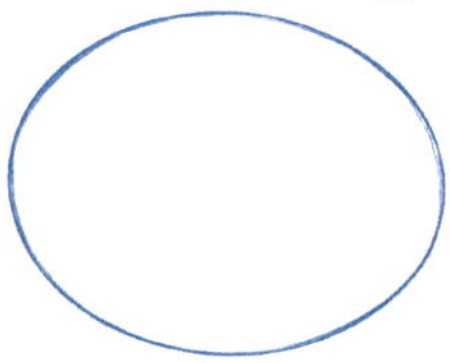

1 Mit einem flachen Oval beginnen.

2 Zwei dreieckige Ohren anfügen.

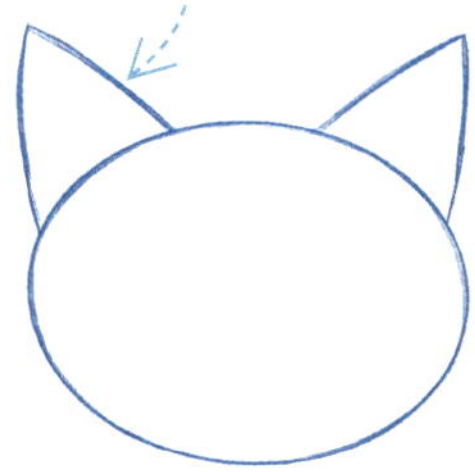

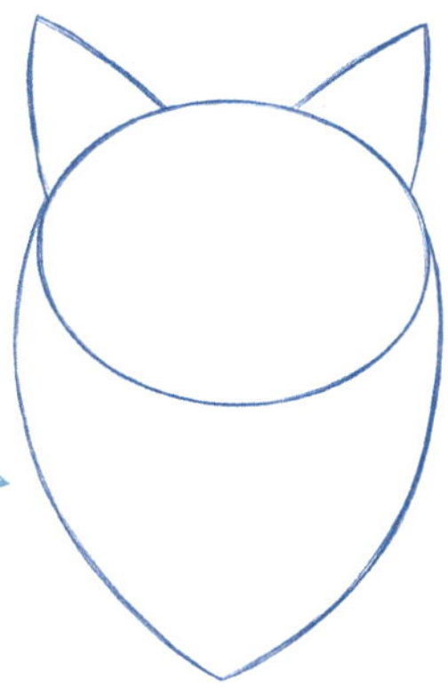

3 Für den flauschigen Hals ein großes Dreieck vorzeichnen.

4 Zwei sich kreuzende Hilfslinien ins Gesicht zeichnen. Die waagerechte Linie liegt unterhalb der Mitte. In der unteren Hälfte einen kurzen Querstrich einfügen.

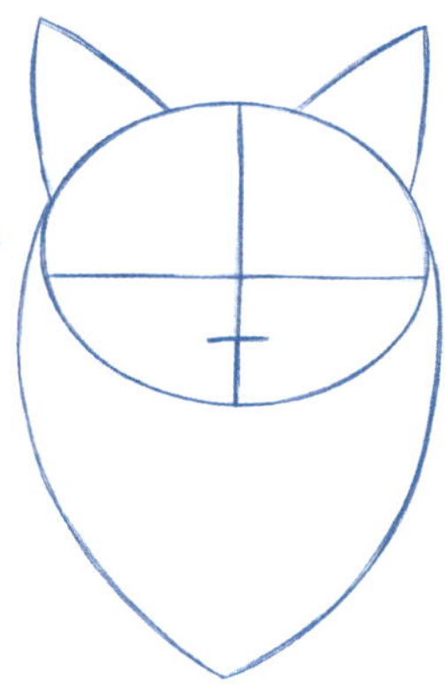

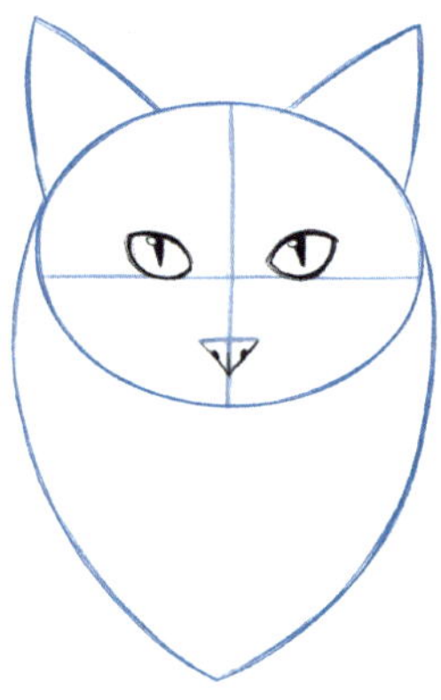

5 Die mandelförmigen Augen skizzieren. In die Mitte jedes Auges eine schmale Pupille und daneben einen kleinen runden Lichtreflex zeichnen. Die Nase ist ein kleines Dreieck mit nach innen gekrümmten Seiten. Die Nasenlöcher einfügen.

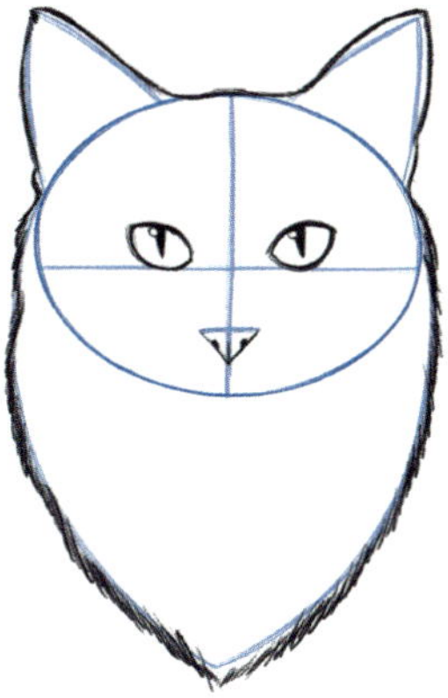

6 Die Umrisse der Ohren mit kurzen Strichen ausarbeiten, um das Fell anzudeuten. Ebenso die Kontur von Kopf und Brustfell zeichnen.

7 Unter der Nase zwei flache Bögen nach links und rechts für das Maul hinzufügen, dann die Kinnrundung stricheln, um das Fell anzudeuten. Schatten in den Augen, an der Nase und der Schnauze einfügen.

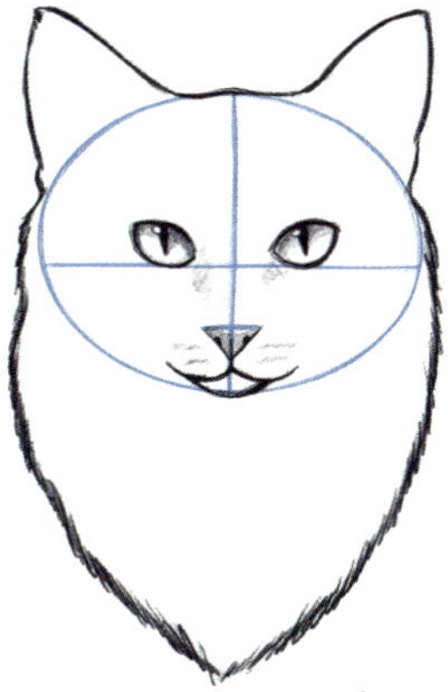

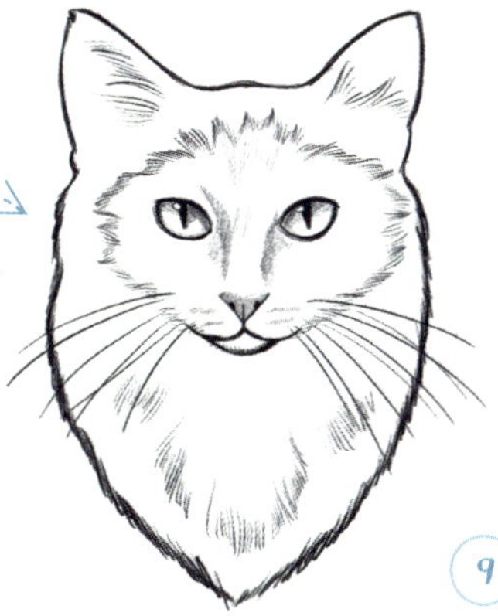

8 Die Hilfslinien ausradieren. Einige Details um das Gesicht herum und in den Ohren andeuten. Die langen Barthaare einzeichnen.

9 Als Grundfarbe ein helles Beige wählen, die Augen hellblau kolorieren.

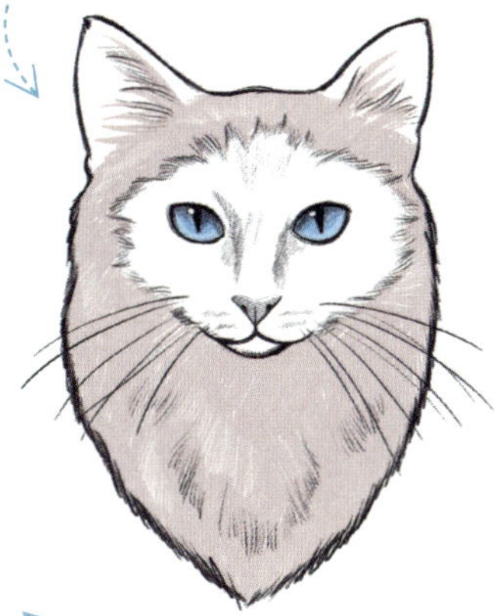

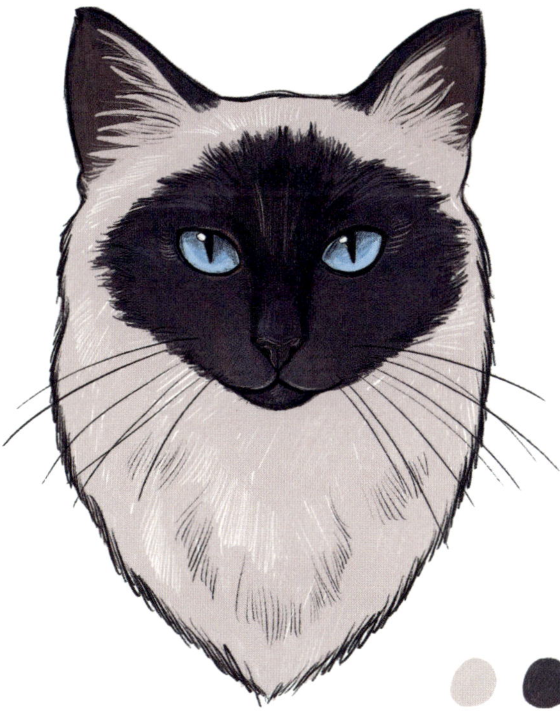

10 Gesichtsmaske und Ohren mit dunklem Grau kolorieren.

Gesichter

Karthäuser

Diese Rasse mit graublauem Fell und goldgelben Augen stammt ursprünglich aus Frankreich. Die Katzen sind sehr anhänglich und geschickt im Klettern, machen es sich aber auch gern auf dem Schoß gemütlich.

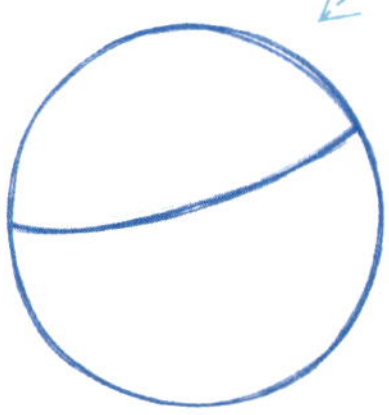

1 Einen Kreis mit einer gekrümmten Querlinie vorzeichnen.

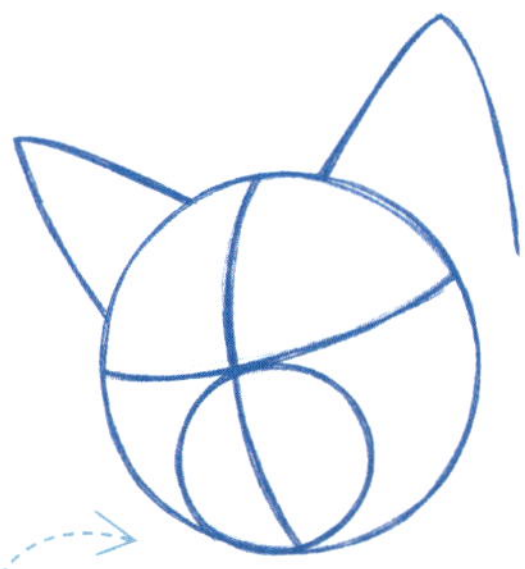

2 Die gekrümmte Mittelsenkrechte des Gesichts einfügen und im unteren Bereich einen Kreis für die Schnauze skizzieren. Dreieckige Ohren anfügen. Das rechte Ohr endet außerhalb des Kopfs.

3 Den Hals mit einigen Strichen andeuten.

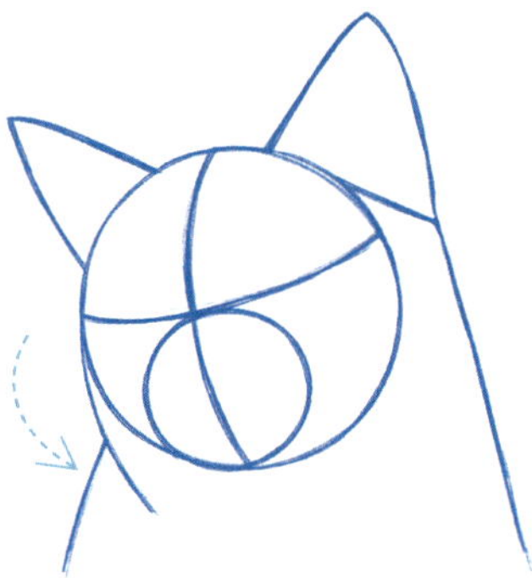

4 Die mandelförmigen Augen zeichnen. In die Mitte jeweils eine schmale Pupille und einen Kreis für den Lichtreflex setzen.

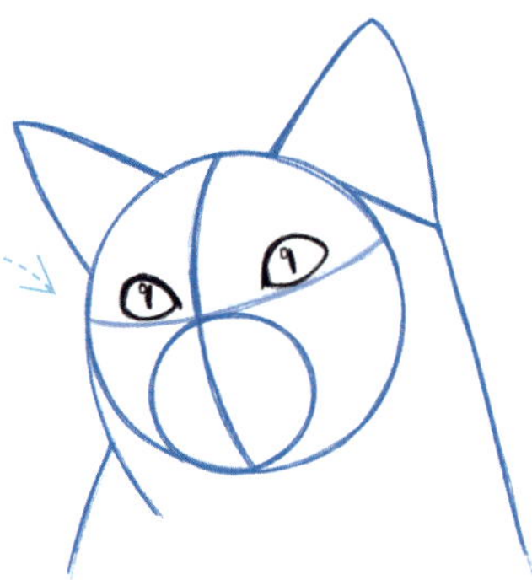

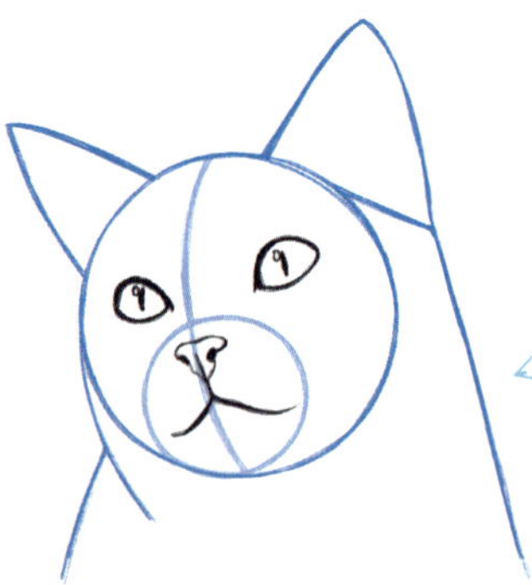

5 Die Nase auf die Mittelsenkrechte zeichnen. Die Seiten sind nach innen gekrümmt, hier die Nasenlöcher abdunkeln. Zwei schräge, leicht gekrümmte Linien für das Maul hinzufügen.

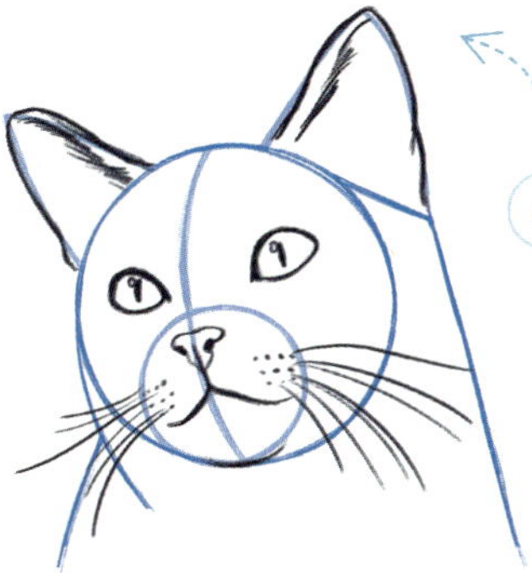

6 Die Umrisse der Ohren nachzeichnen und ausarbeiten. Einen Bogen für das Kinn zeichnen und die Barthaare auf beiden Seiten einfügen.

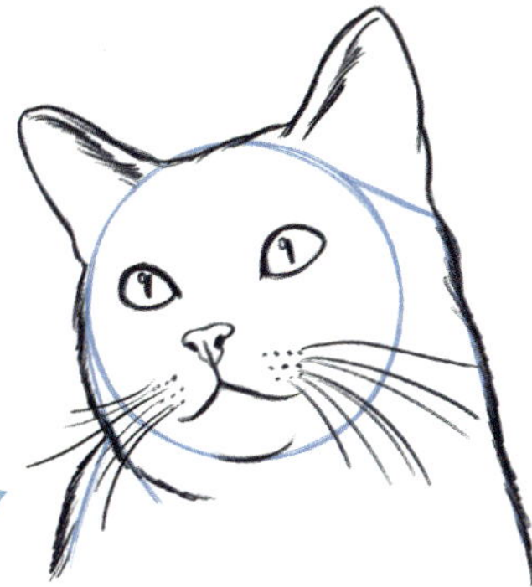

7 Den Umriss des Kopfs mit kurzen Strichen nachzeichnen.

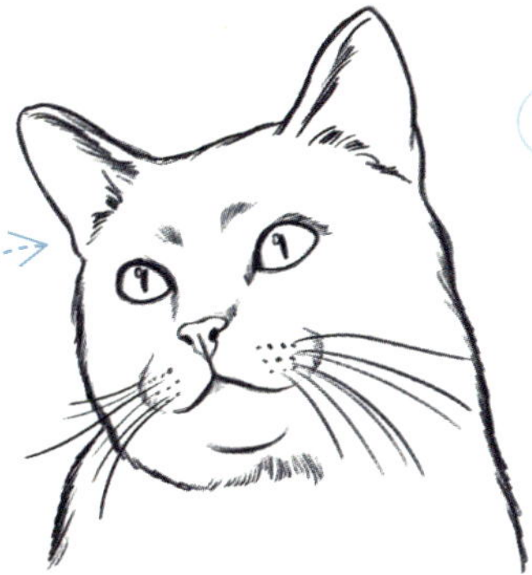

8 Die Hilfslinien ausradieren. Um die Augen und unter den Ohren einige Details hinzufügen.

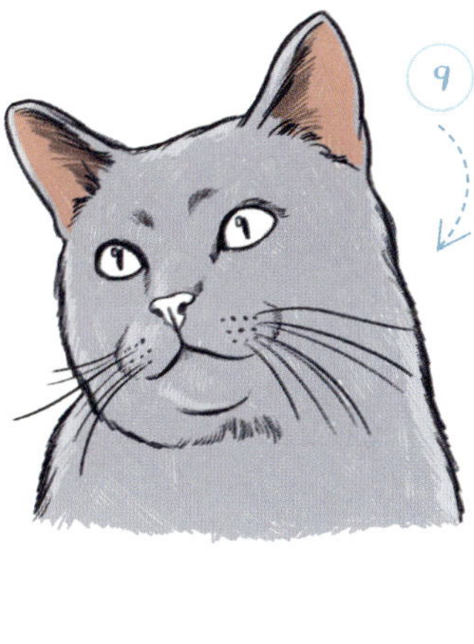

9 Das Fell mit Hellgrau kolorieren, die Ohren mit Rosa.

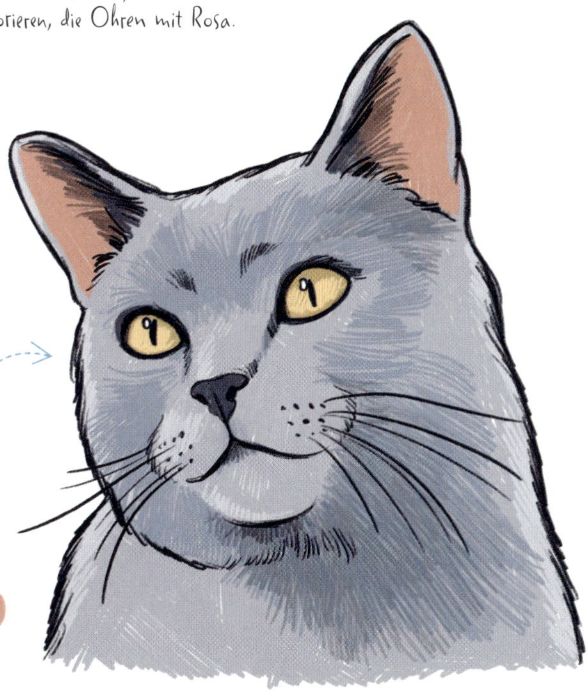

10 Das Fell mit dunklerem Grau schattieren und zuletzt die Augen goldgelb kolorieren.

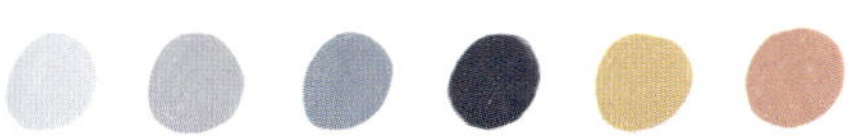

Gesichter

Orientalisch Kurzhaar

Diese intelligenten, mitteilsamen und athletischen Katzen haben ein kantiges Gesicht mit großen Ohren und ein seidiges Fell, das verschiedene Farben haben kann.

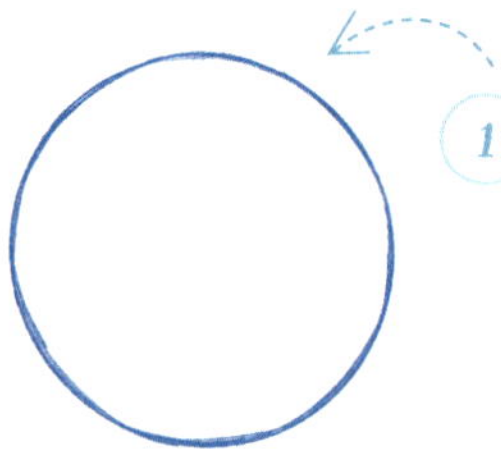

1 Mit einem Kreis beginnen.

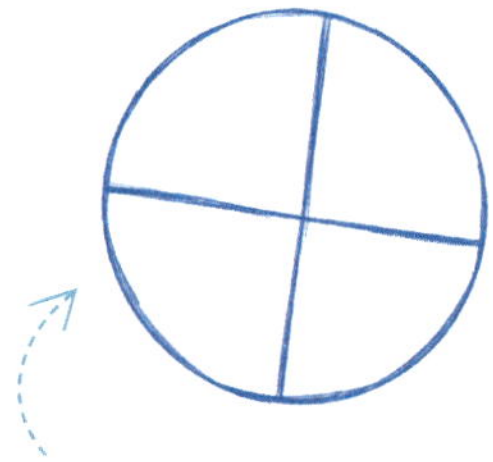

2 Leicht schräg zwei sich kreuzende Hilfslinien einzeichnen.

3 Einen Kreis für die Schnauze hinzufügen.

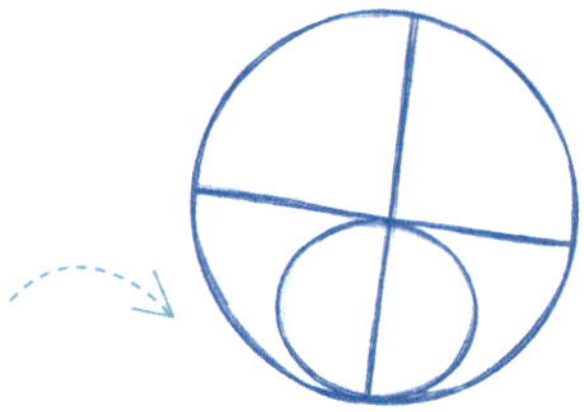

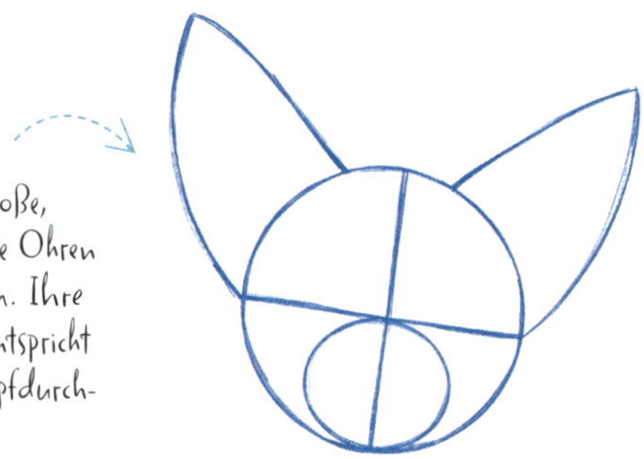

4 Zwei große, dreieckige Ohren skizzieren. Ihre Länge entspricht dem Kopfdurchmesser.

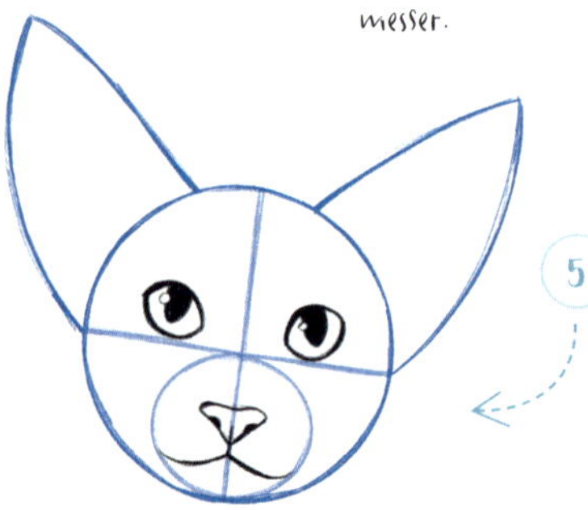

5 Große, runde Augen mit mandelförmigen Pupillen und winzigen Lichtreflexen zeichnen. Die Nase ist ein Dreieck, deren Seiten zu den Nasenlöchern hin nach innen gekrümmt sind. Darunter zwei flache Bögen für das Maul einfügen.

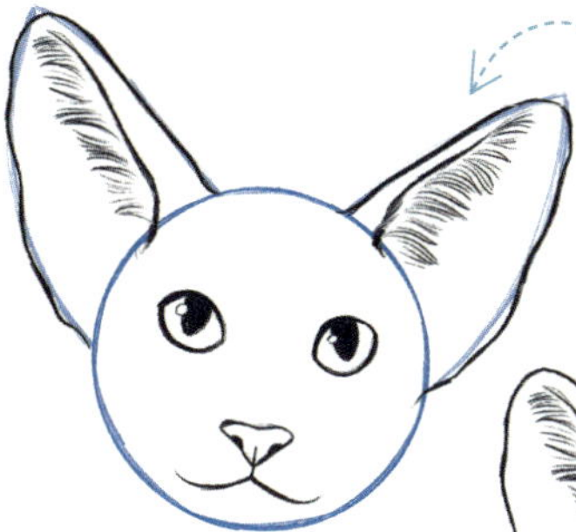

6 Die Umrisse der Ohren nachzeichnen und im Inneren Haare andeuten.

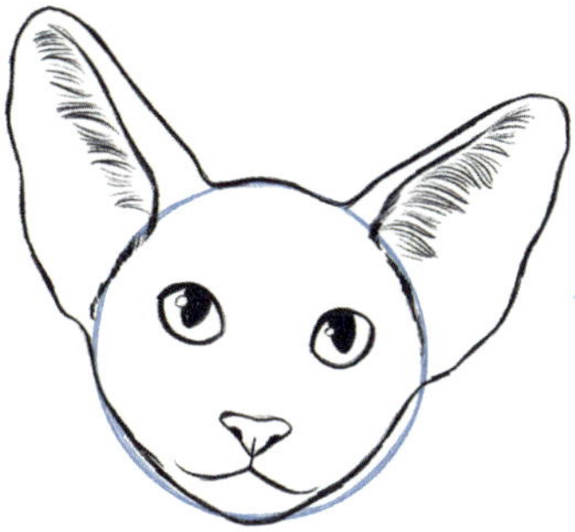

7 Die Kopfkontur mit kurzen Strichen nachzeichnen und dabei eher dreieckig als rund ausformen.

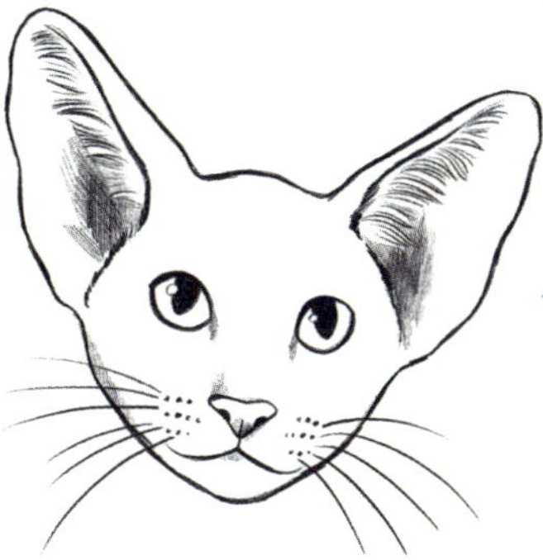

8 Die Hilfslinien ausradieren. Details um die Augen und in den Ohren mit wenigen Strichen andeuten. Die langen Barthaare einzeichnen.

9 Das Fell in einem hellen Gelb grundieren, das Innere der Ohren mit Rosa kolorieren.

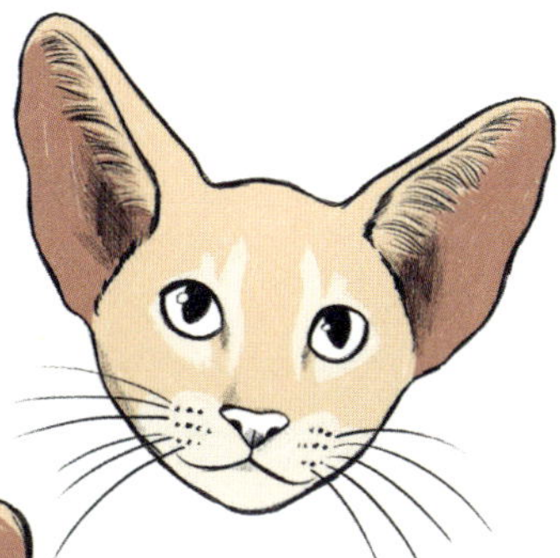

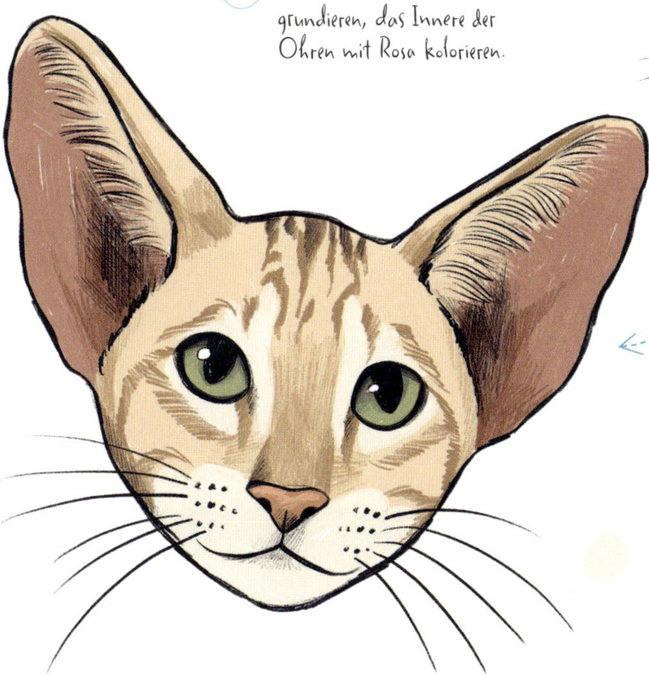

10 Die Augen mit Hellgrün ausfüllen, die Nase mit demselben Rosa wie die Ohren. Einige dunklere Streifen auf der Stirn und um die Augen andeuten.

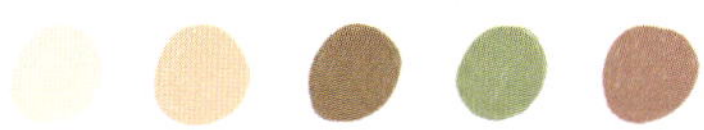

Gesichter

Maine Coon

Die Maine Coon hat einen länglichen Kopf mit spitzen Ohren, einen muskulösen Körperbau und ein relativ langes, weiches Fell.

1 Mit einem Kreis beginnen. Eine gekrümmte Querlinie oberhalb der Mitte und eine gerade Linie in der oberen Hälfte einzeichnen.

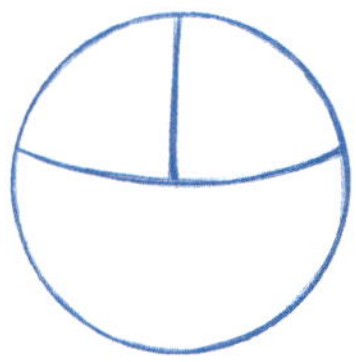

2 Zwei Kreise für die Augen auf die Querlinie setzen. Einen größeren Kreis für die Schnauze skizzieren.

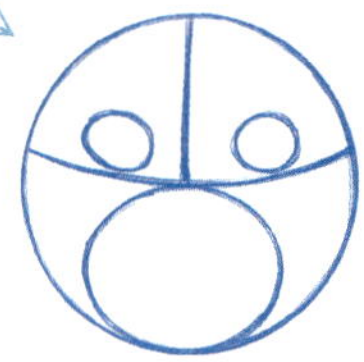

3 Zwei dreieckige Ohren und eine große V-Form für den Brustlatz zeichnen.

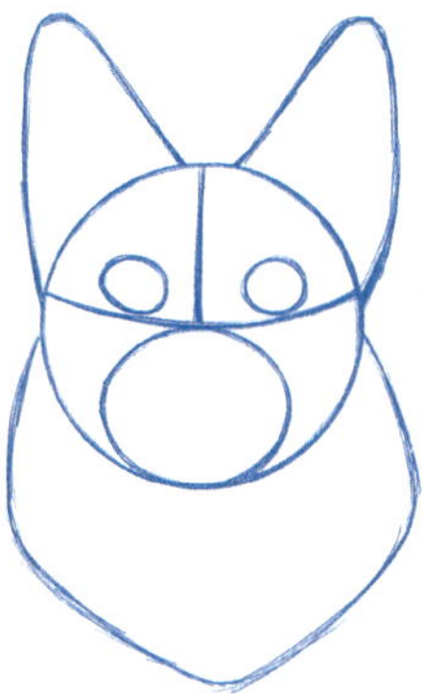

4 Die runden Augen ausarbeiten. Spitze Pupillen und winzige Kreise für die Lichtreflexe einfügen.

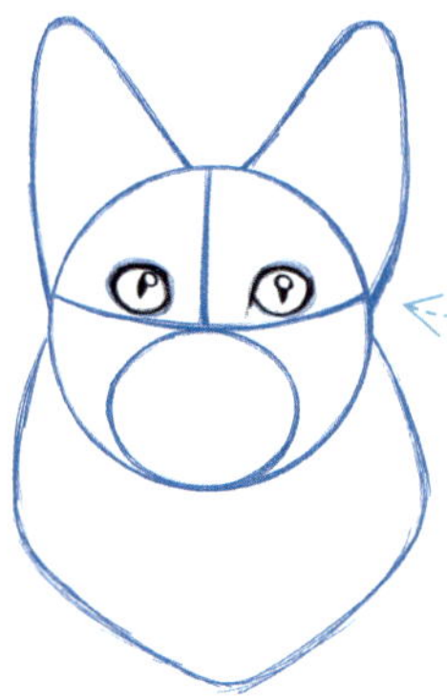

5 In den Kreis für die Schnauze die Nase zeichnen. Die Seiten sind zu den Nasenlöchern hin nach innen gekrümmt. Darunter zwei schräge Bögen für das Maul hinzufügen.

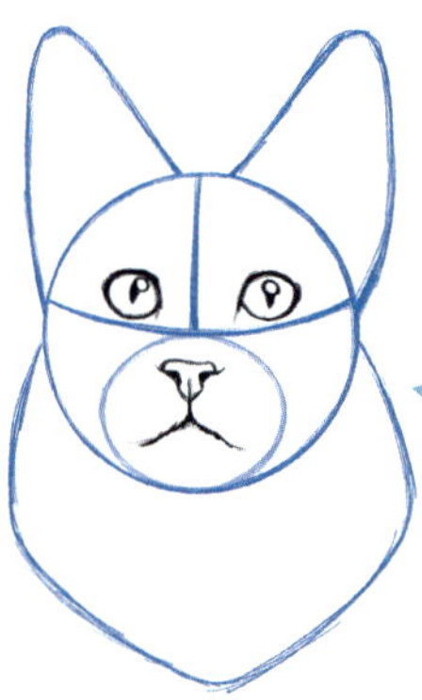

6 Die Umrisse der Ohren nachzeichnen und mit langen Strichen das Fell andeuten. Das Kinn auf der Hilfslinie der Schnauze mit kürzeren Strichen ausarbeiten.

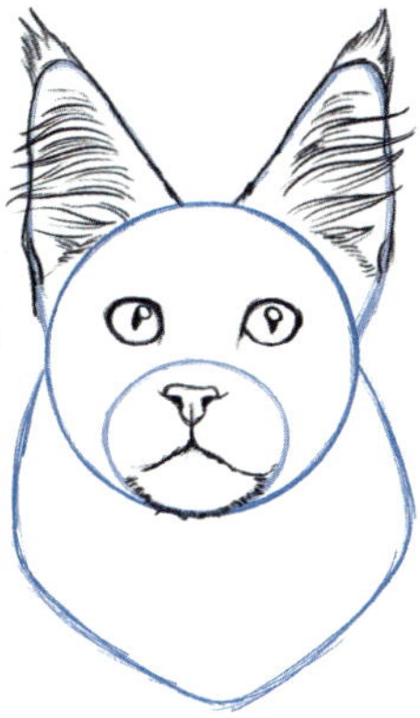

7 Die Konturen von Kopf und Brustlatz mit längeren Strichen nachzeichnen.

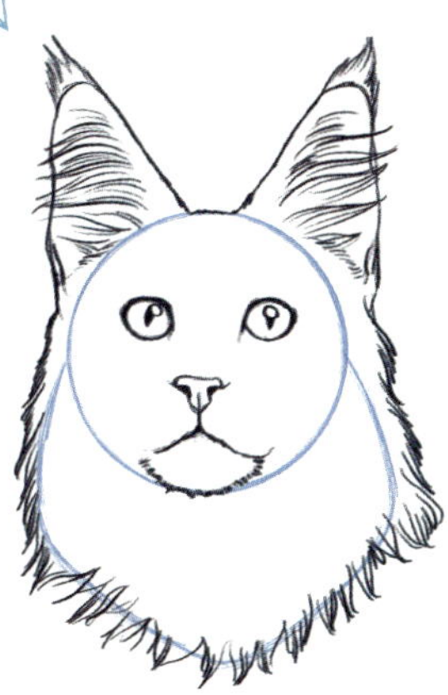

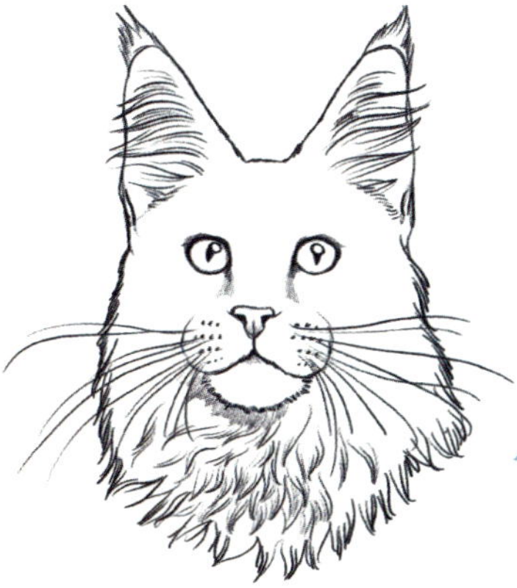

8 Die langen Barthaare auf beiden Seiten der Nase hinzufügen. Das lange Fell am Hals mit langen Strichen andeuten. Die Hilfslinien ausradieren.

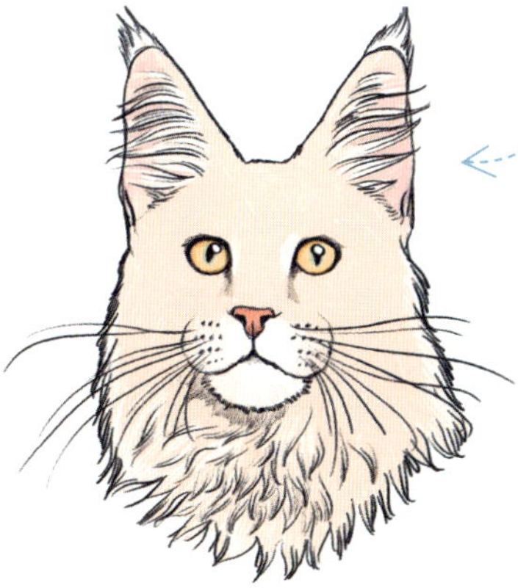

9 Die Katze mit einem hellen Beige grundieren. Gelb für die Augen verwenden, Rosa für die Nase und die inneren Ohren.

10 Die Zeichnung mit Schatten weiter ausarbeiten. Braun für die Streifen über den Augen und die Ohrpinsel verwenden.

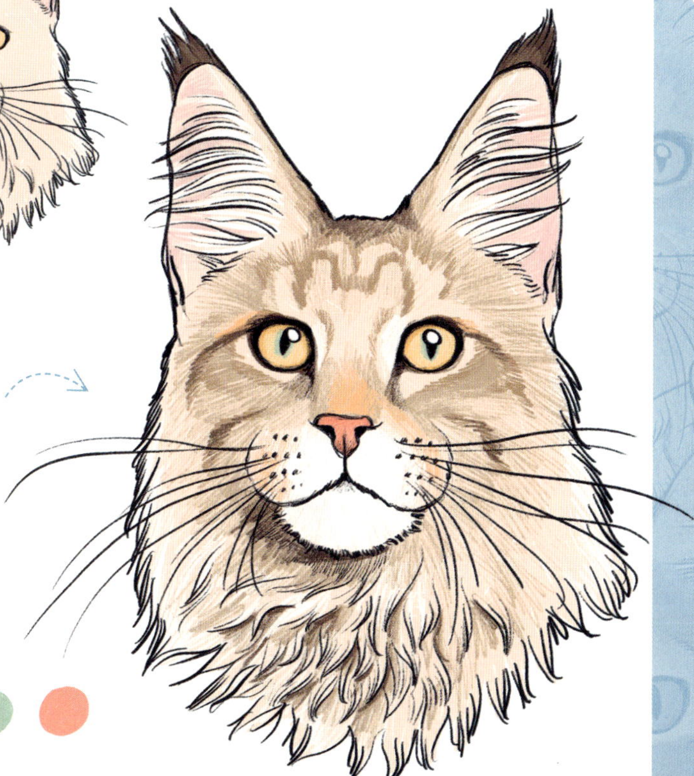

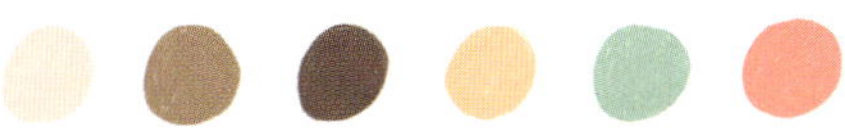

Gesichter

Singapura

Die Singapura ist die kleinste Hauskatzenrasse, aber sie hat Charakter! Man erkennt sie an den großen, runden Augen, den großen Ohren und der typischen Fellfärbung.

1 Mit einem Kreis beginnen.

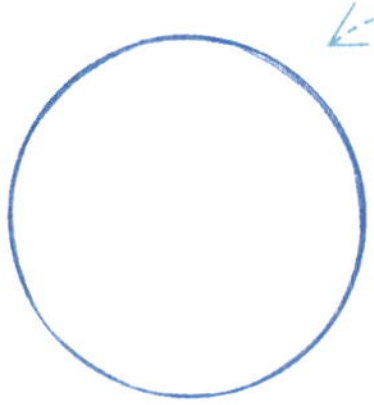

2 Eine waagerechte, leicht gekrümmte Mittellinie und eine Senkrechte im oberen Bereich einzeichnen.

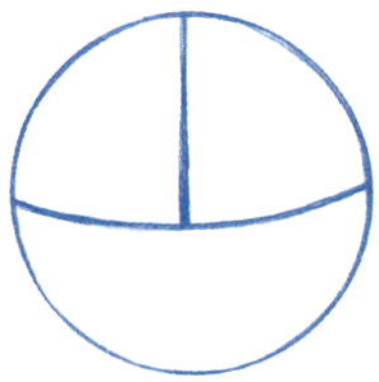

3 Einen Kreis für die Schnauze einfügen.

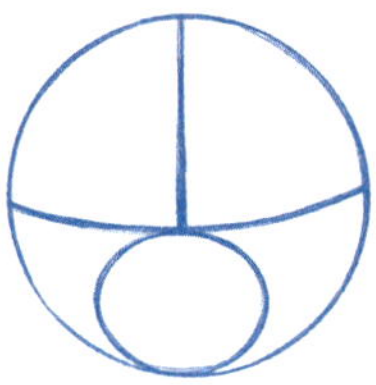

4 Über die Mittellinie zwei große ovale Augen setzen.

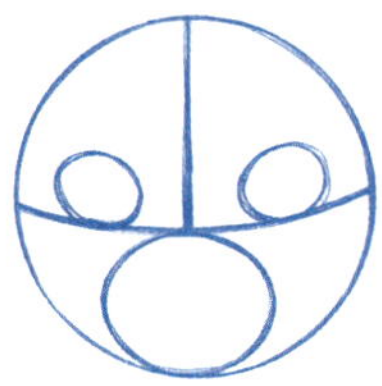

5 Zwei hohe Dreiecke stellen die Ohren dar.

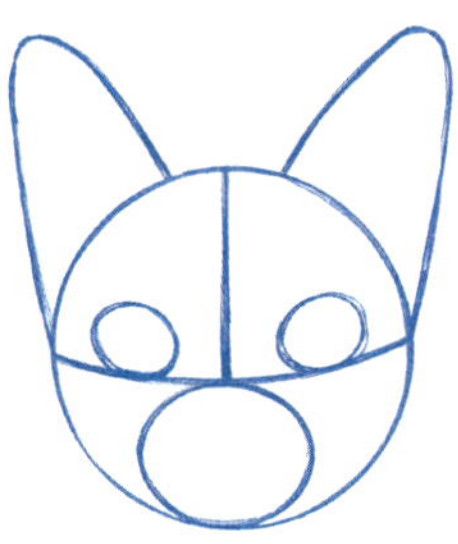

6 Beim Ausarbeiten der Augen die inneren Winkel spitzer zeichnen.

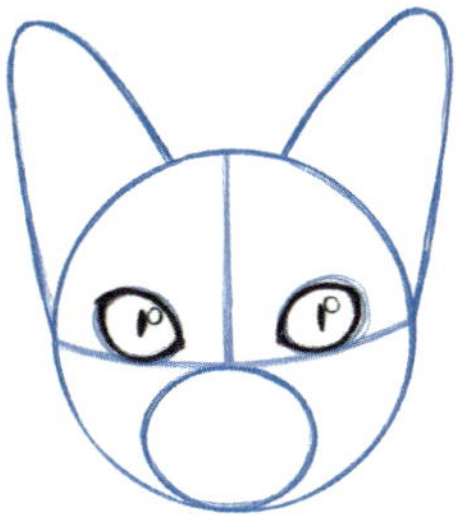

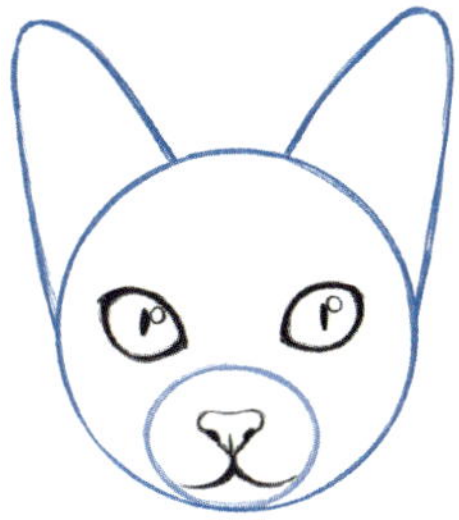

7 In den Kreis für die Schnauze die Nase zeichnen und zwei Bögen für das Maul anfügen.

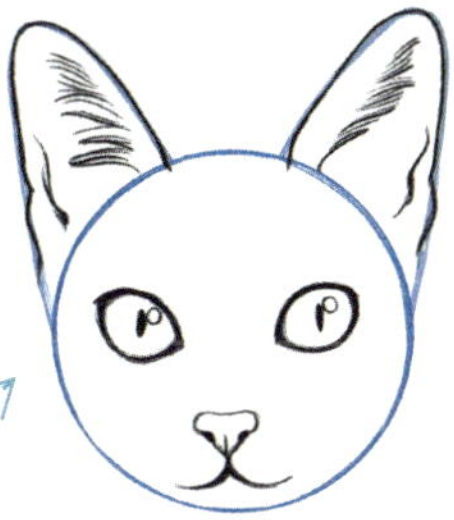

8 Die Ohren ausarbeiten, dabei Details im Inneren mit Strichen andeuten.

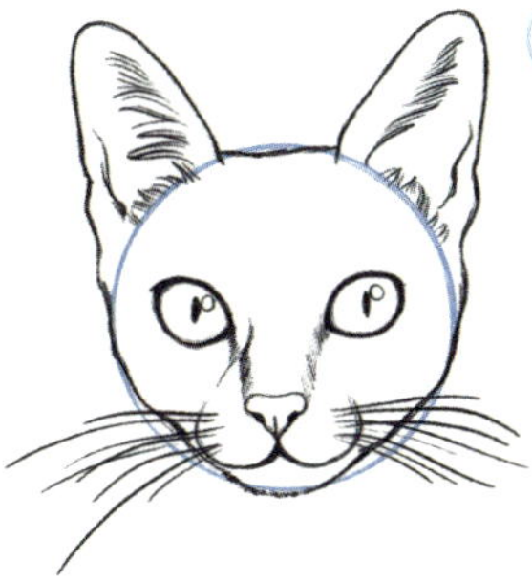

9 Die Kopfkontur mit kurzen Strichen nachzeichnen. Um sie etwas dreieckiger zu formen, die Wangen in den Hilfskreis hinein verschieben. Die Barthaare hinzufügen. Die Hilfslinien ausradieren.

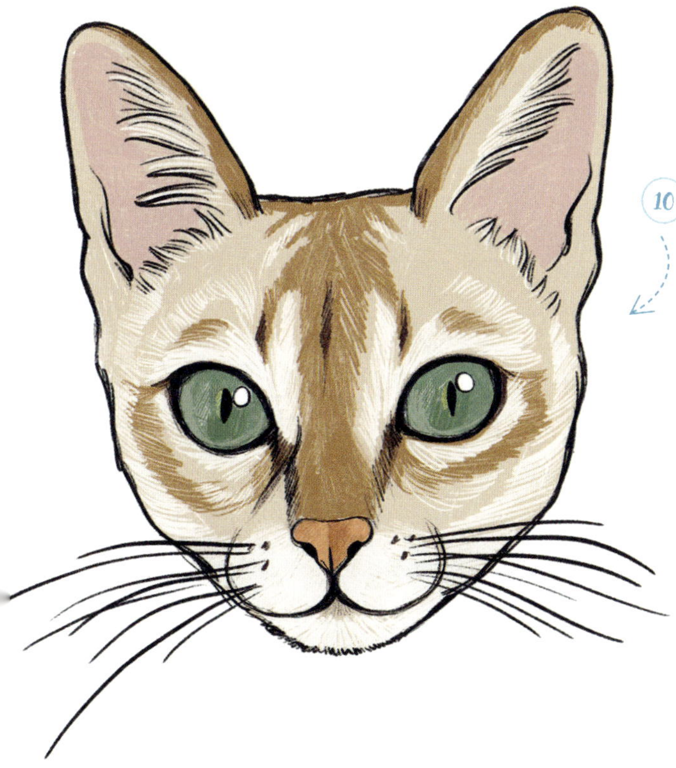

10 Den Kopf mit hellem Beige kolorieren, für die Mitte von Stirn und Nasenrücken einen dunkleren Ton verwenden. Für die Nase ein sehr helles Rot wählen, für die inneren Ohren Rosa und für die Augen Grün. Die Lichtreflexe in den Augen bleiben weiß.

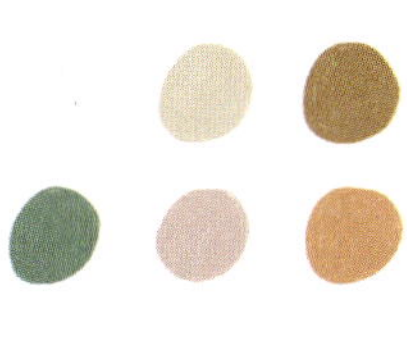

Gesichter

RagaMuffin

Der Kopf der RagaMuffin ist mittelgroß, wirkt aber durch das lange Fell größer. Diese Rasse hat walnussförmige Augen und ein besonders sanftes Wesen.

1 Mit einem Kreis beginnen

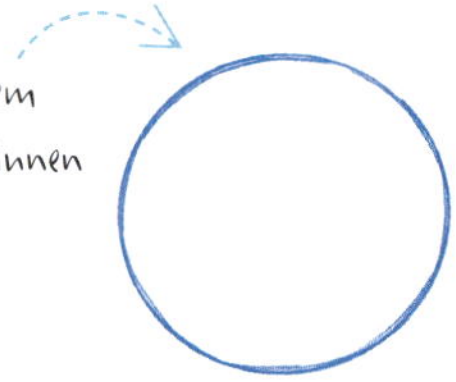

2 Eine gerade Mittellinie und eine leicht gekrümmte senkrechte Linie in der oberen Hälfte einzeichnen.

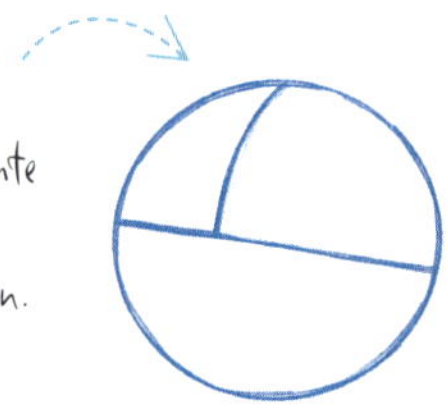

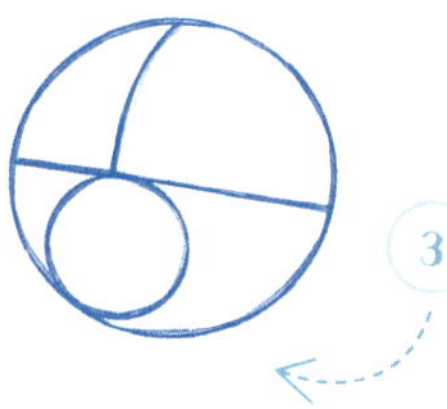

3 Einen Kreis für die Schnauze einfügen.

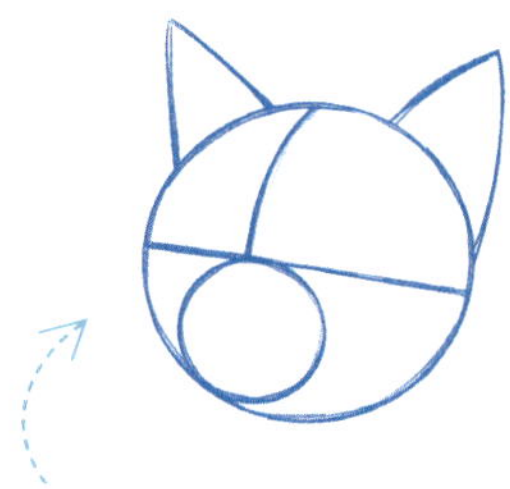

4 Zwei Dreiecke für die Ohren hinzufügen.

5 Unter dem Kopf eine große U-Form für das Brustfell skizzieren.

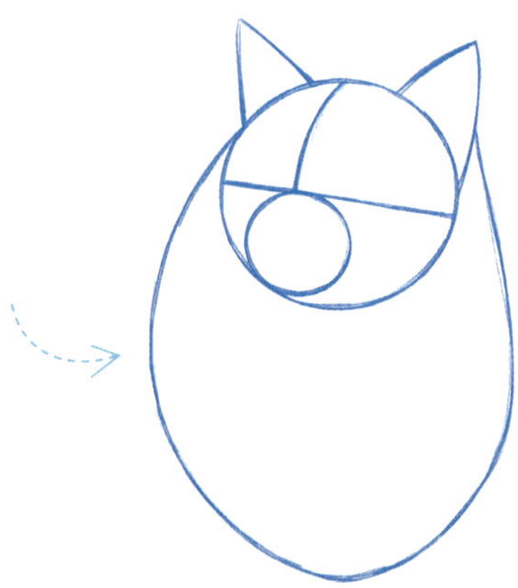

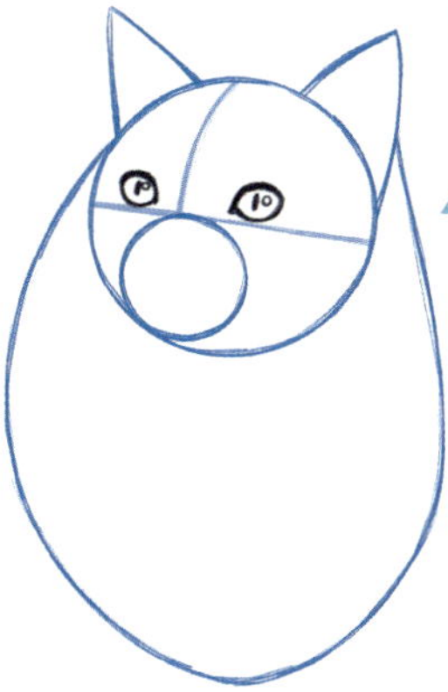

6 Die großen runden Augen einfügen. In die Mitte jedes Auges eine spitzovale Pupille und daneben einen kleinen runden Lichtreflex zeichnen.

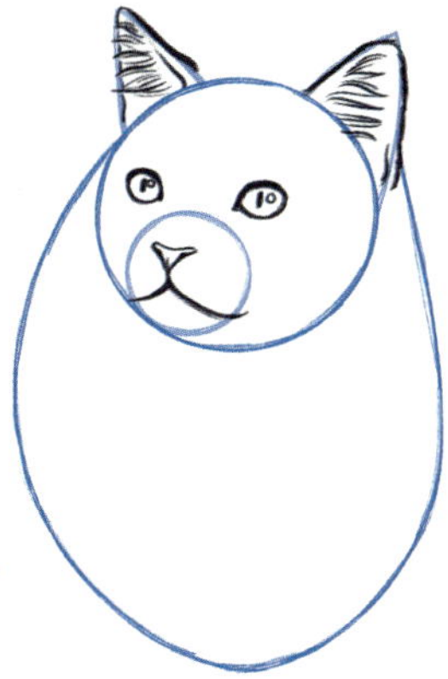

7 In den Kreis für die Schnauze die Nase zeichnen. Ihre Seiten sind zu den Nasenlöchern hin nach innen gekrümmt. Zwei flache Bögen für das Maul anfügen. Die Ohren schattieren, dabei die Haare mit langen Strichen andeuten.

8 Das Fell am Kinn mit kurzen Strichen darstellen, dann den Umriss des Kopfs mit längeren Strichen nachzeichnen. Hilfslinien ausradieren.

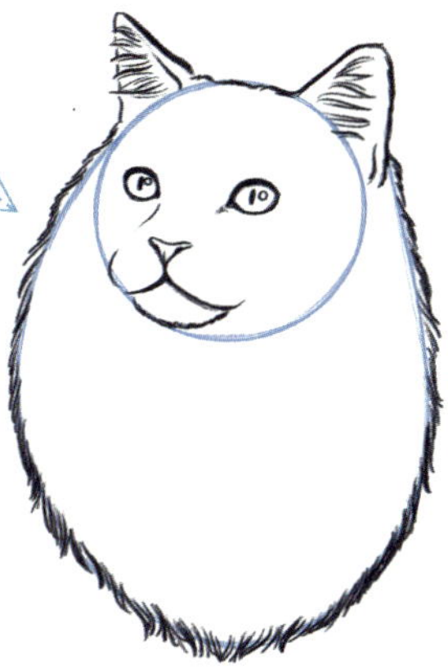

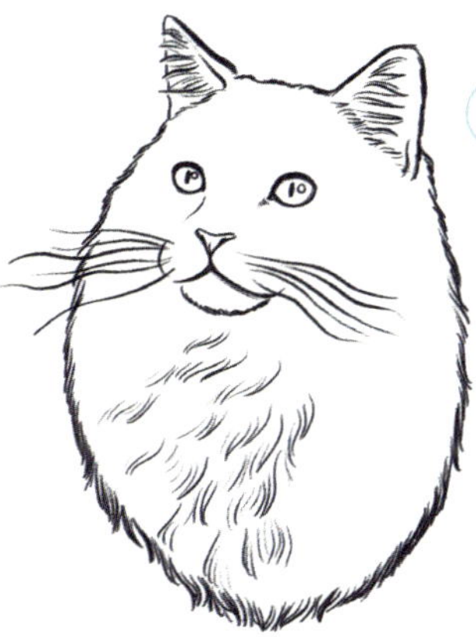

9 Rechts und links der Nase lange, gewellte Barthaare einfügen. Mit lockeren Strichen das lange Brustfell andeuten.

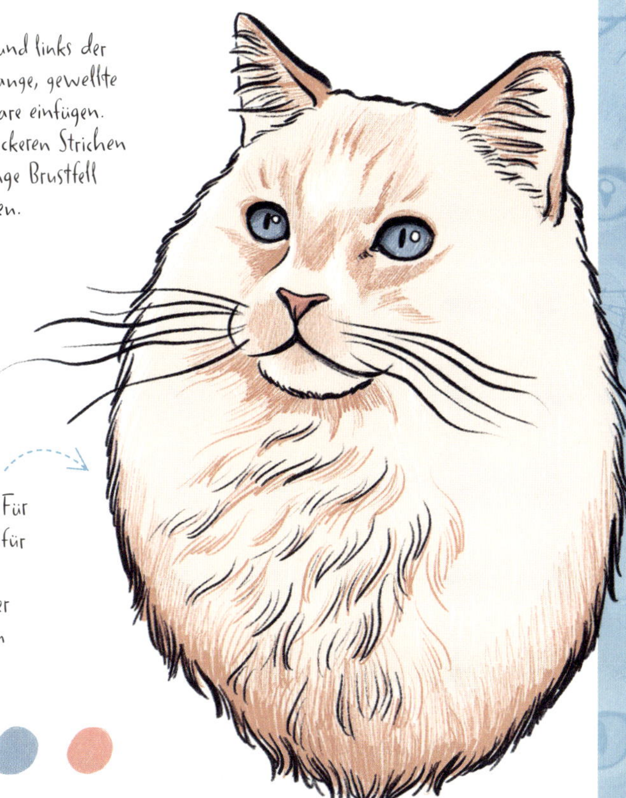

10 Das Fell mit hellem Beige grundieren. Für die Augen ein klares Blau verwenden, für die Nase Rosa. Einige Schattierungen einfügen. Mit Orange die Streifen über den Augen, auf den Ohren, unter dem Kinn und am Hals andeuten.

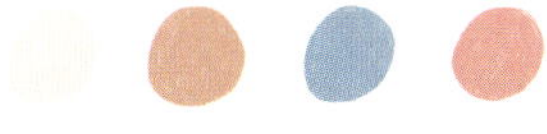

Gesichter

Sphynx

Das Hauptmerkmal der Sphynx ist, dass sie kein Fell hat. Stattdessen ist ihre Haut von einem kurzen, pfirsichartigen Flaum bedeckt.

1 Mit einem Kreis beginnen.

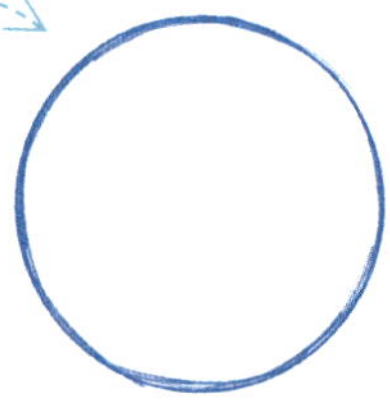

2 Eine gerade waagerechte Mittellinie und eine senkrechte Linie im oberen Teil einfügen. Für die Schnauze ein abgerundetes Rechteck skizzieren.

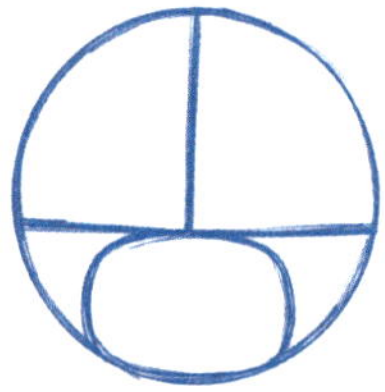

3 Große, eckige Ohren anfügen. Ihre Länge entspricht mindestens dem Kopfdurchmesser.

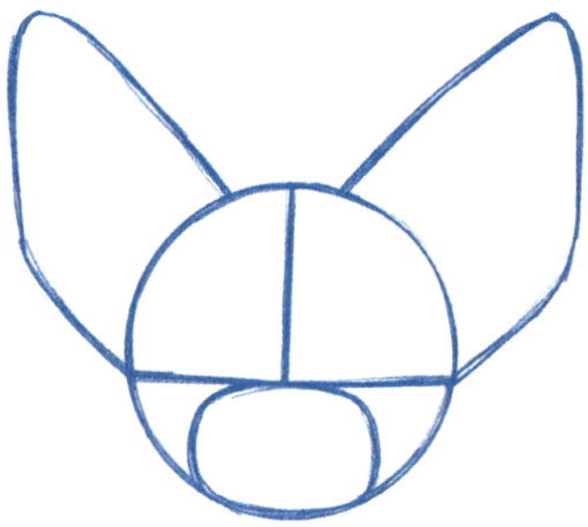

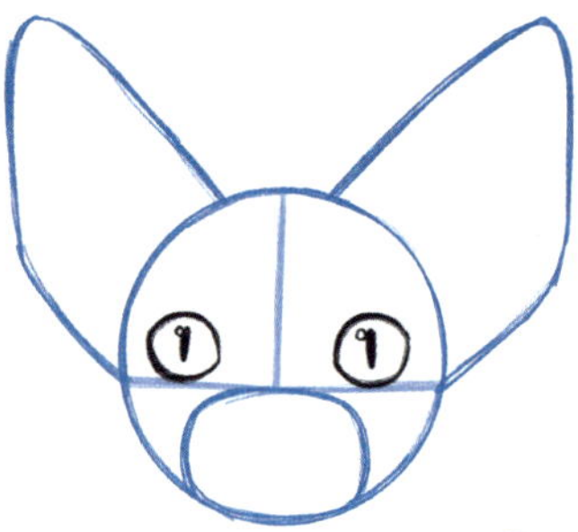

4 Die großen, runden Augen einzeichnen. In die Mitte jedes Auges eine mandelförmige Pupille und einen kleinen runden Lichtreflex setzen.

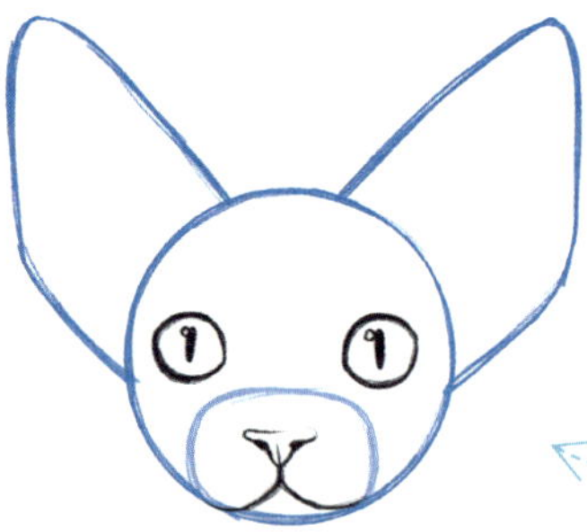

5 In das Rechteck für die Schnauze die Nase zeichnen. Ihre Seiten sind zu den Nasenlöchern hin nach innen gekrümmt. Darunter für das Maul zwei flache Bögen anfügen.

6 Die Konturen der Ohren mit durchgehenden Strichen nachzeichnen, um den Eindruck von Fell zu vermeiden.

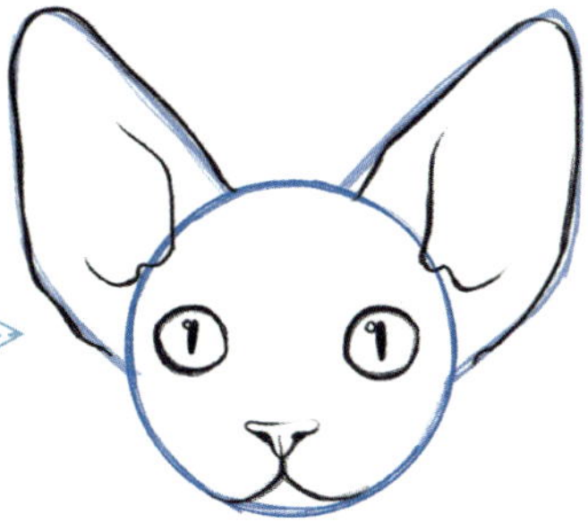

7 Auch die Kopfkonturen mit durchgehenden Strichen ausarbeiten. Dabei die Form leicht dreieckig gestalten. Die Sphynx hat weder Barthaare noch Wimpern.

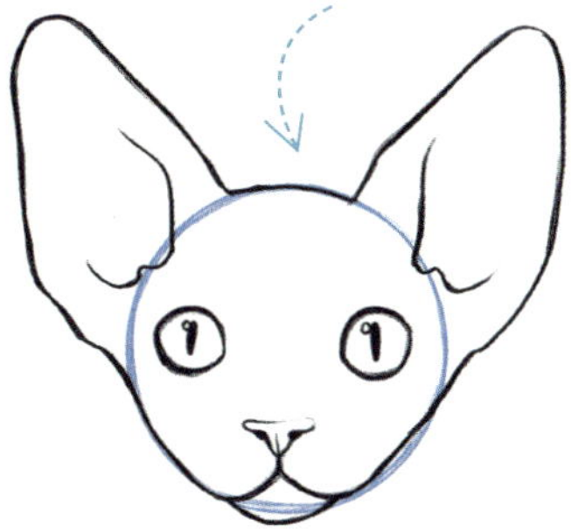

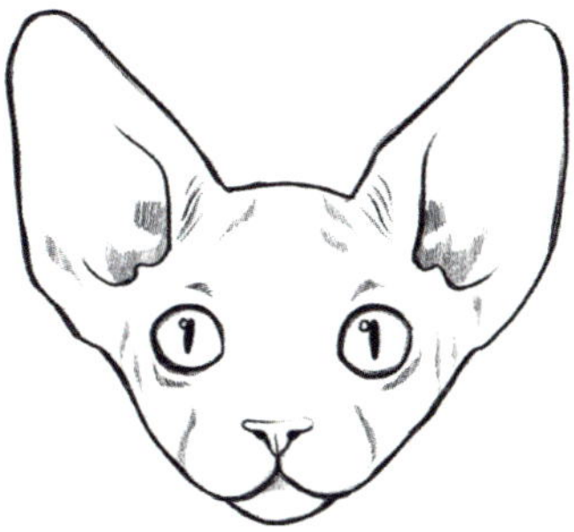

8 Die Hilfslinien ausradieren. Einige Schatten um Augen und Ohren andeuten. Die Haut ist stellenweise faltig.

9 Ohren, Schnauze und Nasenrücken mit hellem Rosa kolorieren. Ein Auge grün ausfüllen, das andere blau.

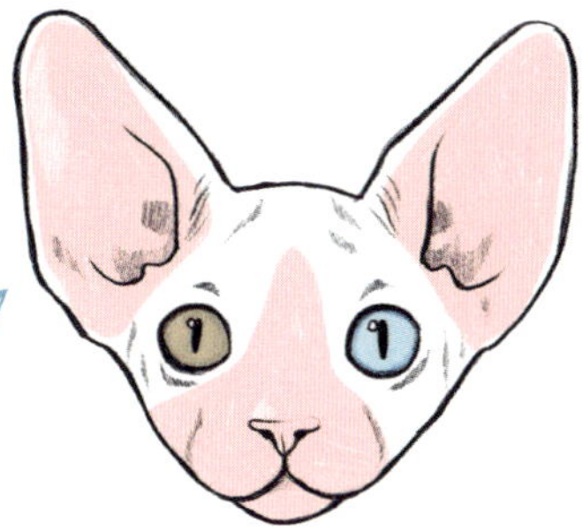

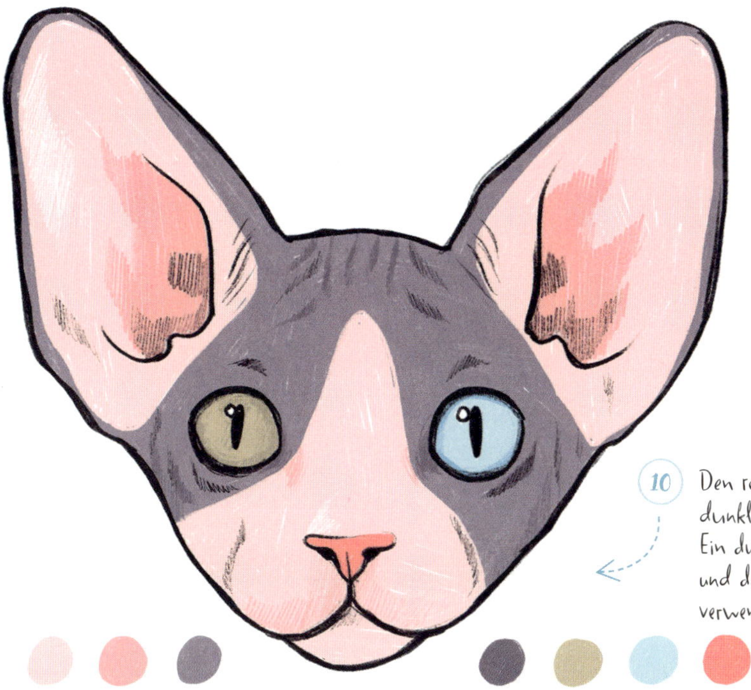

10 Den restlichen Kopf mit dunklem Grau kolorieren. Ein dunkles Rosa für die Nase und das Innere der Ohren verwenden.

Gesichter

Snowshoe

Die weißen Pfoten haben dieser gutmütigen Katzenrasse ihren Namen gegeben. Sie hat ein rundes Gesicht, einen muskulösen Körperbau und strahlend blaue Augen.

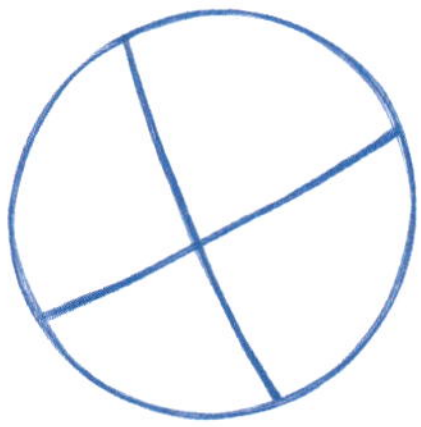

1 Mit einem Kreis beginnen. Zwei gekreuzte, nach links geneigte Hilfslinien einzeichnen.

2 Zwei dreieckige Ohren und eine kreisrunde Schnauze skizzieren.

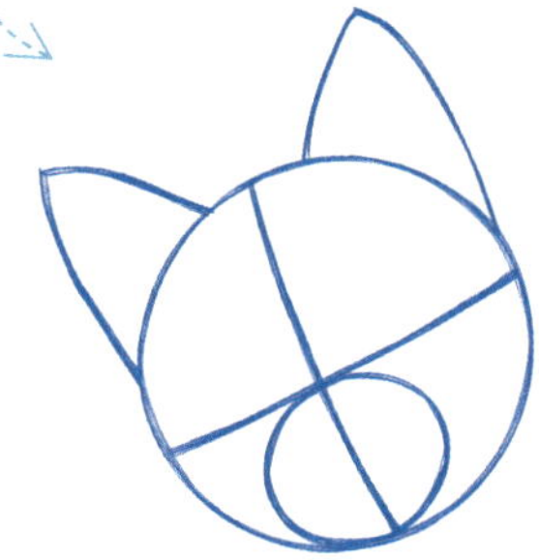

3 Rechts vom Kopf eine senkrechte Linie für die Wand zeichnen. Auch den Hals mit einem geraden Strich andeuten.

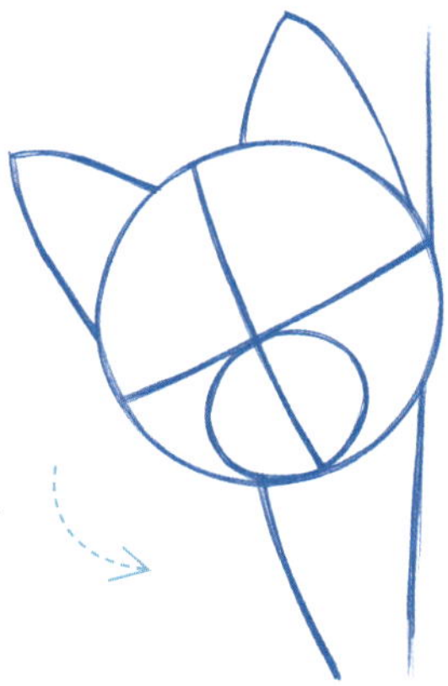

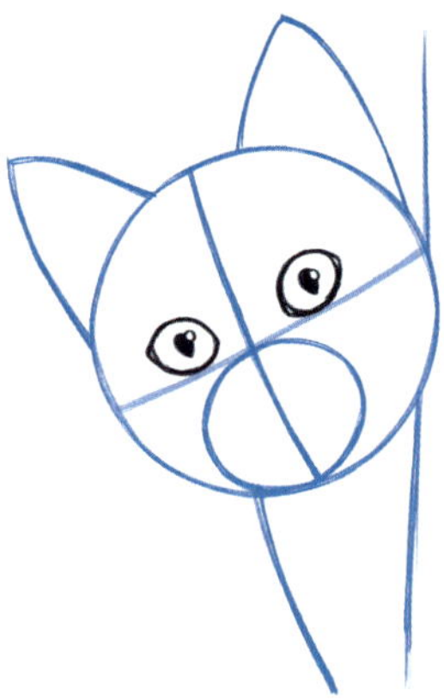

4 Die großen Augen mit den spitzen Winkeln einfügen. Jeweils in die Mitte die Pupille und einen kleinen runden Lichtreflex setzen.

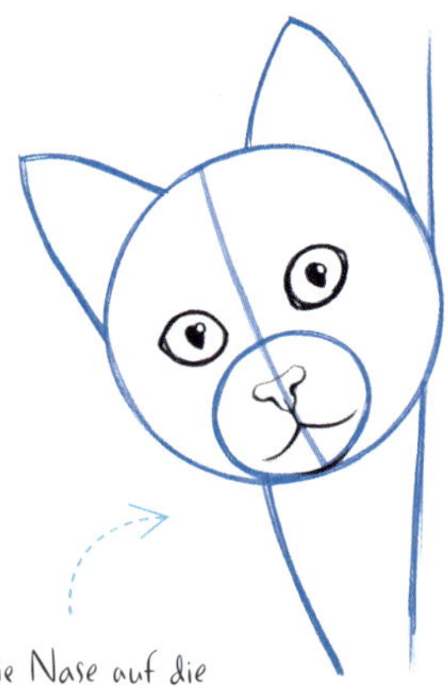

5 Die Nase auf die senkrechte Hilfslinie zeichnen. Die Seiten sind zu den Nasenlöchern hin nach innen gekrümmt. Zwei flache Bögen für das Maul hinzufügen.

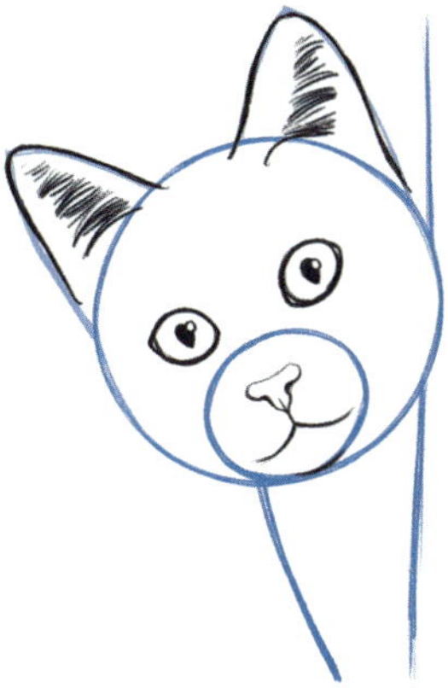

6 Die Umrisse der Ohren mit kurzen Strichen nachzeichnen. Die Haare im Inneren mit längeren Strichen andeuten.

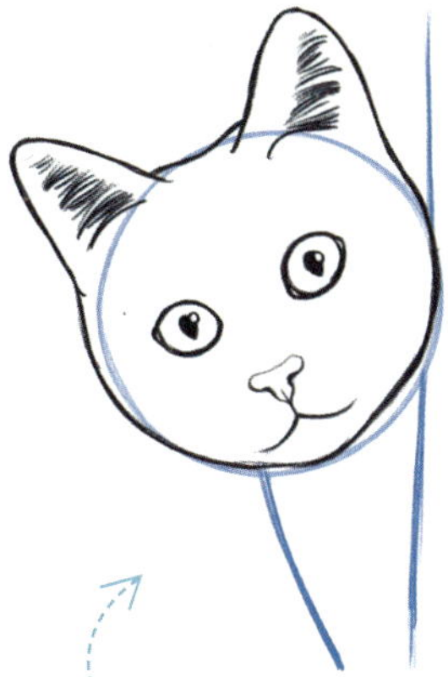

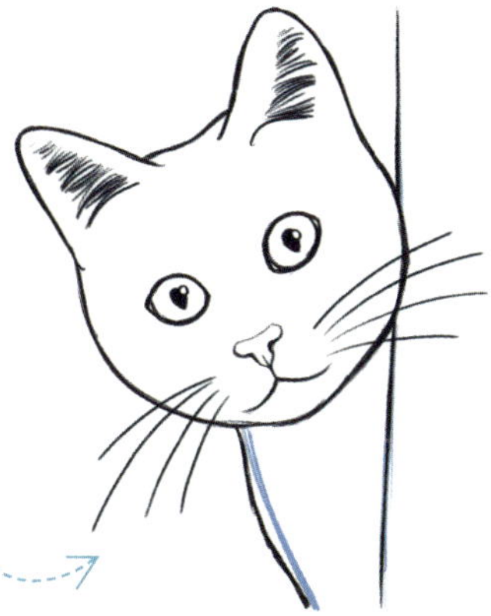

7 Anschließend die Kopfkontur stricheln.

8 Die Barthaare mit langen Strichen einzeichnen. Die Halskontur und die Linie der Wand nachziehen. Hilfslinien ausradieren.

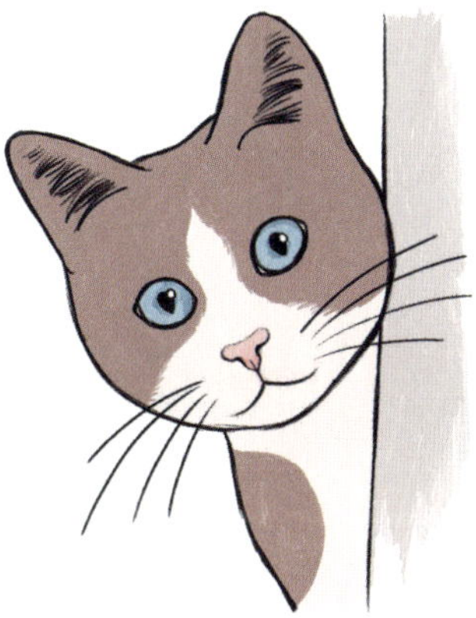

9 Kopf und Körper mit hellem Beige und dunklerem Braun kolorieren. Für die Augen ein helles Blau verwenden.

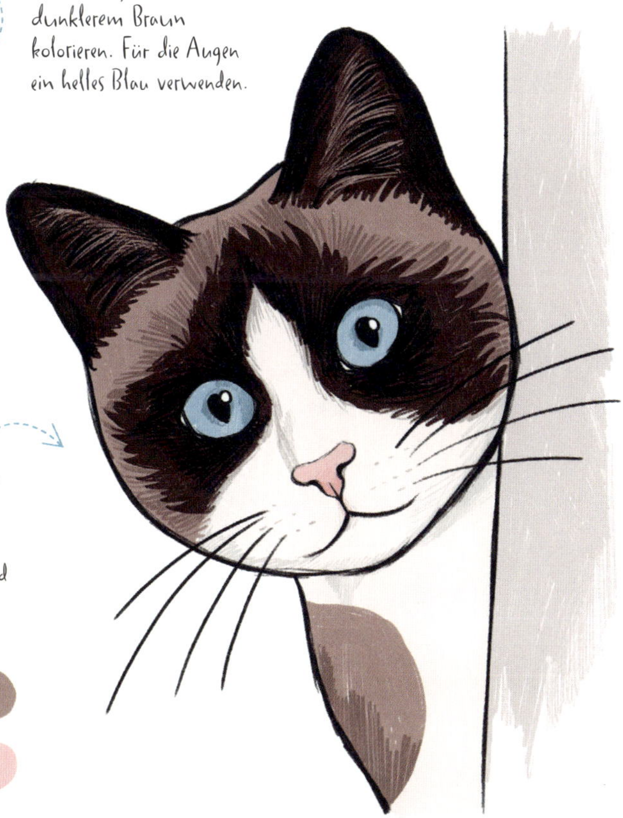

10 Die dunkelbraune Gesichtsmaske einfügen und auch die Ohren dunkelbraun kolorieren. Einige dunkle Schatten um Augen und Nase hinzufügen.

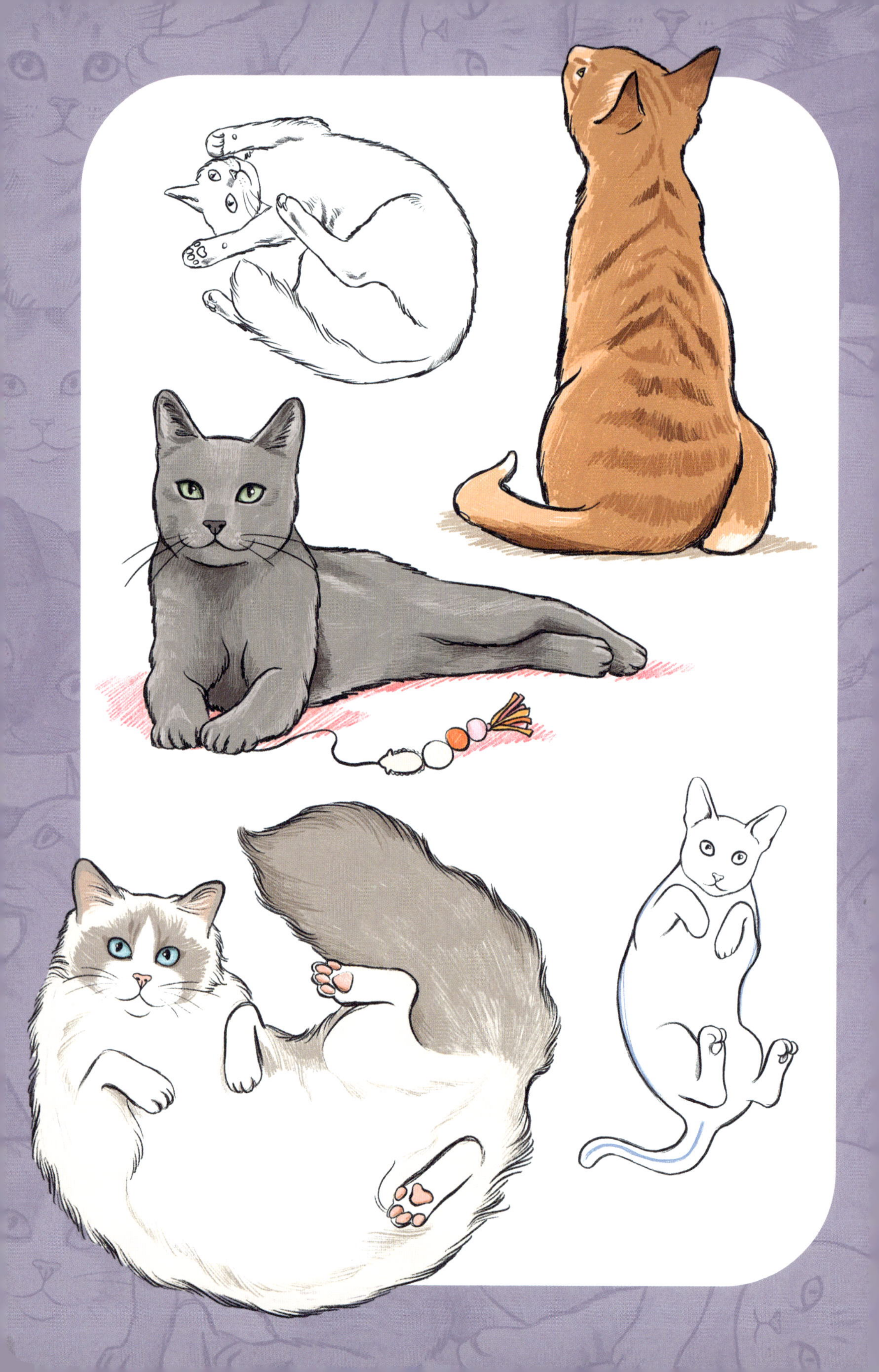

Ruhende Katzen

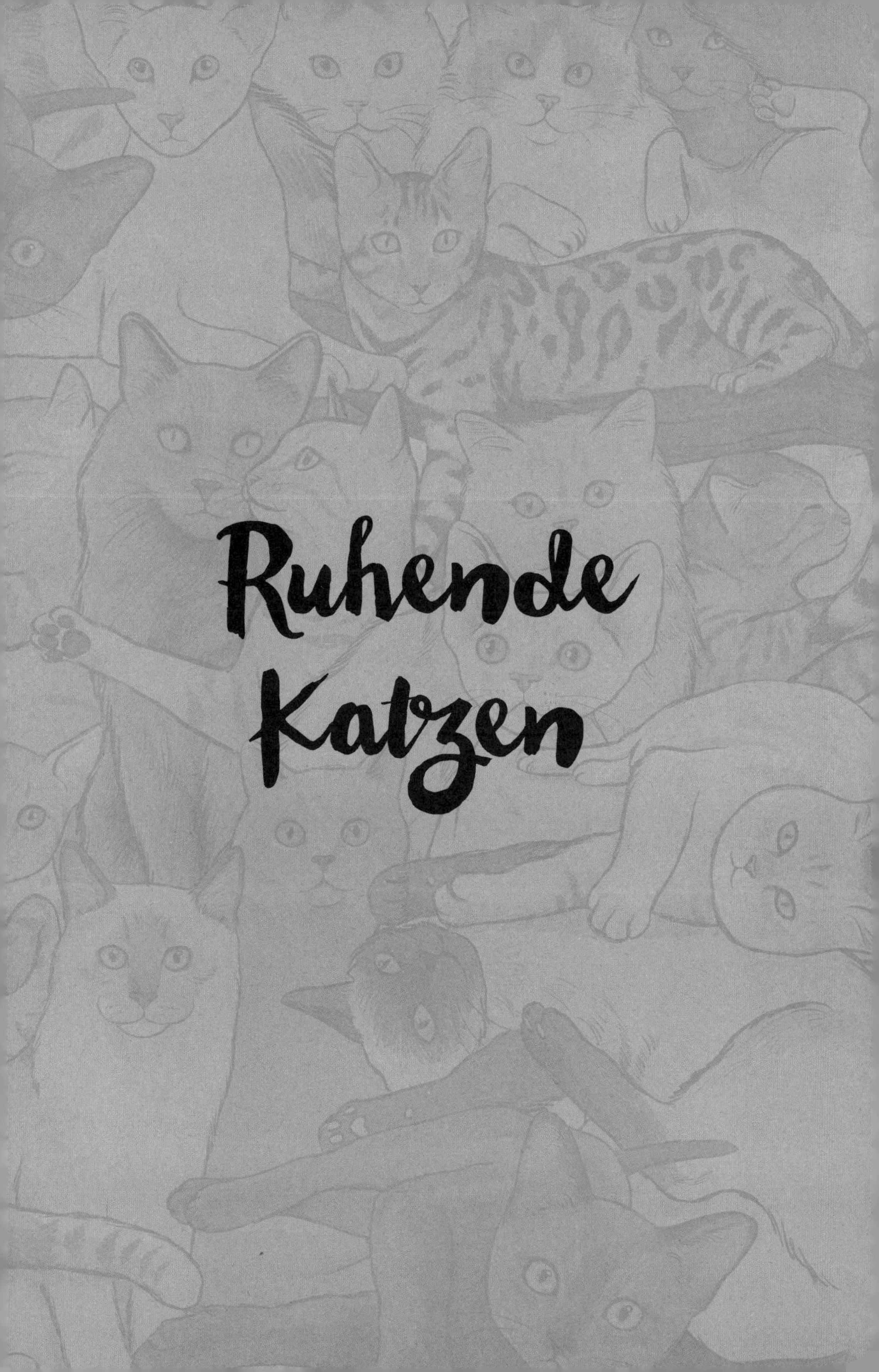

Typische Posen

Sitzend von vorn

Die Katzen in diesem Kapitel werden in typischen Haltungen gezeichnet. Wenn das Fell flauschig ist, dürfen die Verbindungslinien weiter von den Hilfskreisen abweichen.

1 Mit einem Kreis beginnen. Eine waagerechte Mittellinie und eine senkrechte Linie im oberen Bereich einfügen. Einen Kreis für die Schnauze zeichnen.

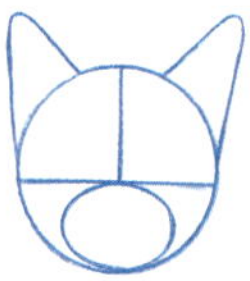

2 Links unterhalb des Kopfs einen zweiten Kreis in doppelter Größe zeichnen. Die grüne Linie zeigt die Ausrichtung der beiden Kreise.

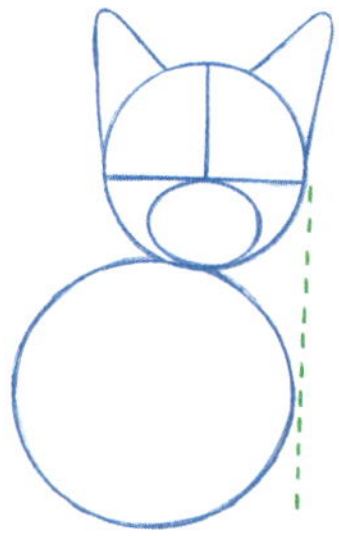

3 Einen weiteren Kreis anfügen, der etwas größer als der Kopf ist. Er tangiert den mittleren Kreis.

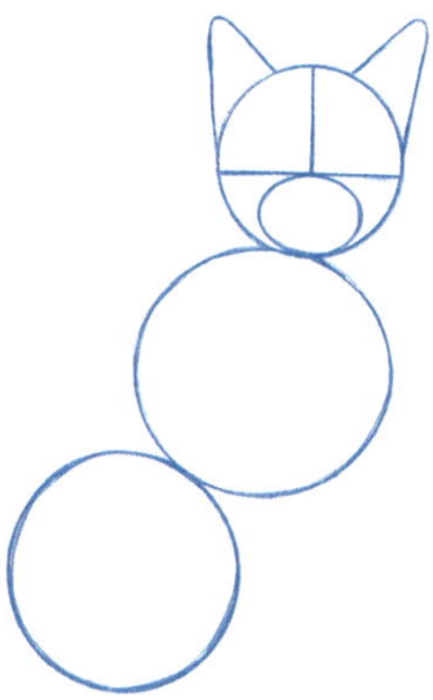

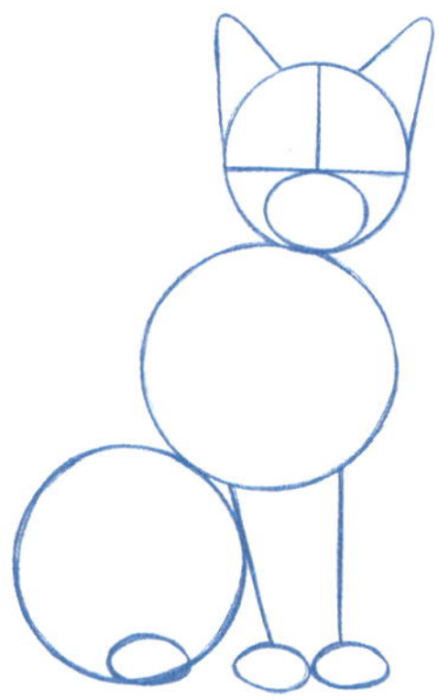

4 Unter dem mittleren Kreis zwei gerade Striche für die Beine anfügen. Sie enden auf Höher der Unterkante des unteren Kreises. Die Pfoten mit kleinen Ovalen andeuten. Ein drittes Oval im unteren Kreis zeigt die Position der Hinterpfote.

5 Kopf und Rumpf mit geschwungenen Linien verbinden. Eine Wellenlinie für den Schwanz anfügen.

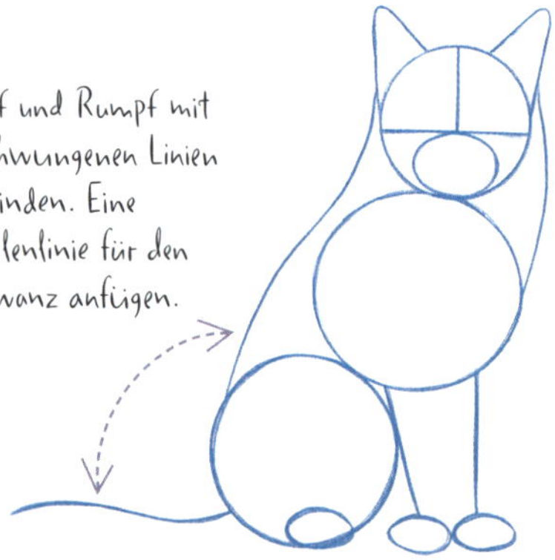

6 Im oberen Kreis das Gesicht ausarbeiten. Das erste Vorderbein aus der Hilfslinie entwickeln. Es ist oben breiter als unten. Die äußere Kontur stricheln, um das Fell anzudeuten. Kleine Bögen für die Zehen einfügen.

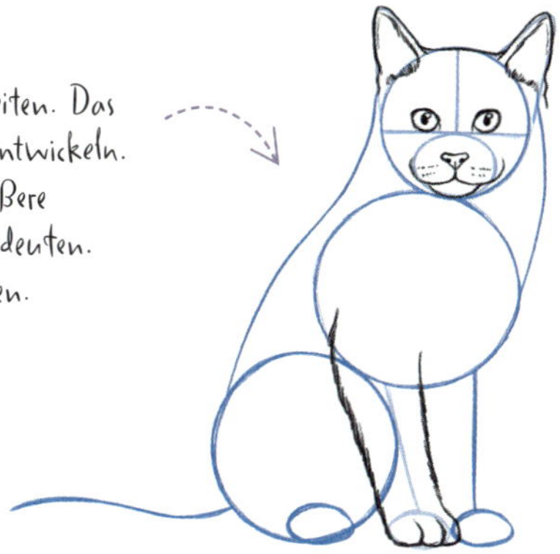

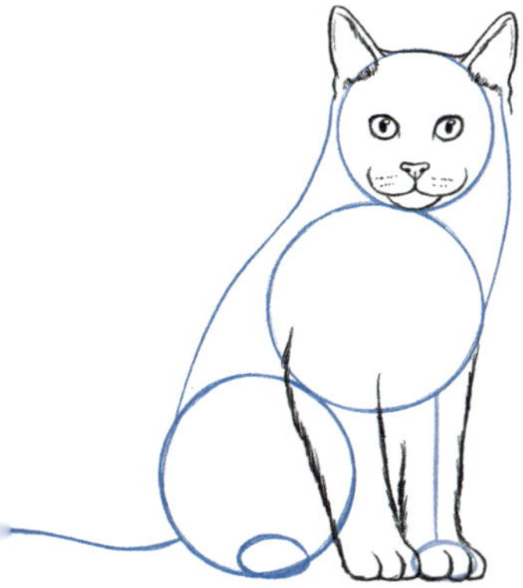

7 Das zweite Vorderbein wird teilweise vom ersten verdeckt. Auch hier Bögen für die Zehen einzeichnen.

8 Die Hinterpfote aus dem Oval entwickeln.

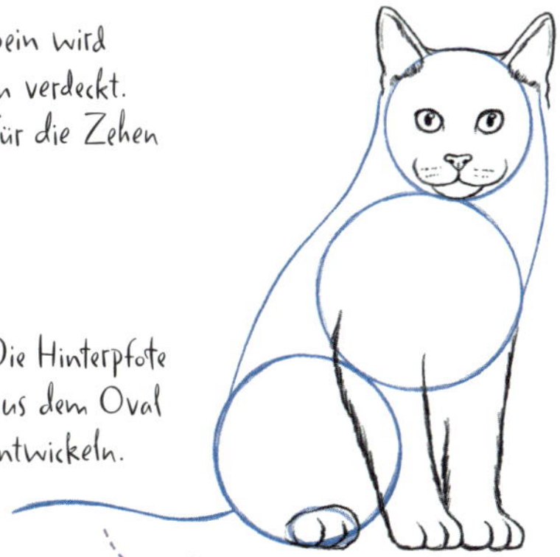

9 Die Körperkontur weiter ausarbeiten. Das lange Fell am Schwanz mit langen Strichen andeuten.

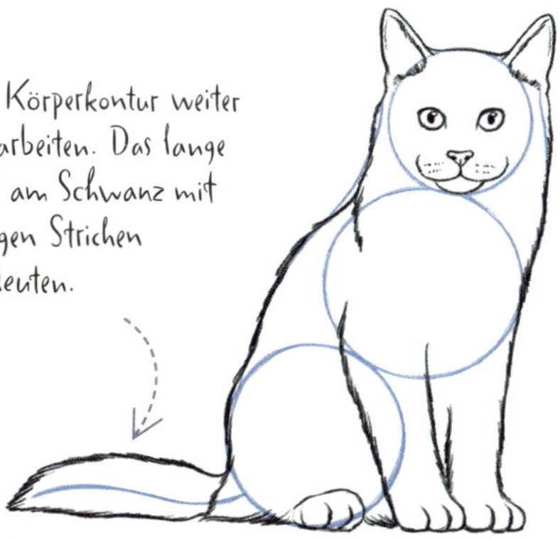

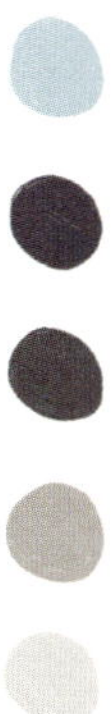

10 Die Hilfslinien ausradieren. Zuletzt die Rasse mit den typischen Details und Farben erkennbar machen.

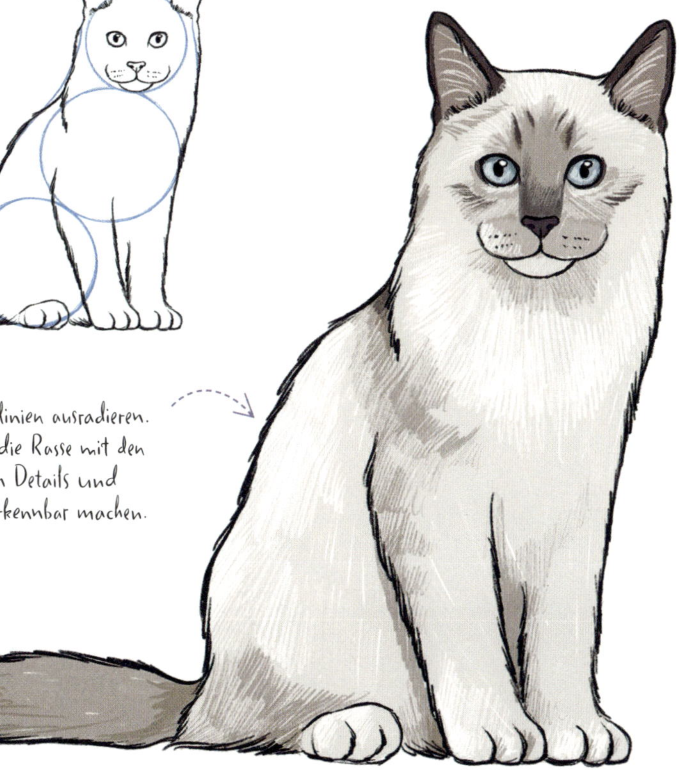

Typische Posen

Sitzend von hinten

Von hinten sind vor allem der elegante Körper, die interessante Fellzeichnung und der Schwanz einer Katze gut zu erkennen.

1 Mi einem Kreis beginnen und zwei spitze Ohren skizzieren. Das linke Ohr sitzt mitten im Kreis.

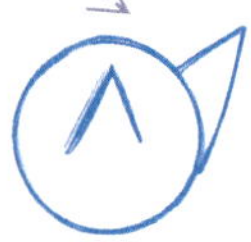

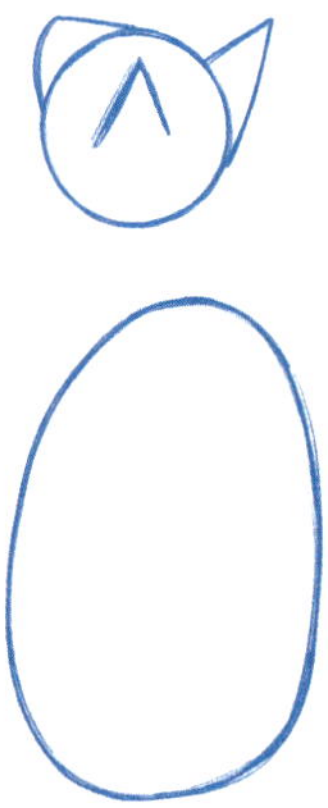

2 Links oben ein abgeflachtes Dreieck für die Schnauze ansetzen. Unter den Kopf in etwas Abstand ein großes Oval zeichnen.

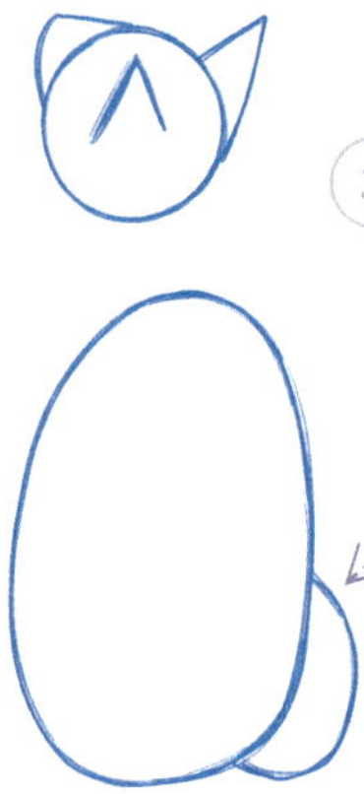

3 Rechts unten einen kleinen Bogen anfügen. Er kennzeichnet die Position des rechten Hinterbeins.

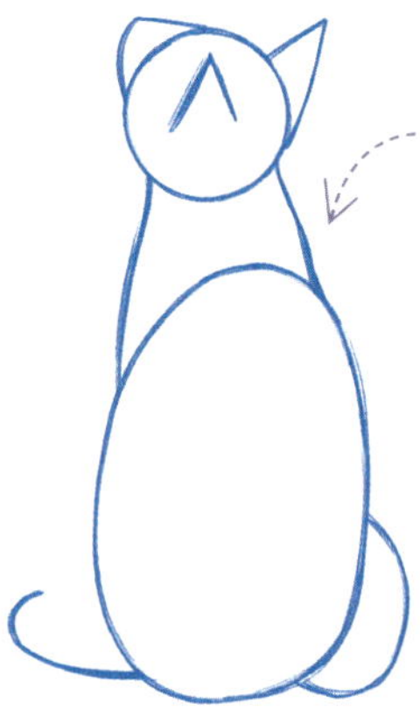

4 Kopf und Körper mit weichen Linien verbinden. Einen kleinen Bogen für den Schwanz hinzufüge.

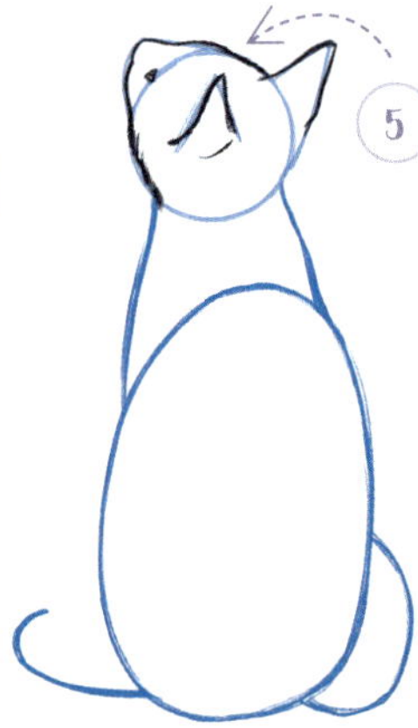

5 Gesicht und Ohren anhand der Hilfslinien genauer ausarbeiten. Ein winziges Dreieck für das Auge einzeichnen (das aus diesem Blickwinkel kaum zu sehen ist).

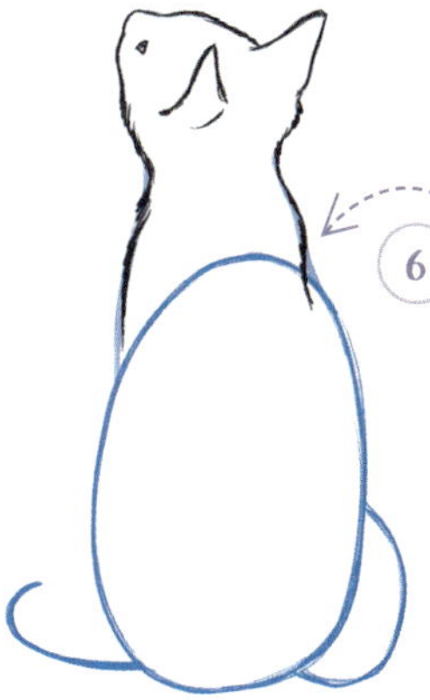

6 Die Körperkontur mit kurzen Strichen nachzeichnen, dabei am Kopf beginnen und abwärts arbeiten.

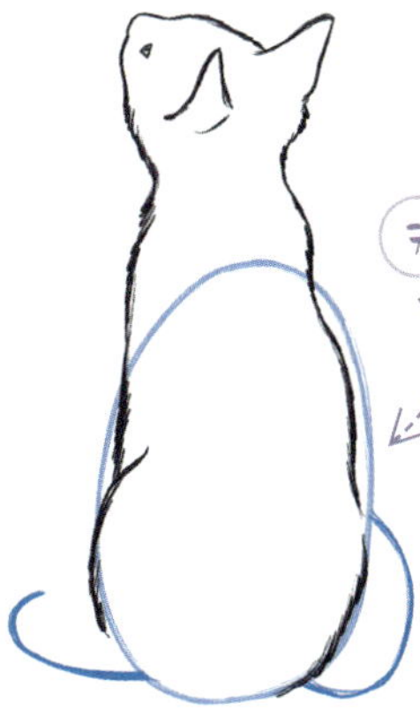

7 Auch die Rückenkontur stricheln.

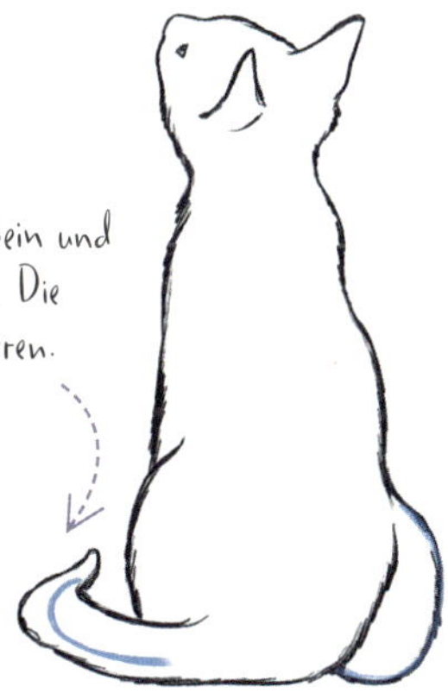

8 Ebenso mit Hinterbein und Schwanz verfahren. Die Hilfslinien ausradieren.

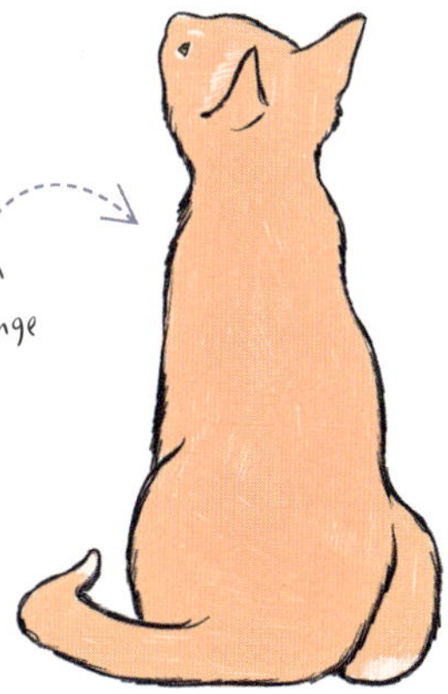

9 Die Katze in hellem Orange grundieren.

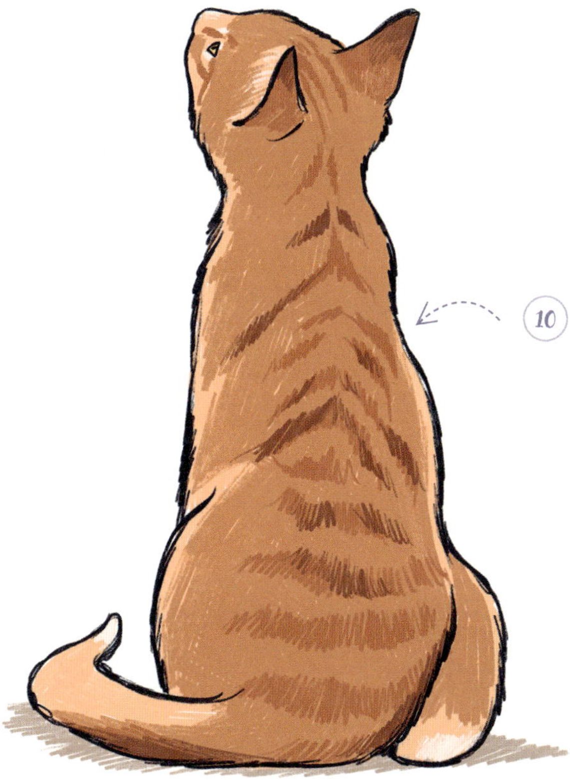

10 Mit dunklem Orange und Brauntönen einige Streifen auf dem Rücken andeuten.

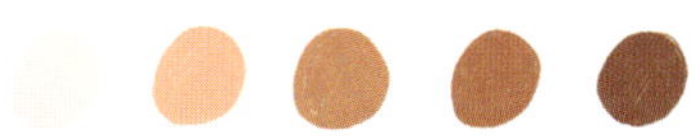

Typische Posen

Liegend

Katzen machen es sich gern an einem warmen, ruhigen Platz gemütlich. Wenn sie auf der Seite liegen, sieht man das weiche Fell am Bauch.

1 Mit einem Kreis beginnen. Etwas nach links versetzt die Mittelsenkrechte einfügen.

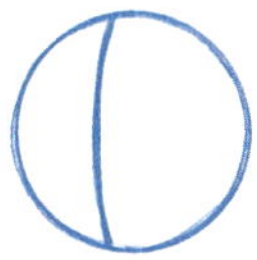

2 Einen kleinen Kreis für die Schnauze und zwei dreieckige Ohren skizzieren.

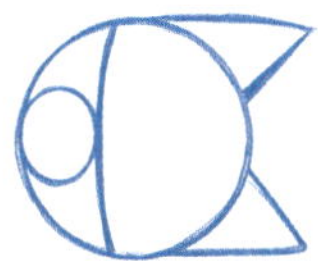

3 Die Körperform grob vorzeichnen. Das linke Vorderbein und einen Kreis für die Pfote einzeichnen.

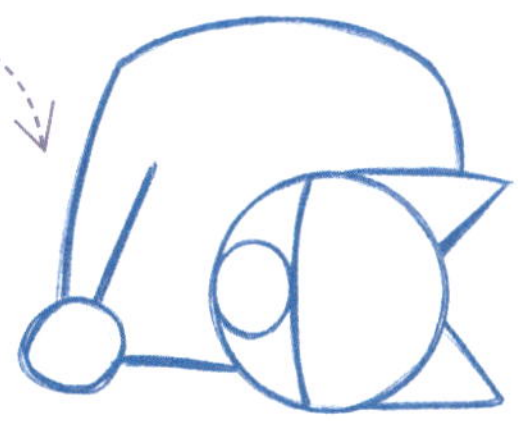

4 Für die hinteren Pfoten zwei kleine Kreise links neben die obere Ecke des Körpers zeichnen. Ein flacher Bogen nach rechts deutet den Schwanz an.

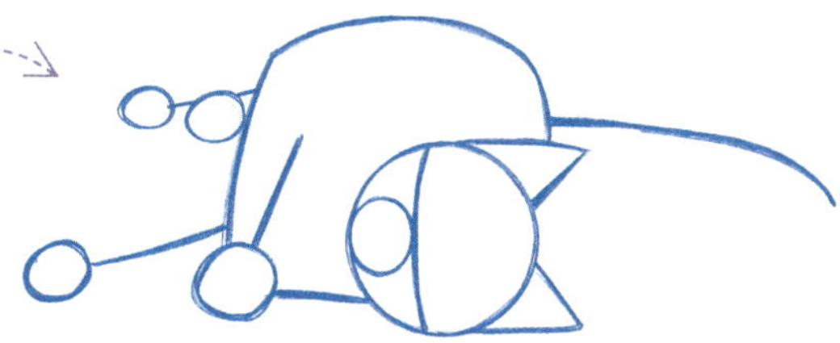

5 Die mandelförmigen Augen mit spitzen Winkeln auf die Hilfslinie im Kopf setzen. Die Nase und zwei Bögen für das Maul in den Kreis für die Schnauze zeichnen.

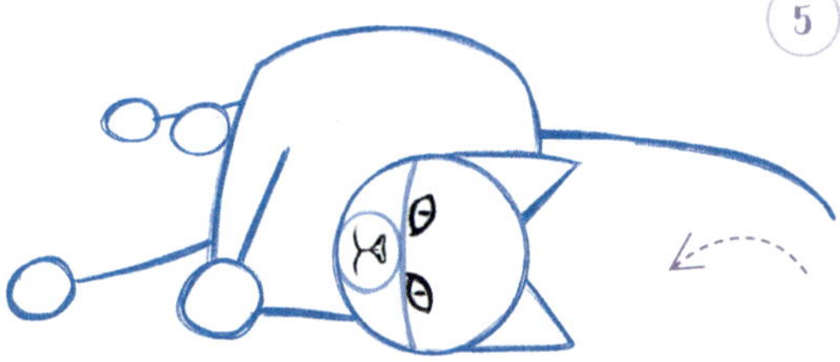

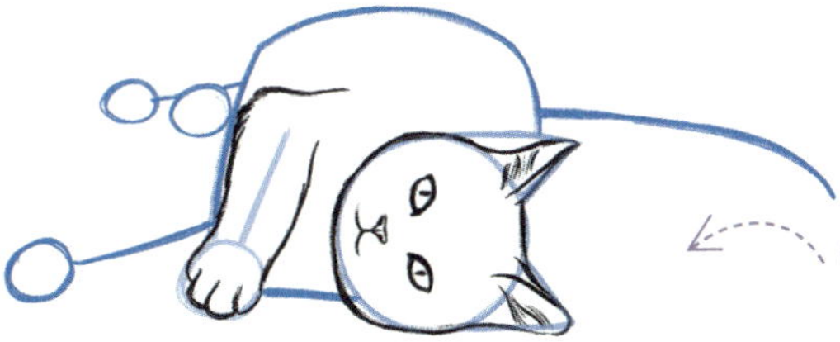

6 Kopf und Ohren genauer ausarbeiten, dabei die Haare in den Ohren mit kurzen Strichen andeuten. Das Vorderbein zeichnen und kleine Striche für die Zehen einfügen.

7 Anhand der Hilfslinien das andere Vorderbein zeichnen. Die Kontur stricheln, um Fell anzudeuten.

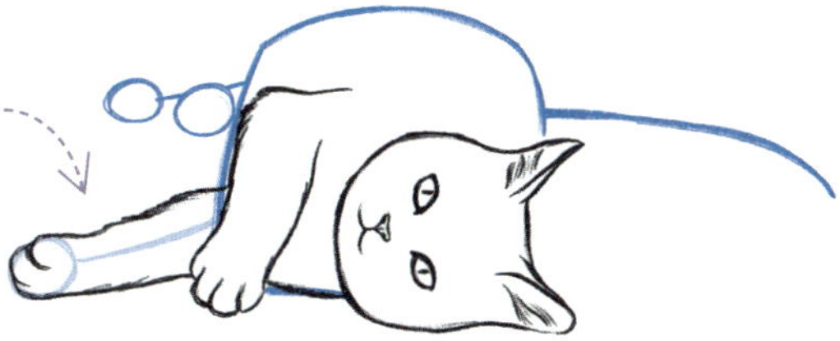

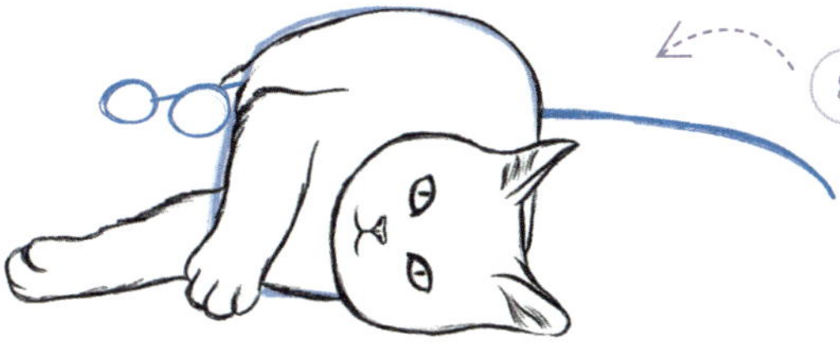

8 Den Umriss des Körpers ebenfalls stricheln.

9 Hinterbeine und Schwanz ausarbeiten, dann die Hilfslinien ausradieren.

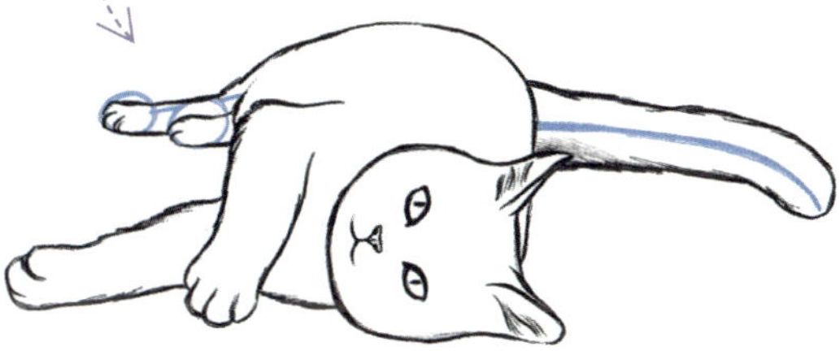

10 Den Körper in Cremeweiß kolorieren, dann graue Flecken auf Beinen, Körper und Gesicht einfügen. Den Schwanzansatz stärker schattieren und Streifen an der Schwanzspitze andeuten. Für die Augen Gelbgrün verwenden, für die Nase Rosa.

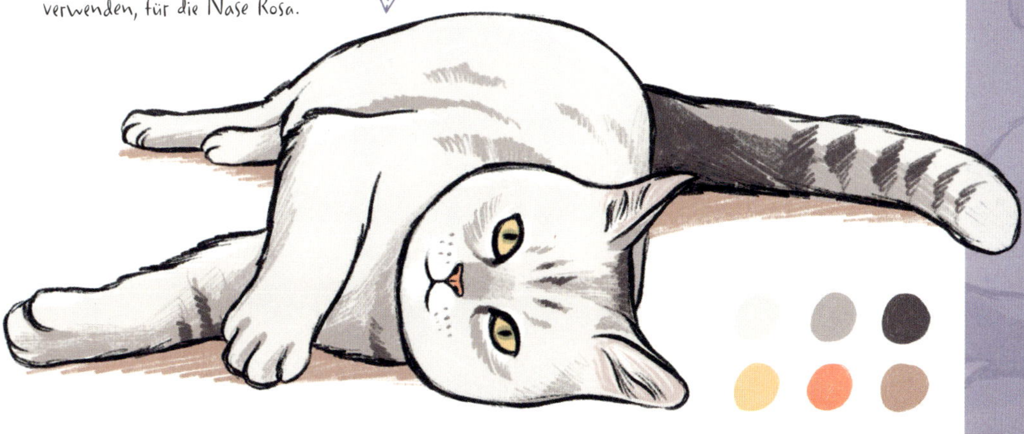

Typische Posen

Schlafend

Katzen schlafen durchschnittlich 16 Stunden am Tag.
Dafür suchen sie sich einen sicheren Platz.

1 Mit einem Kreis beginnen. Rechts die Schnauze andeuten. Die Ohren skizzieren – eins auf dem Kopf, das andere schräg darunter.

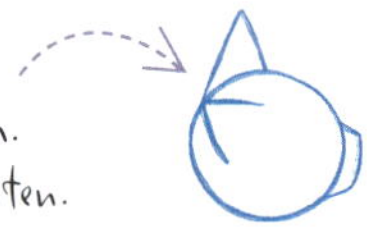

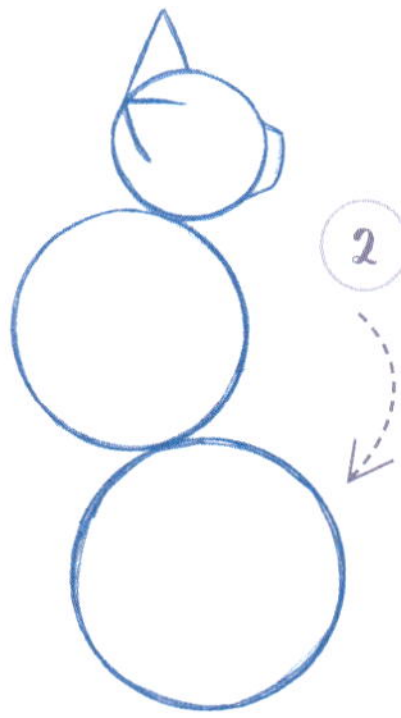

2 Zwei Kreise für den Körper hinzufügen.

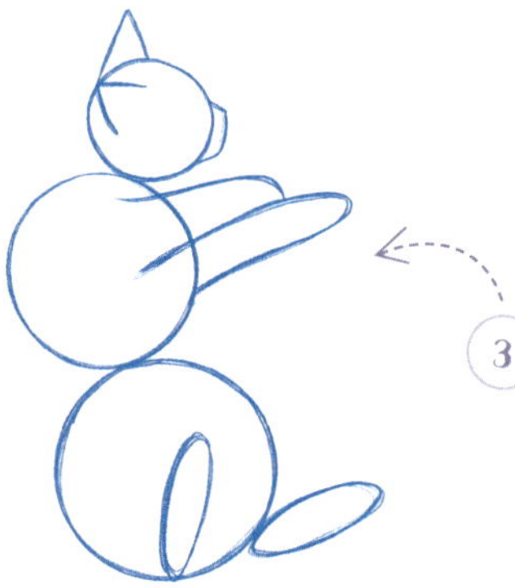

3 Schmale Bögen für die Vorderbeine und längliche Ovale für die Hinterbeine einzeichnen. Ein Hinterbein befindet sich im unteren Kreis.

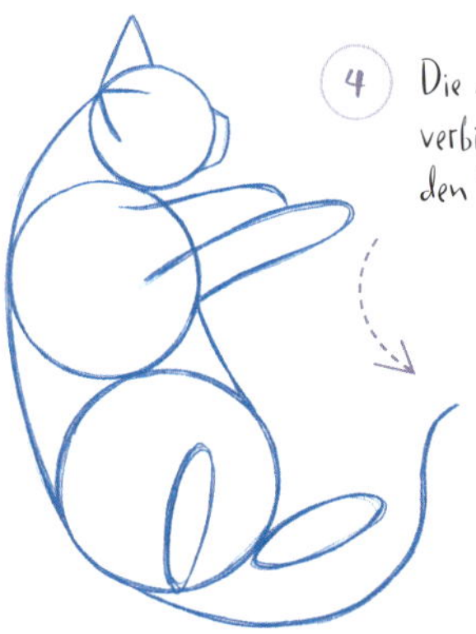

4 Die drei Kreise mit fließenden Linien verbinden. Einen langen Bogen für den Schwanz hinzufügen.

5 Die Nase in die Schnauze zeichnen. Ein kurzer Strich auf Höhe der Oberkante der Schnauze deutet das geschlossene Auge an. Die Ohren deutlicher ausarbeiten.

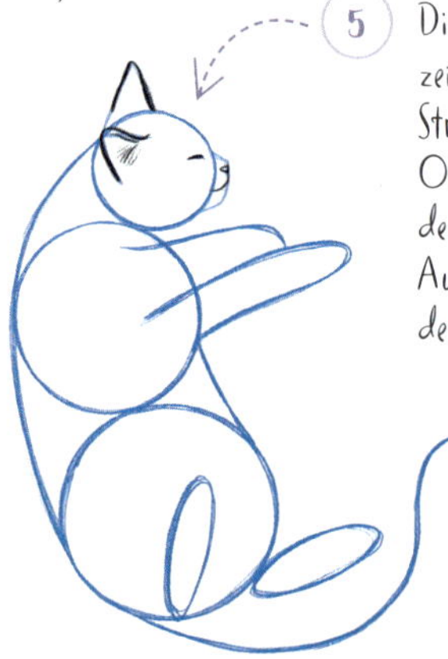

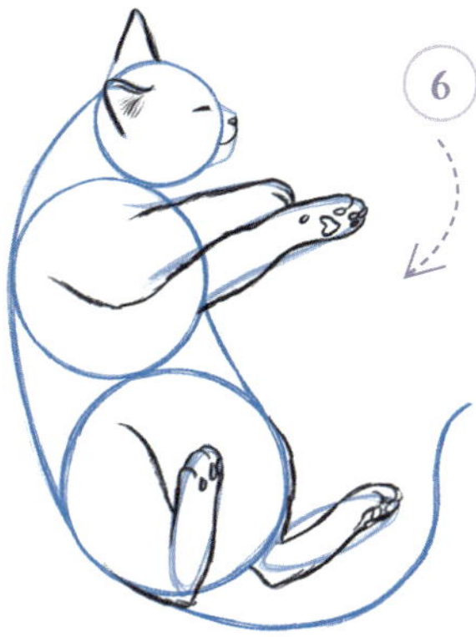

6 Anhand der Hilfslinien Vorder- und Hinterbeine ausarbeiten. Die Details der sichtbaren Pfoten einfügen.

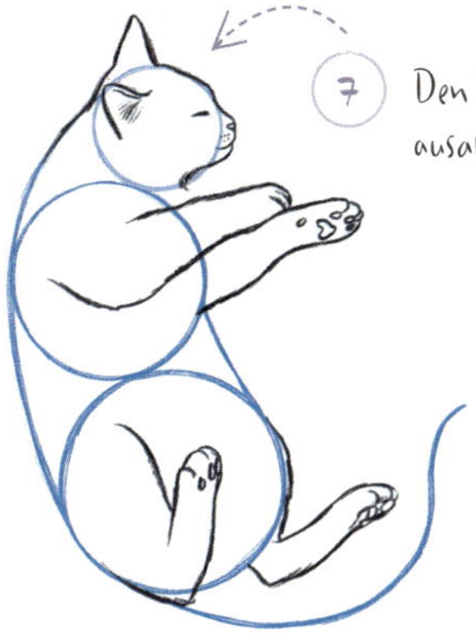

7 Den Kopf rundlich ausarbeiten.

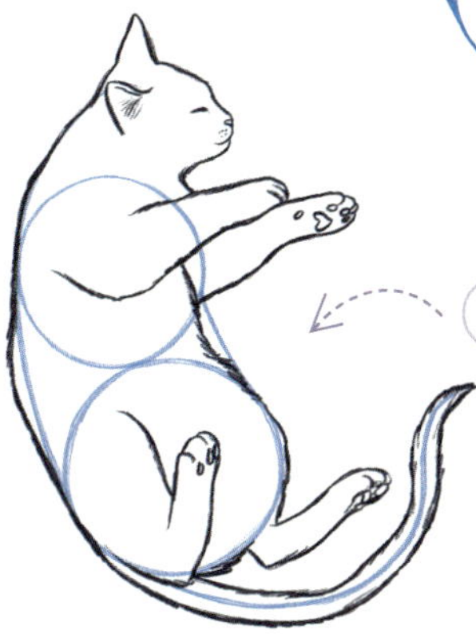

8 Die restlichen Körperkonturen mit langen Strichen nachzeichnen.

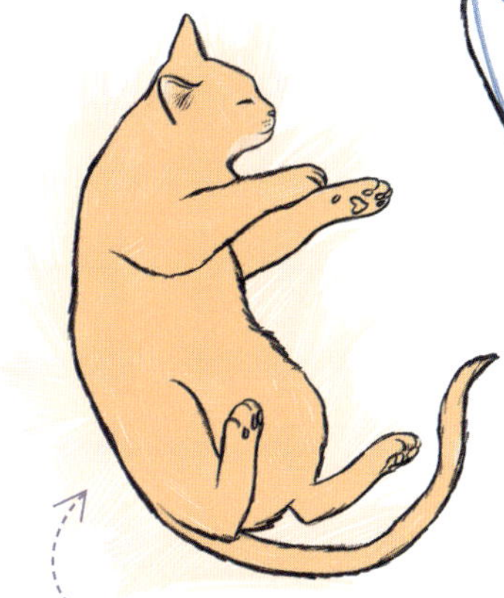

9 Die Hilfslinien ausradieren. Die Katze mit einem warmen Gelbton grundieren. Für die Decke eine andere Farbe verwenden.

10 Auf Körper, Kopf und Schwanz die dunklere Zeichnung mit Braun einfügen. Dabei helle und dunkle Brauntöne verwenden, um Schatten- und Lichtbereiche erkennbar zu machen.

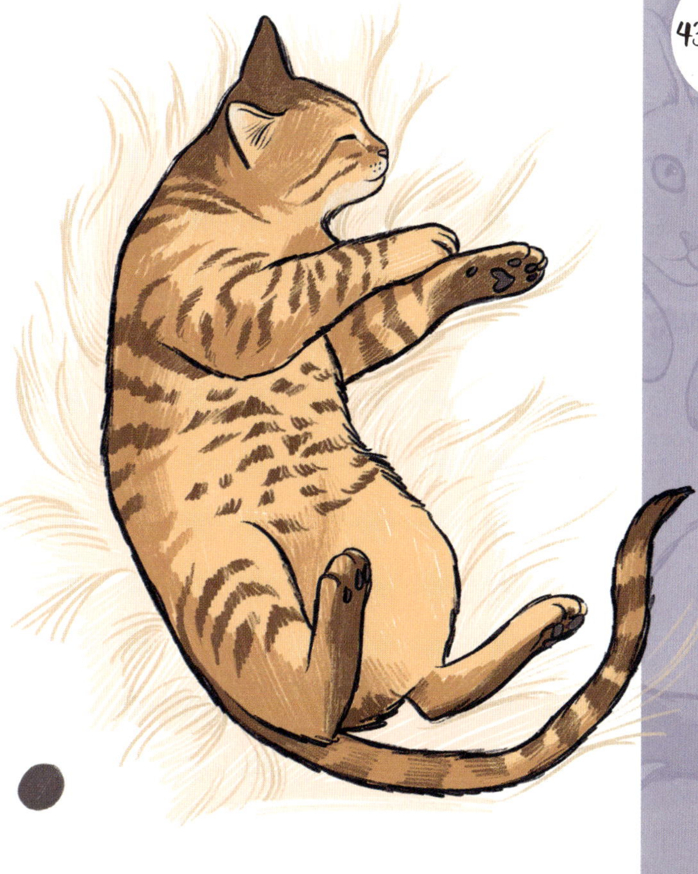

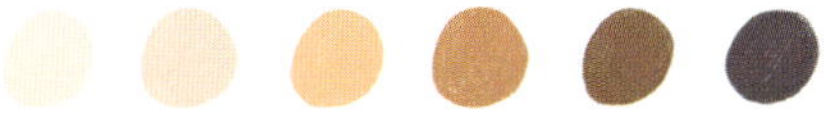

Typische Posen

Zusammengerollt

Dies ist eine Lieblingshaltung vieler Katzen:
gemütlich zusammengerollt auf einem Teppich vor dem Ofen,
um ein Schläfchen zu halten.

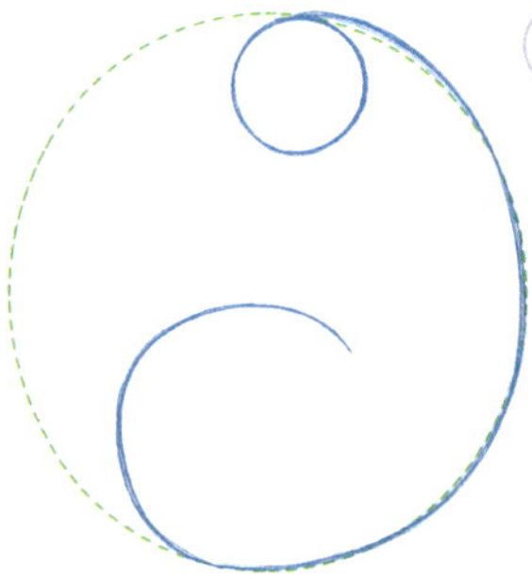

1 Einen großen Kreis als Hilfslinie für das Gesamtmotiv zeichnen. Der grün gestrichelte Teil wird später nicht benötigt. Einen kleinen Kreis für den Kopf einzeichnen, gegenüber einen großen Schnörkel, der bis zur Kreismitte reicht.

2 Zwei dreieckige Ohren anfügen und den Schwanz als langes Oval skizzieren.

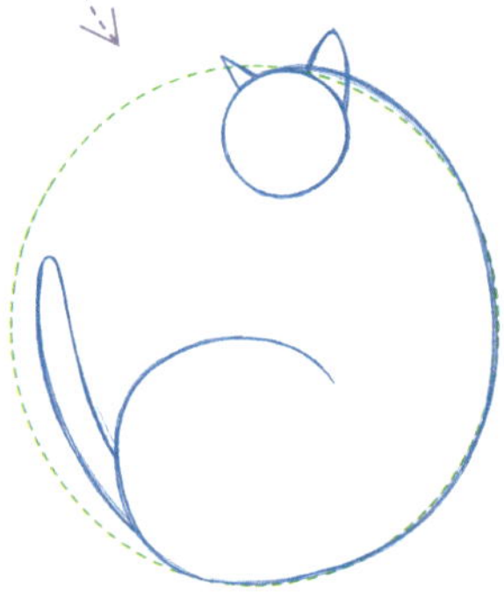

3 Die Hinterpfoten durch zwei lange Ovale darstellen.

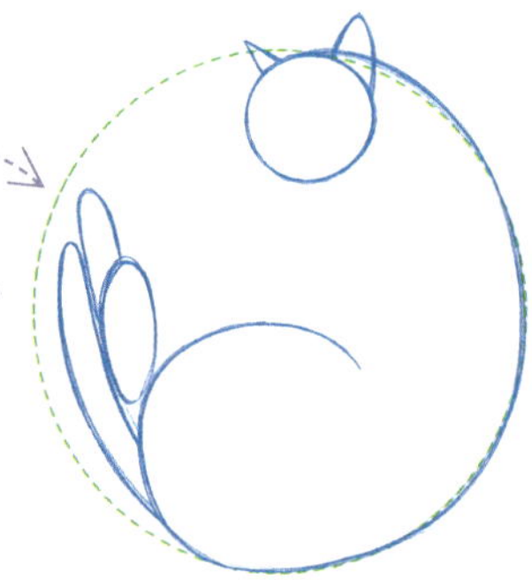

4 Die Umrisse der Vorderbeine unterhalb des Kopfs hinzufügen.

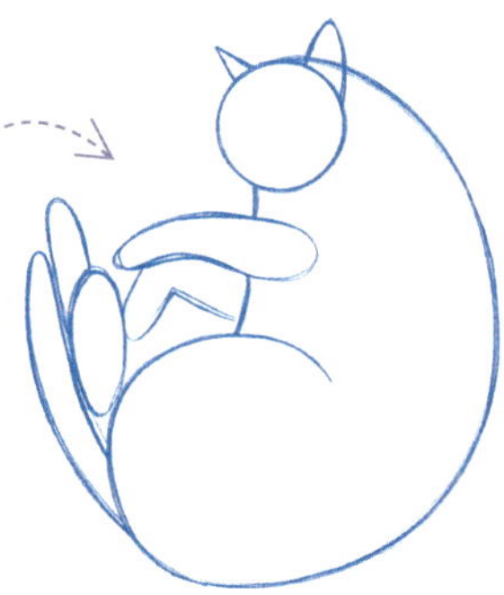

5 Die Nase in die Schnauze zeichnen. Das Auge durch einen kurzen Strich andeuten.

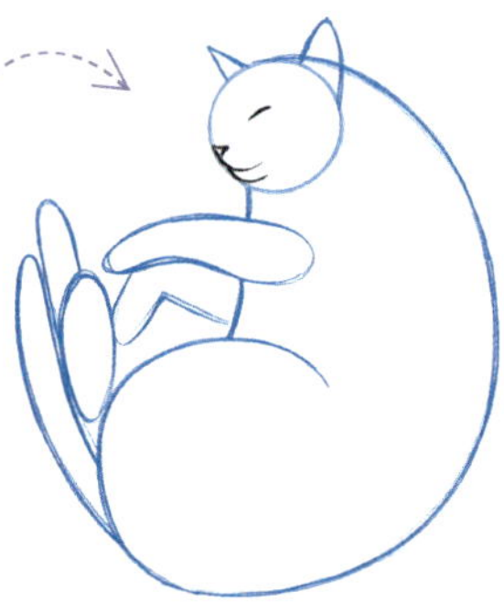

6 Die Ohren ausarbeiten, eine Verbindungslinie zur Nase zeichnen und den Hinterkopf stricheln.

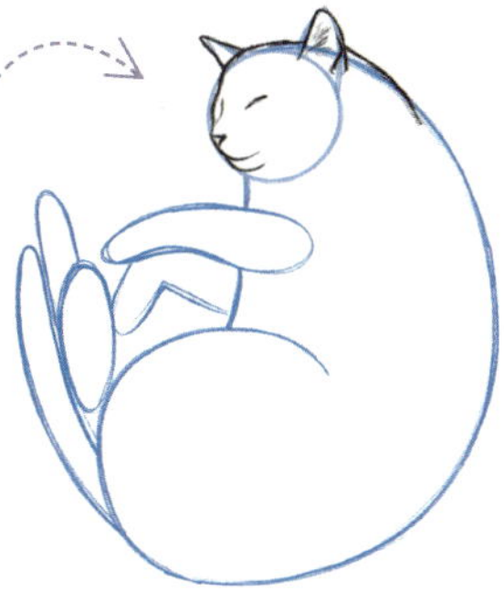

7 Vorder- und Hinterbeine anhand der Hilfslinien genauer zeichnen.

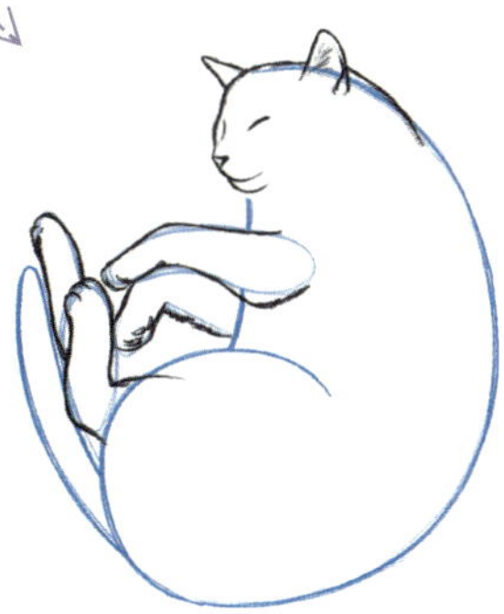

8 Die Konturen von Körper und Schwanz mit langen Strichen nachzeichnen.

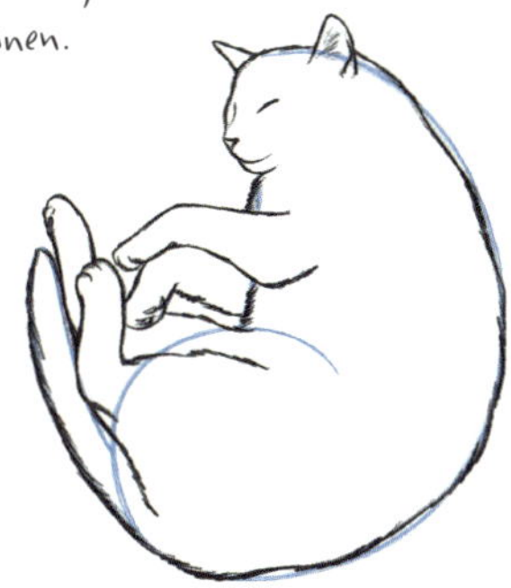

9 Die Hilfslinien ausradieren. Die Katze mit einem warmen Beige verwenden. Für den Teppich ein gelbes Rechteck zeichnen und ausfüllen.

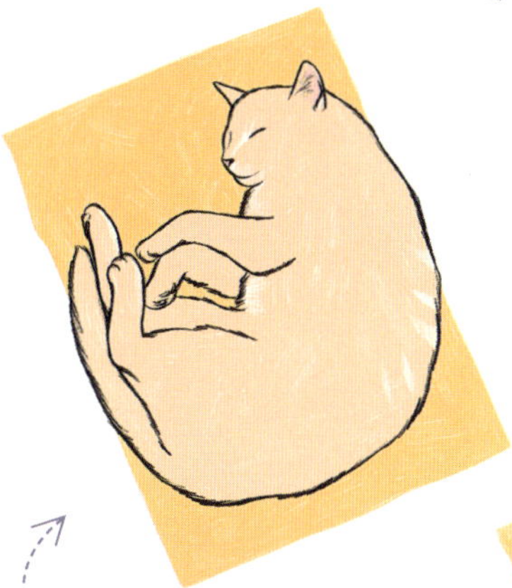

10 Schatten und Lichter mit Orange in hellen bis mittleren Tonwerten herausarbeiten. Dunklere Streifen – vor allem auf Rücken, Beinen, Gesicht und Schwanz – einfügen.

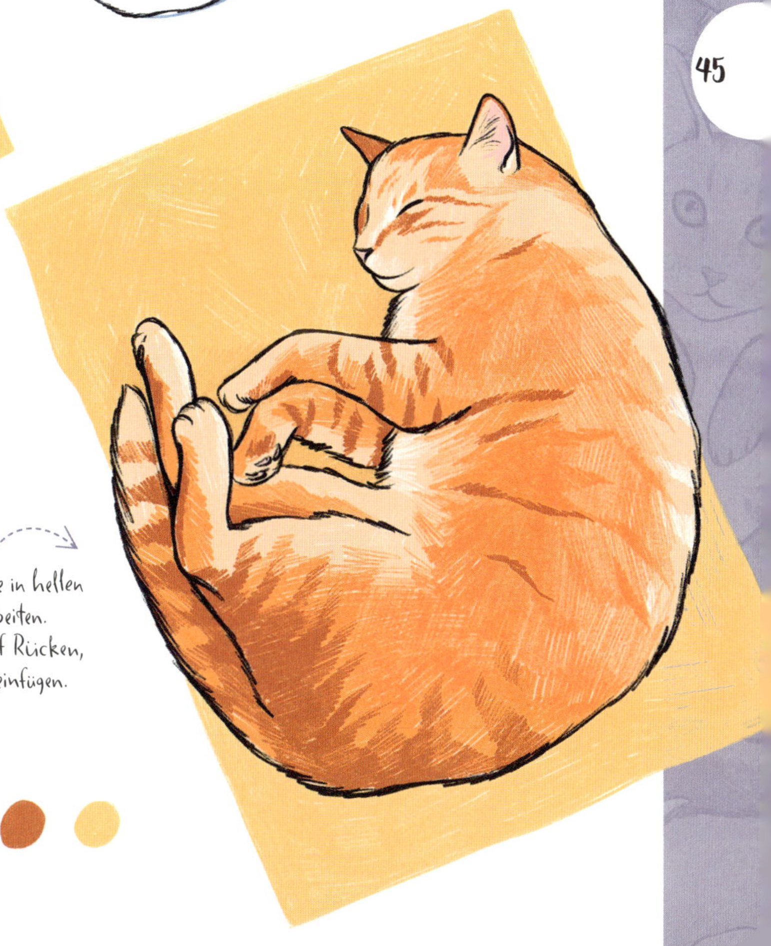

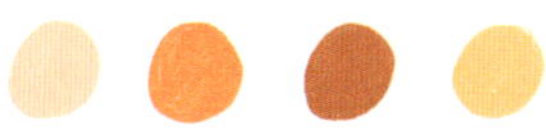

Nebelung

Nachdem Sie verschiedene Posen geübt haben, können Sie sich nun wieder einigen Rassen zuwenden. Das lange, weiche Fell der Nebelung wird mit Strichen in Wuchsrichtung dargestellt.

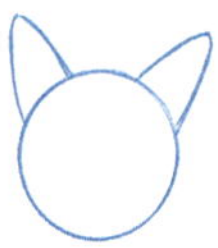

1 Mit einem Kreis beginnen. Zwei dreieckige Ohren anfügen.

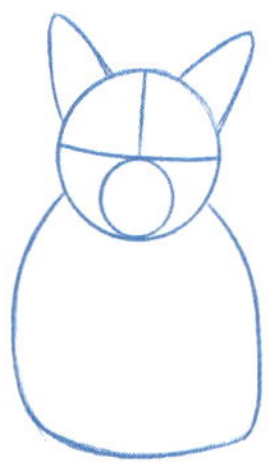

2 Eine leicht gekrümmte waagerechte Mittellinie und eine Mittelsenkrechte im oberen Teil einzeichnen. Einen Kreis für die Schnauze skizzieren. Unter dem Kopf zuerst die untere Linie der Brust einzeichnen, dann diese mit gekrümmten Linien mit dem Kopf verbinden.

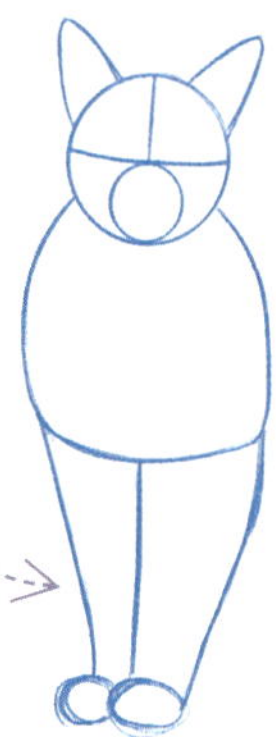

3 Für die Vorderbeine drei leicht gekrümmte Striche zeichnen. Ovale für die Pfoten hinzufügen.

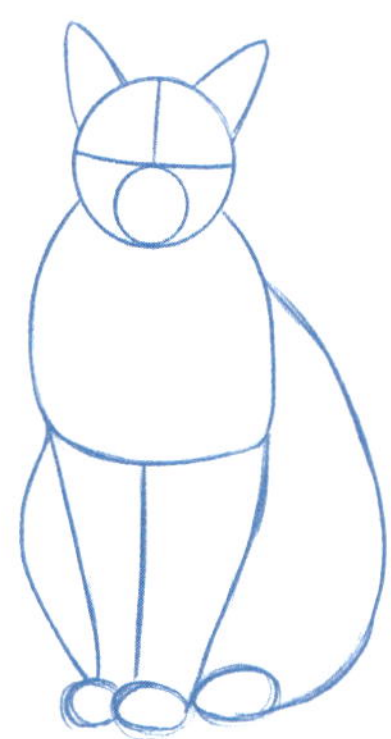

4 Einen langen Bogen von der rechten Brustseite abwärts zeichnen. Einen kleinen Kreis für die Hinterpfote einfügen. Links einen kleineren Bogen zwischen Pfoten und Brust skizzieren.

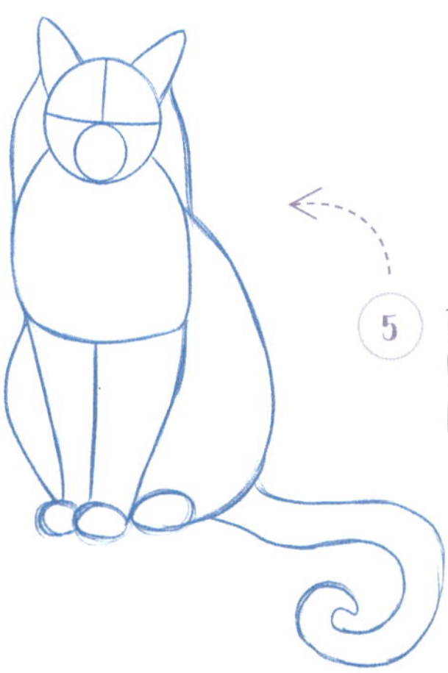

5 Den Schwanz vorzeichnen. Bögen an beiden Seiten des Halses einfügen.

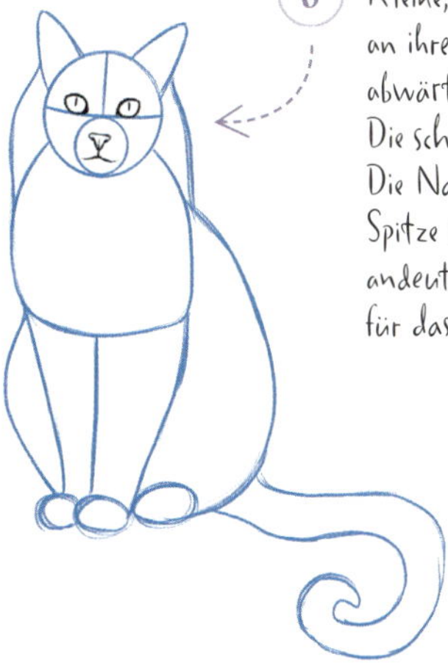

6 Kleine, runde Augen skizzieren und an ihre inneren Winkel schräg abwärts führende Striche anfügen. Die schmalen Pupillen andeuten. Die Nase einzeichnen – ihre untere Spitze ist sehr schmal. Nasenlöcher andeuten und zwei flache Bögen für das Maul zeichnen.

7 Die Umrisse der Ohren nachzeichnen. Das Fell im Ohreninneren und am Hals mit langen Strichen andeuten.

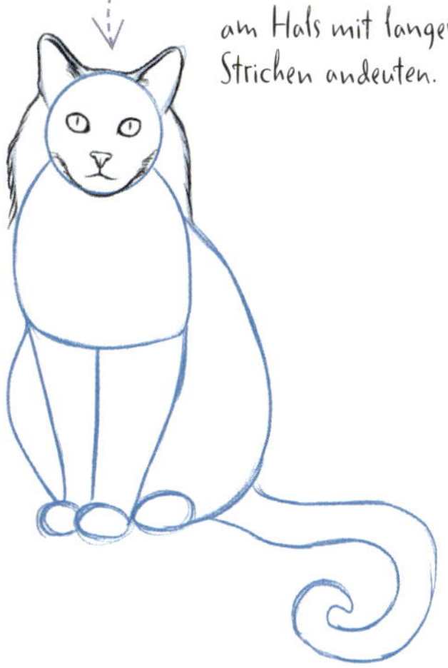

8 Den restlichen Körperumriss ausarbeiten. Die Barthaare mit einigen Strichen einfügen. Die Hilfslinien ausradieren.

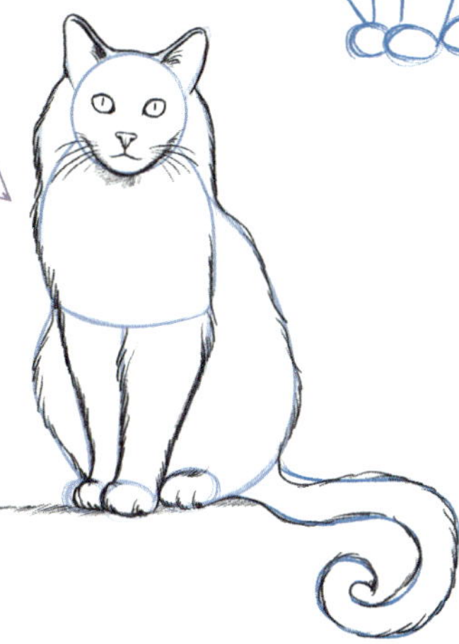

9 Die Katze grau grundieren. Am Kopf verlaufen die Striche strahlenartig von der Nase nach außen. Die Augen grün kolorieren.

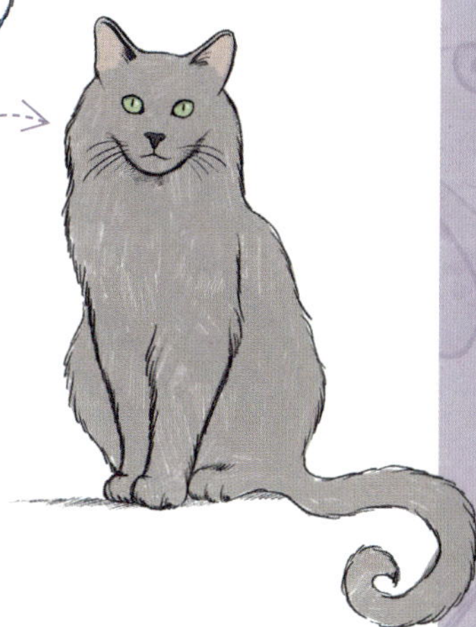

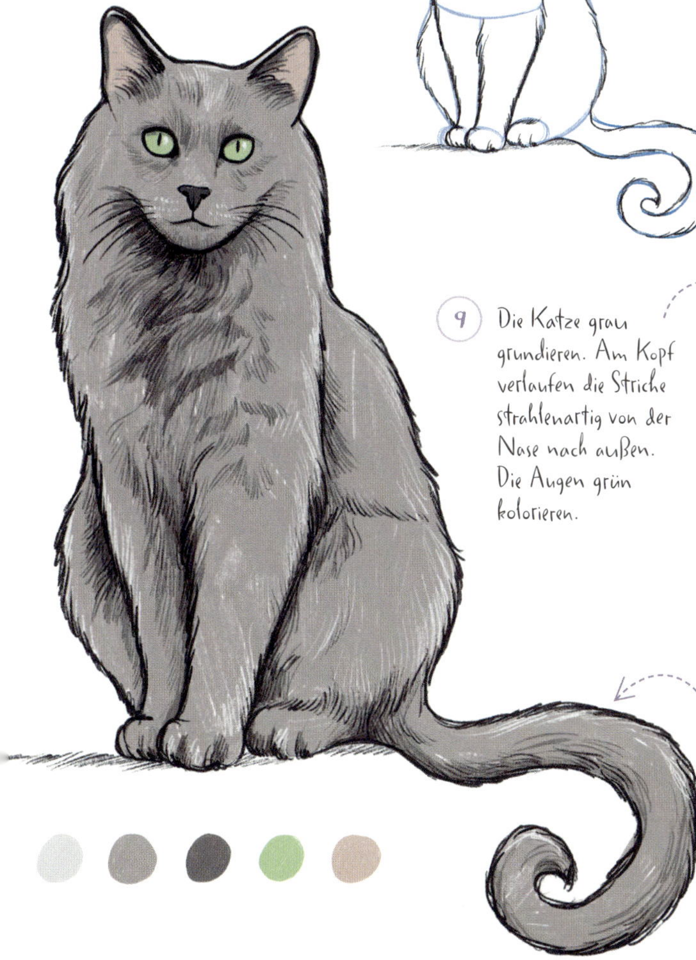

10 Mit einem dunkleren Grau die Schatten ausarbeiten. Mit langen Strichen an der Brust das Fell erkennbar machen.

Perser

Perser sind beliebt, weil sie ein langes, weiches Fell und ein sehr ruhiges Wesen haben. Beim Schattieren des Fells muss mit mehreren Tonwerten gearbeitet werden.

1 Drei Kreise für Kopf und Körper vorzeichnen.

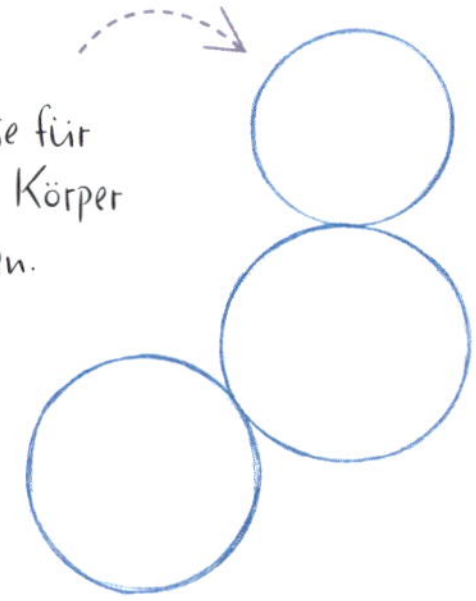

2 Den Kopf mit Hilfslinien in Viertel teilen. Zwei kleine, dreieckige Ohren und einen langen, gekrümmten Schwanz hinzufügen.

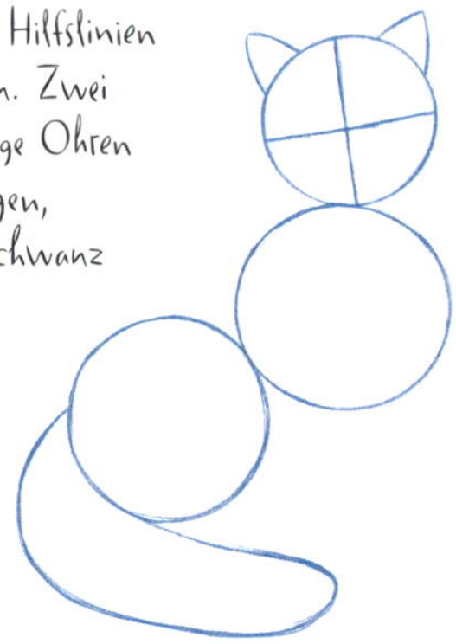

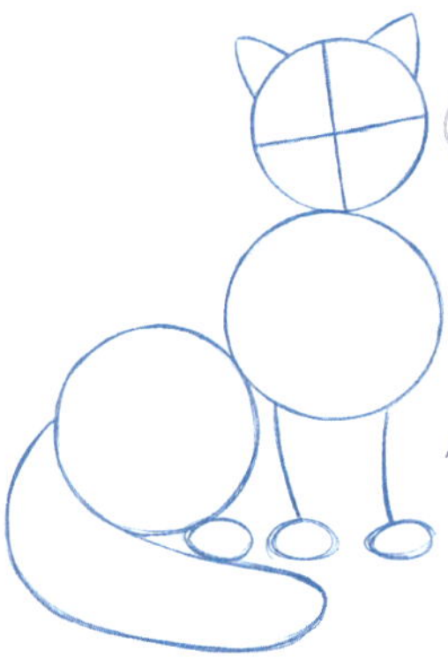

3 Für die Vorderbeine zwei leicht gekrümmte Striche unter die Brust zeichnen. Die Pfoten mit Ovalen andeuten. Ein drittes Oval unter dem unteren Kreis für die Hinterpfote skizzieren.

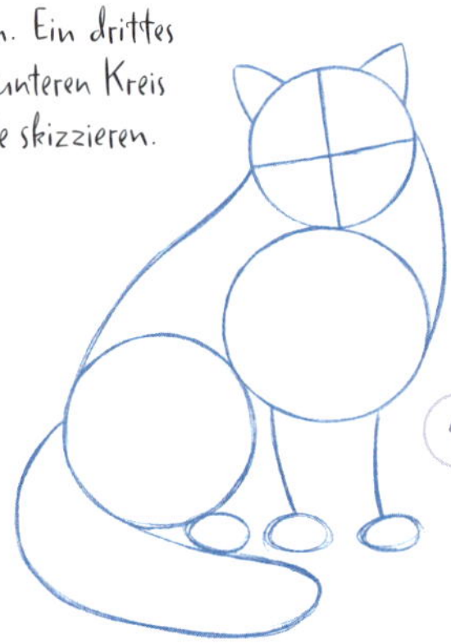

4 Die Formen mit fließenden Linien verbinden – gern großzügig, denn Perser sind recht füllig.

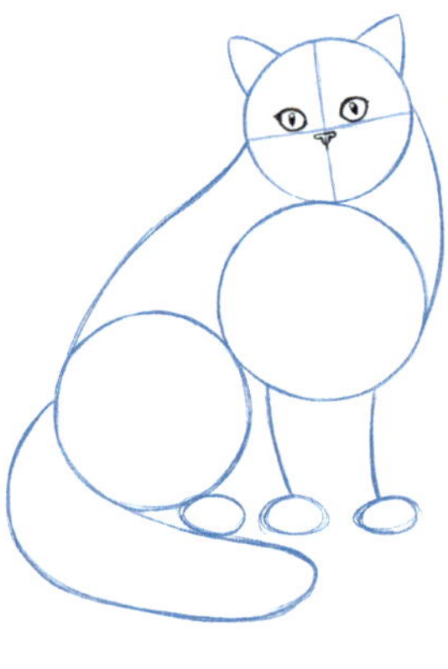

5 Direkt über der Mittellinie die großen, ovalen Augen einzeichnen. Die schmalen Pupillen und kleine Kreise für die Lichtreflexe einfügen. Auf der Kreuzung der Hilfslinien die Nase mit den Nasenlöchern hinzufügen.

6 Die Nase ausarbeiten und zwei Bögen für das Maul anfügen. Die Ohren deutlicher ausarbeiten.

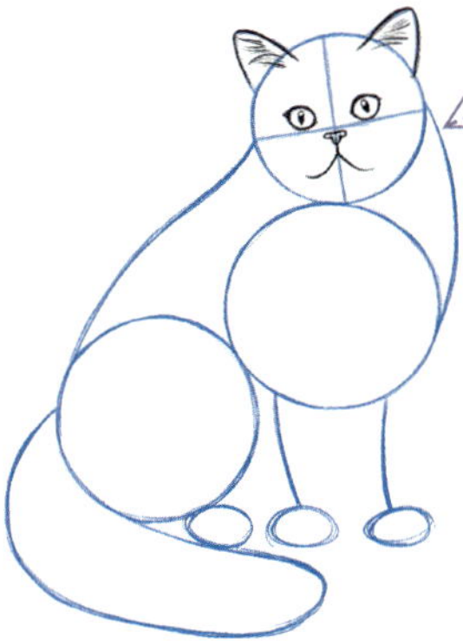

7 Die Umrisse von Kopf und Vorderbeinen mit kurzen Strichen nachzeichnen, um das Fell darzustellen.

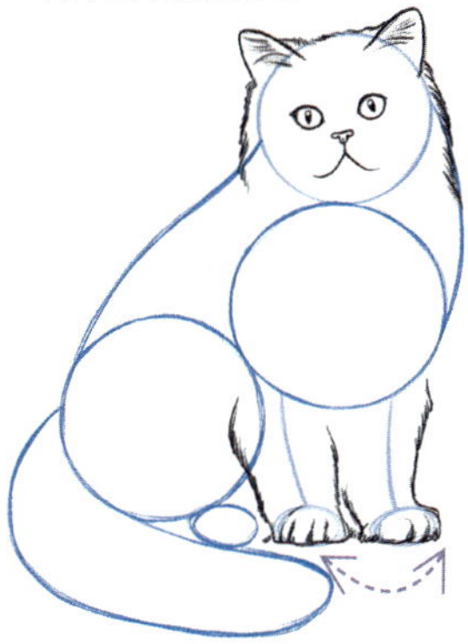

8 Den Körper ebenso stricheln, am Schwanz mit längeren Strichen arbeiten.

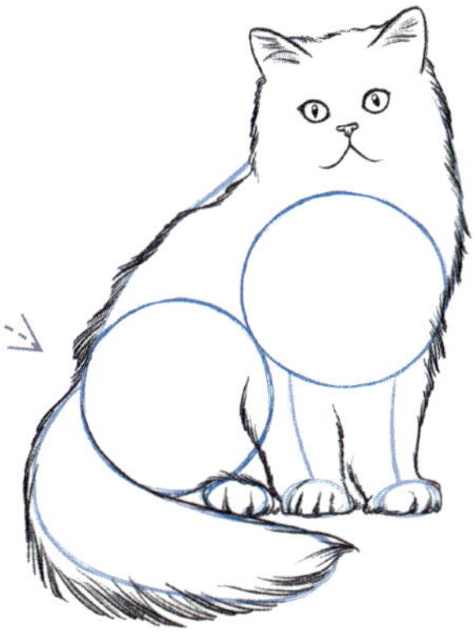

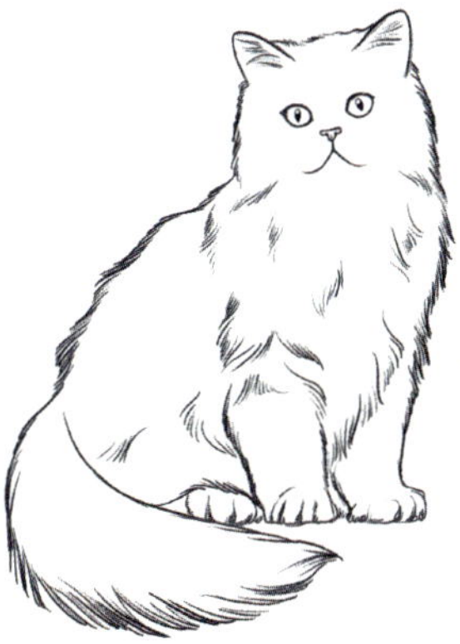

9 Die Hilfslinien ausradieren. Das Fell an Hals und Bauch andeuten.

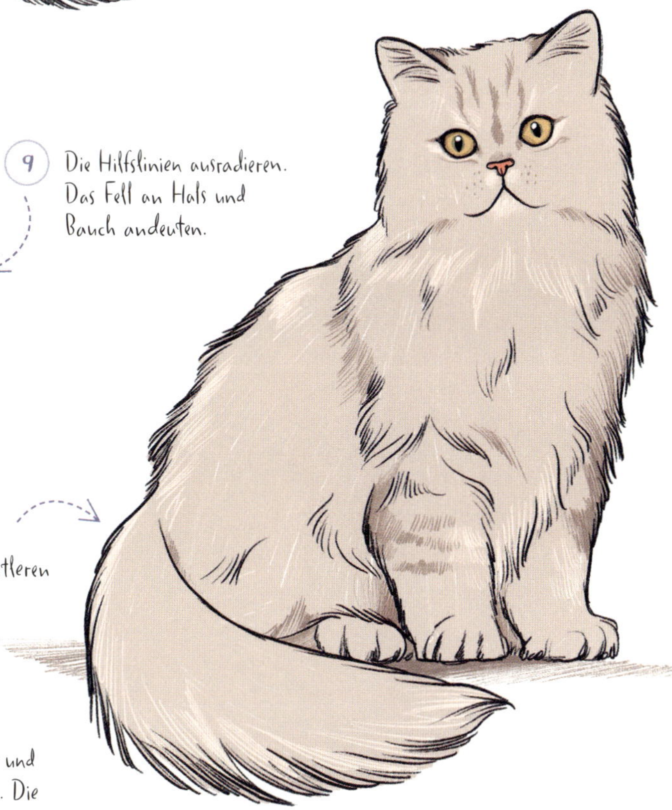

10 Den Körper mit hellen und mittleren Brauntönen kolorieren, um Licht- und Schattenbereiche herauszuarbeiten. Die Strichrichtung folgt der Wuchsrichtung des Fells. Zwischen den Strichen soll hier und da weißes Papier durchscheinen. Die Augen mit warmem Gelb kolorieren, die Lichtreflexe bleiben weiß. Für die Nase Rosa verwenden.

Ägyptische Mau

Mau ist das ägyptische Wort für Katze. Diese Rasse gibt es in drei Farben: Silbergrau mit Dunkelgrau, Bronze mit Dunkelbraun und Rauchgrau mit Schwarz.

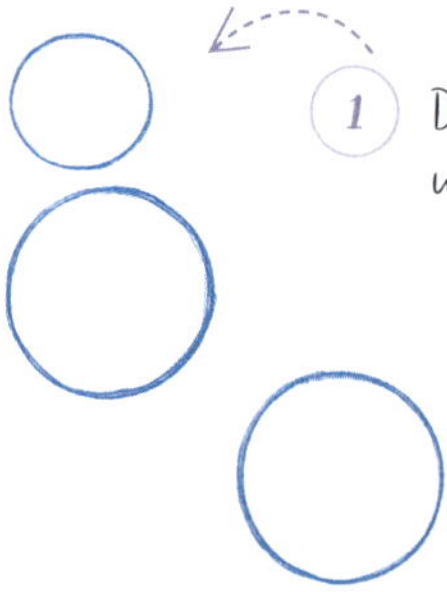

1 Drei Kreise für Kopf und Körper skizzieren.

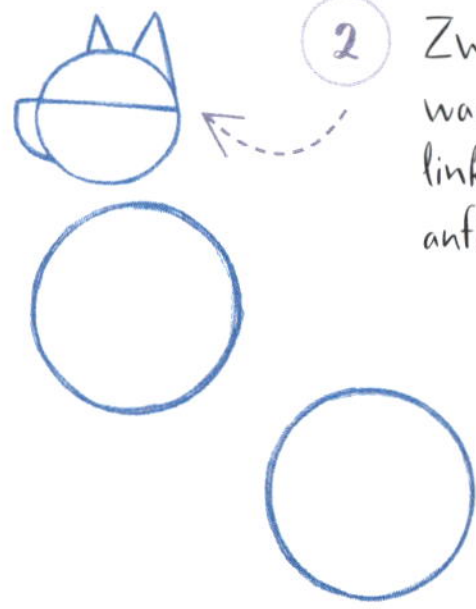

2 Zwei dreieckige Ohren, eine waagerechte Mittellinie und links eine flache Schnauze anfügen.

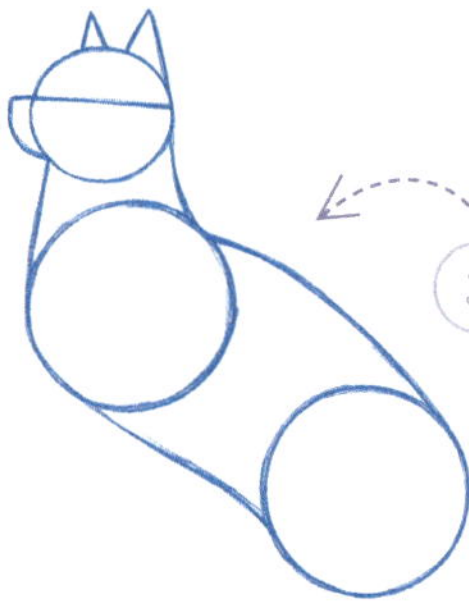

3 Die Kreise mit leicht gekrümmten Strichen verbinden.

4 Drei Hilfslinien für die Beine einfügen. Das rechte Hinterbein ist verdeckt, am rechten Vorderbein sieht man die Unterseite der Pfote. Kreise für die Pfoten und einen gebogenen Schwanz hinzufügen.

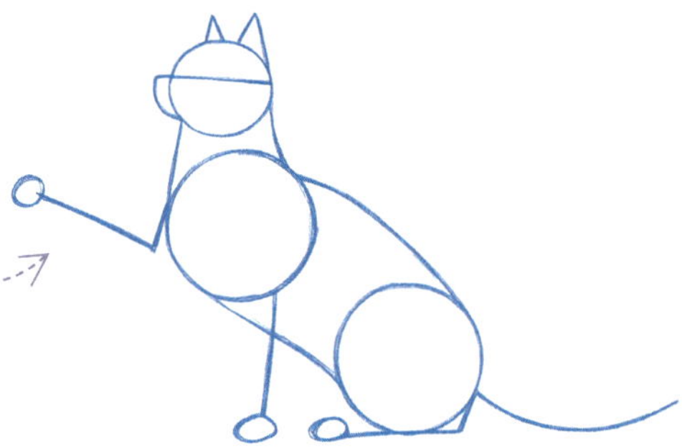

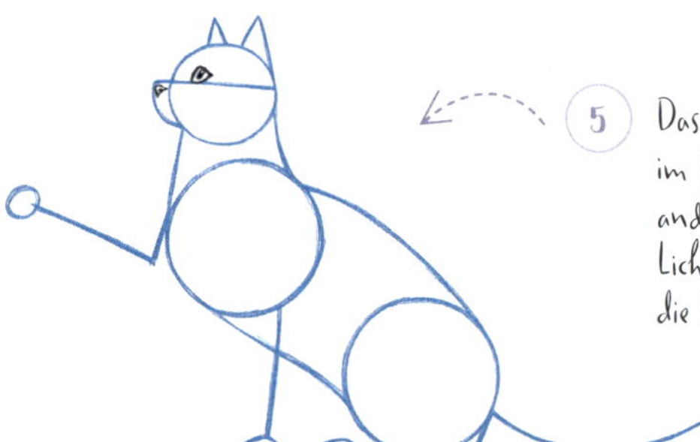

5 Das große, runde Auge auf die Hilfslinie im Kopf zeichnen. Die Pupille als Strich andeuten, darüber einen kleinen runden Lichtreflex setzen. Die dreieckige Nase an die Schnauzenspitze zeichnen.

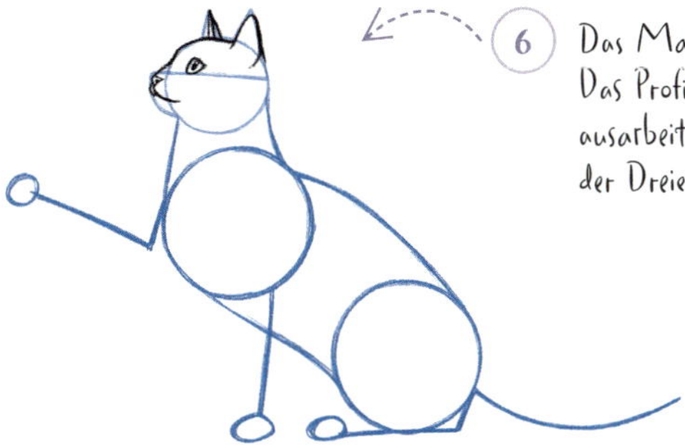

6 Das Maul mit einem Bogen andeuten. Das Profil auf der Hilfslinie genauer ausarbeiten. Die Ohren bleiben innerhalb der Dreiecksformen.

7 Anhand der Hilfslinien die Vorder- und Hinterbeine zeichnen. Das Fell mit kurzen Strichen andeuten. Kleine Bögen für die Zehen einfügen.

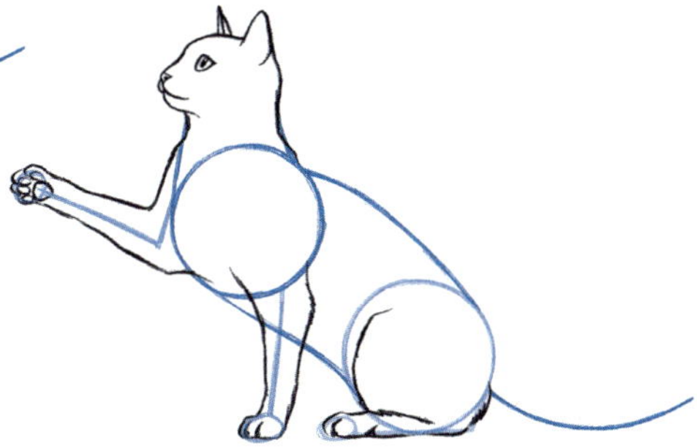

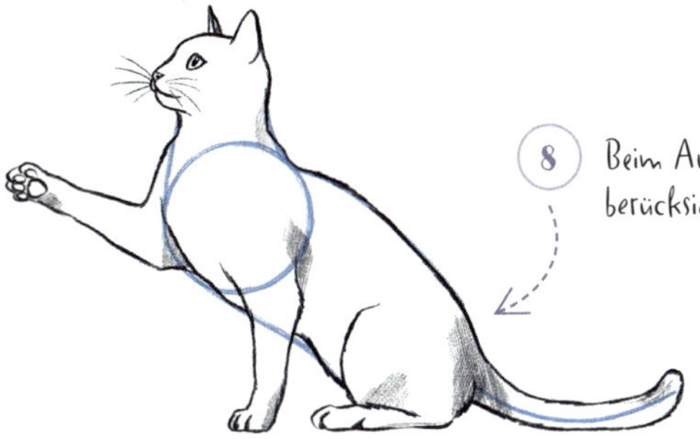

8 Beim Ausarbeiten des restlichen Körpers erste Schatten berücksichtigen. Die Hilfslinien ausradieren.

9 Den Körper in Hellgrau grundieren und mit Mittelgrau schattieren.

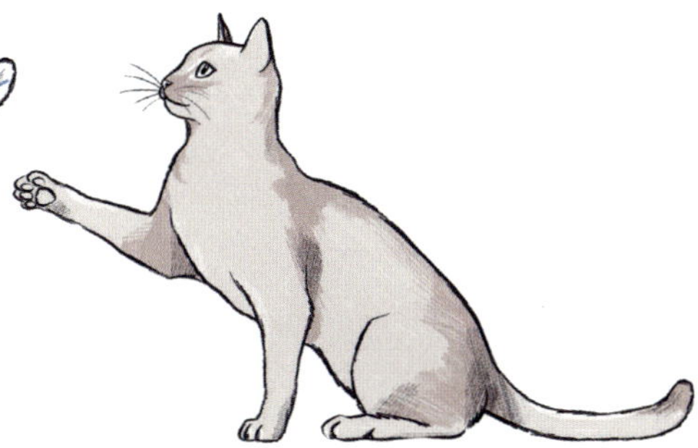

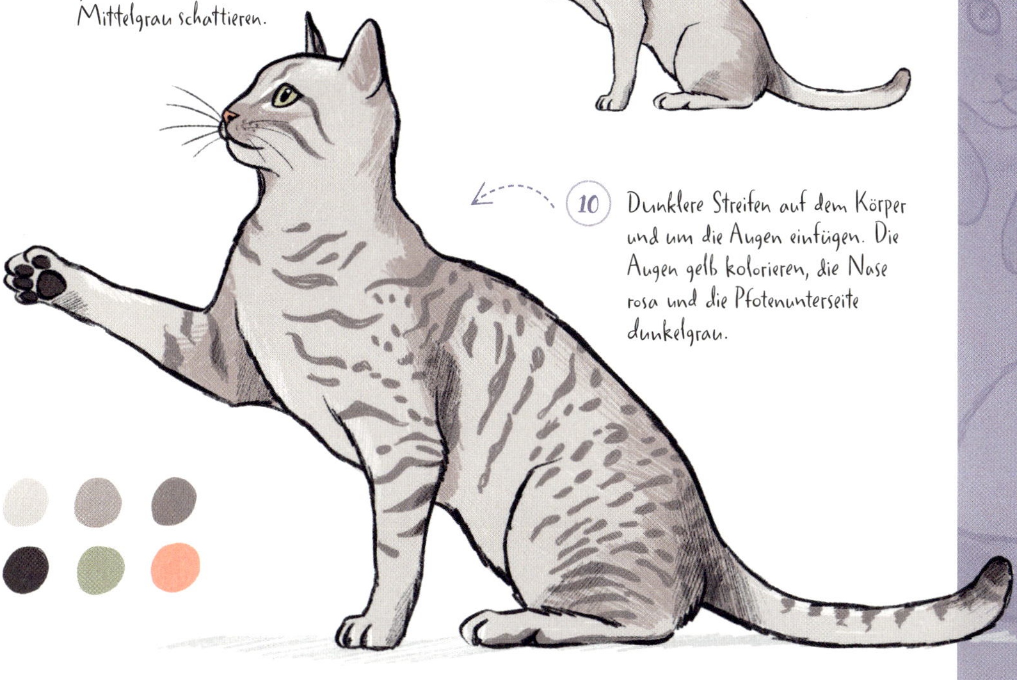

10 Dunklere Streifen auf dem Körper und um die Augen einfügen. Die Augen gelb kolorieren, die Nase rosa und die Pfotenunterseite dunkelgrau.

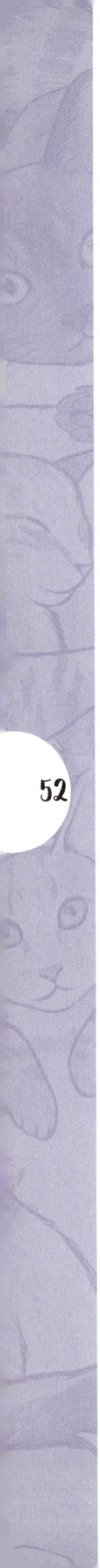

Devon Rex

Die verspielte, lebhafte Devon Rex sieht mit ihrem dreieckigen Kopf, den großen gelben Augen und den riesigen Ohren aus, als ob sie aus dem Elfenreich stammt.

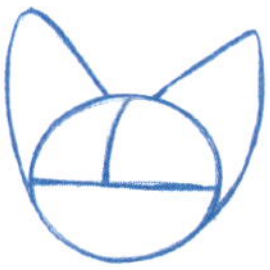

1 Ein kleines Oval mit zwei großen dreieckigen Ohren skizzieren. Eine waagerechte Mittellinie und eine leicht gekrümmte Senkrechte im oberen Bereich einzeichnen.

2 Für die Schnauze einen Kreis in die untere Hälfte setzen. Eine U-förmige Brust anfügen.

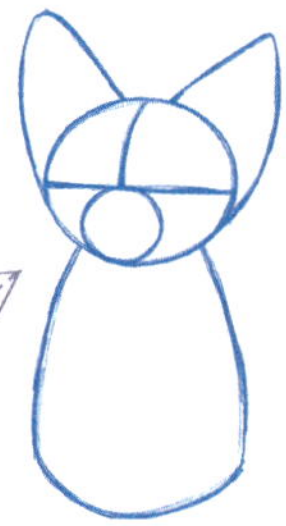

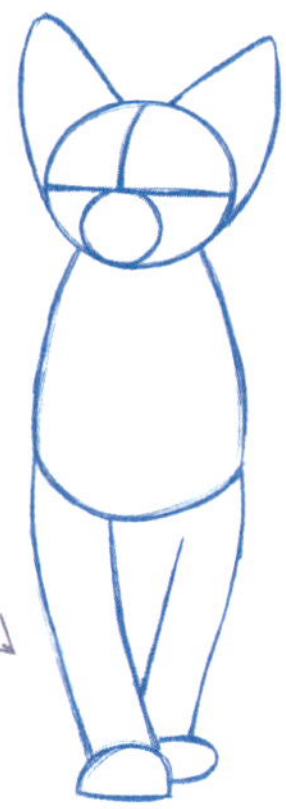

3 Die Vorderbeine mit vier Strichen andeuten, die Pfoten mit Halbkreisen.

4 Einen Bogen für den hinteren Körper anfügen. Den Schwanz skizzieren.

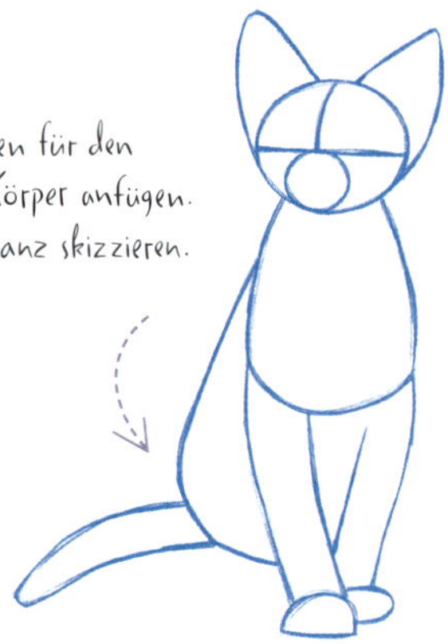

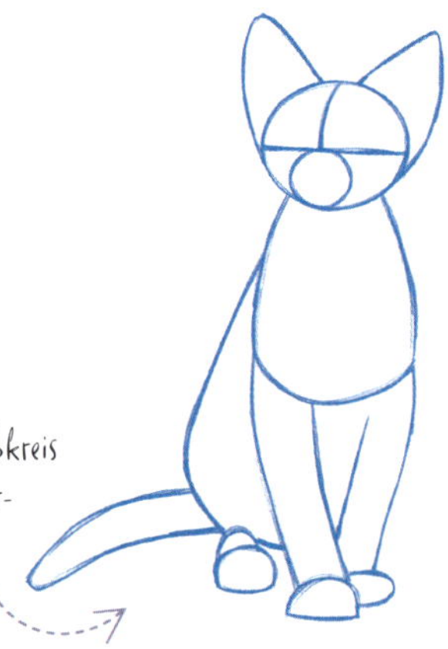

5 Unten links einen Halbkreis für die sichtbare Hinterpfote zeichnen.

6 Die großen Augen auf die Hilfslinie im Kopf setzen. Die schmalen Pupillen und kleine, runde Lichtreflexe einfügen. Am oberen Rand der Schnauze die dreieckige Nase zeichnen.

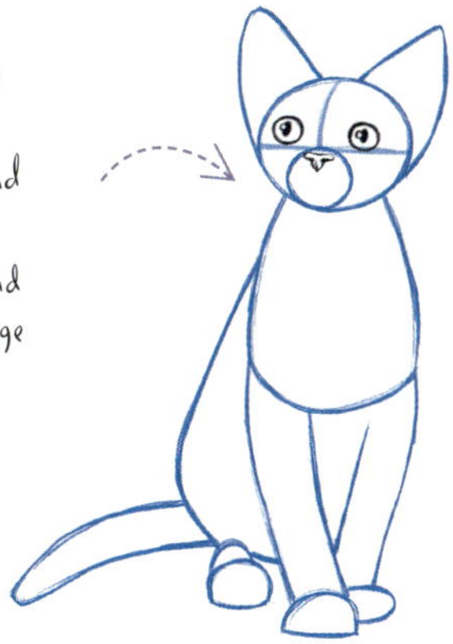

7 Für das Maul zwei flache Bögen unter die Nase setzen. Die Ohren innerhalb der vorgezeichneten Linien genauer ausarbeiten, dabei ihre Ränder verdeutlichen.

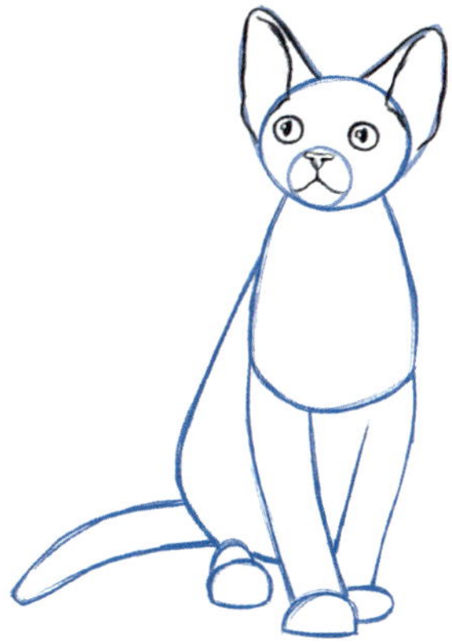

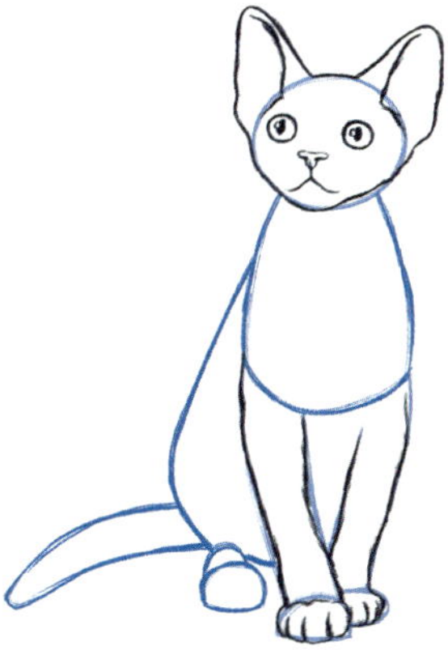

8 Den Kopf fertig ausarbeiten, dabei seine Form im unteren Bereich etwas dreieckiger gestalten. Die Umrisse der Vorderbeine stricheln, um das Fell anzudeuten.

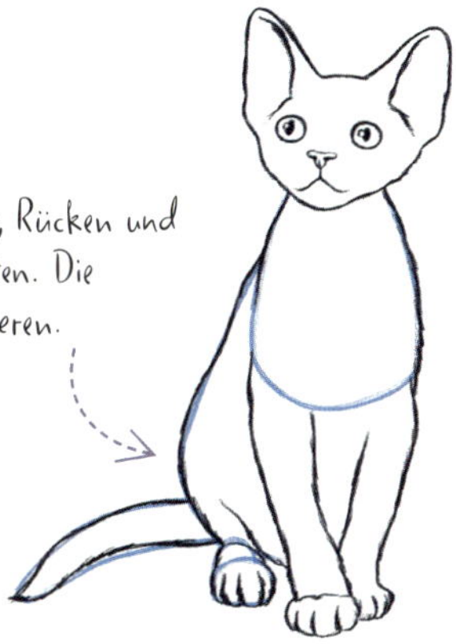

9 Ebenso Hinterbeine, Rücken und Schwanz ausarbeiten. Die Hilfslinien ausradieren.

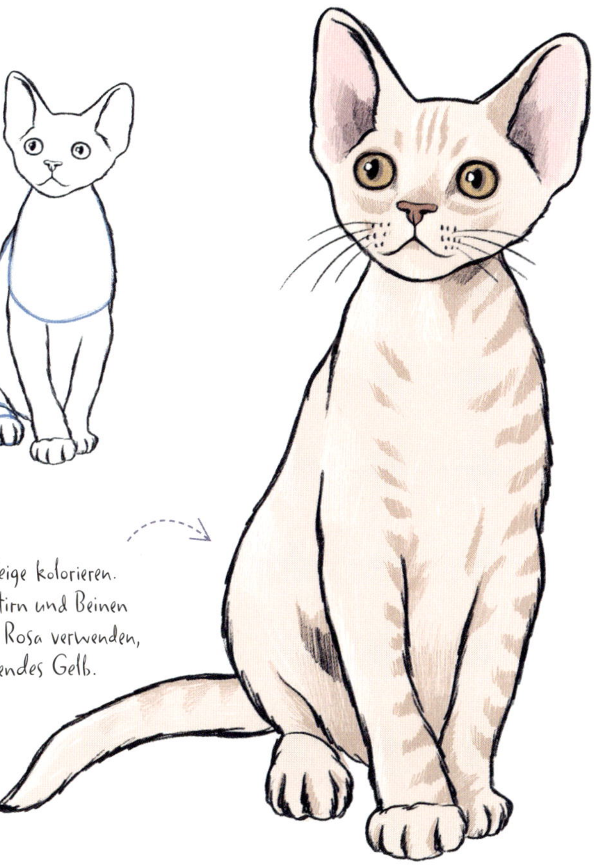

10 Den Körper in hellem Beige kolorieren. Dunklere Streifen auf Stirn und Beinen andeuten. Für die Nase Rosa verwenden, für die Augen ein leuchtendes Gelb.

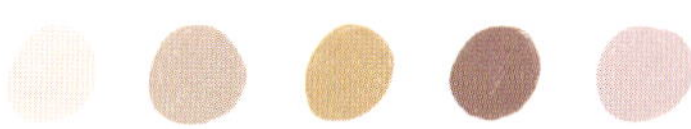

Britisch Kurzhaar

Kopf und Ohren der Britisch Kurzhaar sind runder als bei vielen anderen Rassen. Das kurze, dichte Fell kann verschiedene Farben haben.

1 Ein flaches Oval mit zwei dreieckigen Ohren skizzieren.

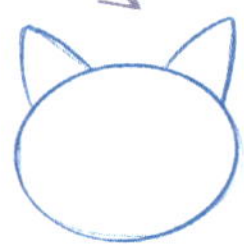

2 Längs und quer Hilfslinien einzeichnen. Direkt unter der Kreuzung die Position der Nase mit einem kurzen Strich markieren.

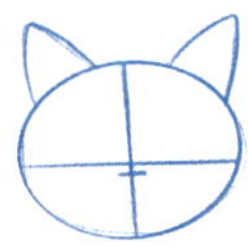

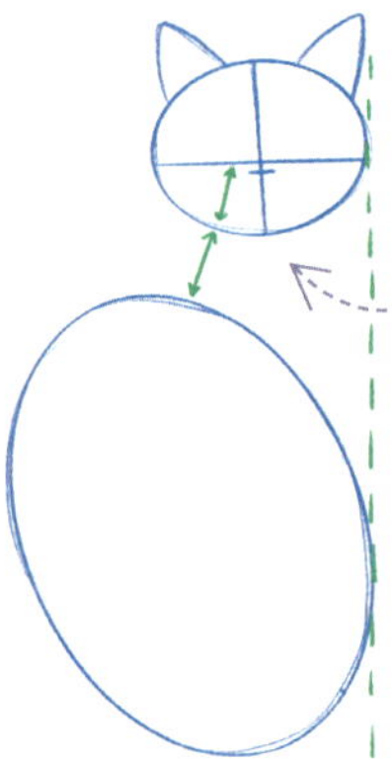

3 Für den Körper ein leicht nach links geneigtes Oval skizzieren. Die grüne gestrichelte Linie zeigt die Ausrichtung von Kopf und Körper. Der Abstand entspricht etwa einer halben Kopfhöhe.

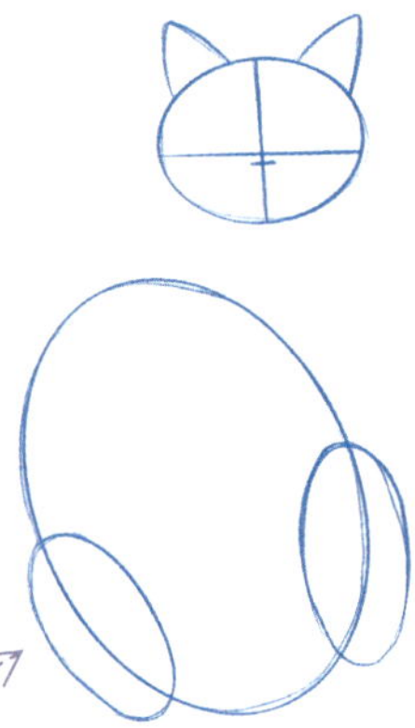

4 Rechts und links kleinere ovale für die Hinterbeine einzeichnen. Das linke sitzt etwas tiefer als das rechte.

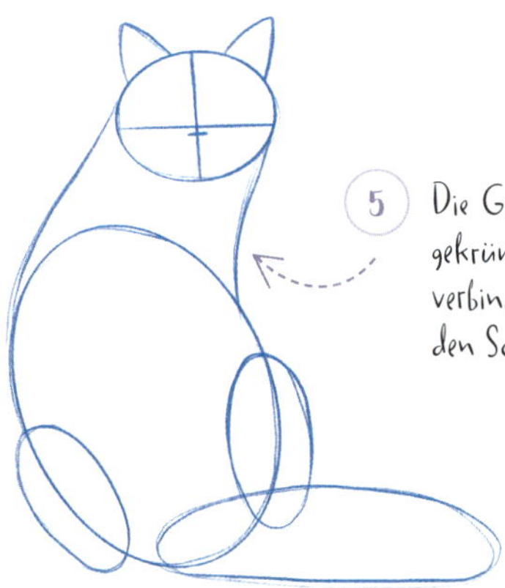

5 Die Grundformen mit gekrümmten Linien verbinden. Unten rechts den Schwanz skizzieren.

6 Anhand der Hilfslinien die runden Augen einzeichnen. Schmale Pupillen und kleine runde Lichtreflexe hinzufügen. Die Nase an der markierten Position hinzufügen. Das Maul durch zwei flache Bögen darstellen.

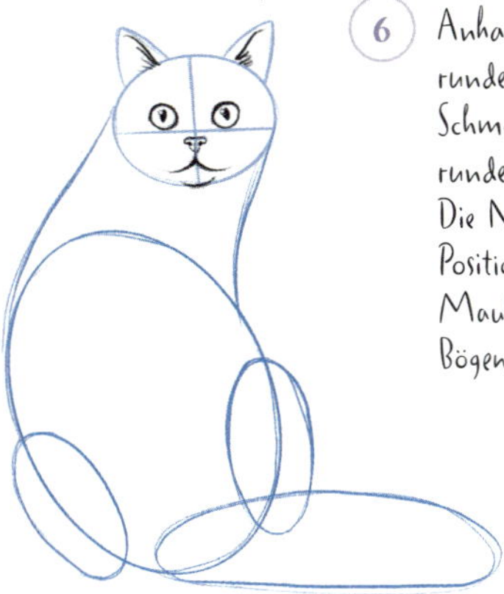

7 Die restlichen Körperumrisse mit kurzen Strichen nachzeichnen, um das Fell darzustellen.

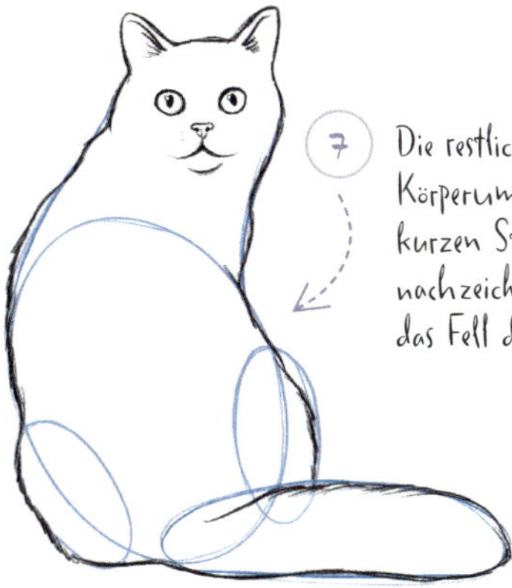

8 Schatten am Schwanzansatz, am Hals und auf der Stirn andeuten. Die Hilfslinien ausradieren.

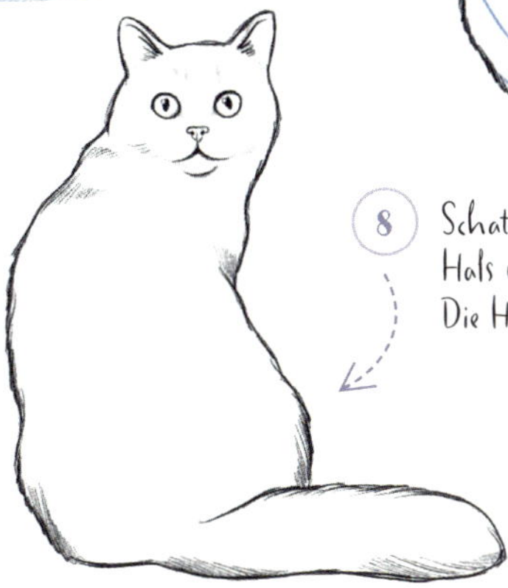

9 Den Körper in Mittelgrau kolorieren, dabei folgen die Striche der Wuchsrichtung des Fells. Im Gesicht und entlang der Konturen mit etwas geringerem Druck arbeiten.

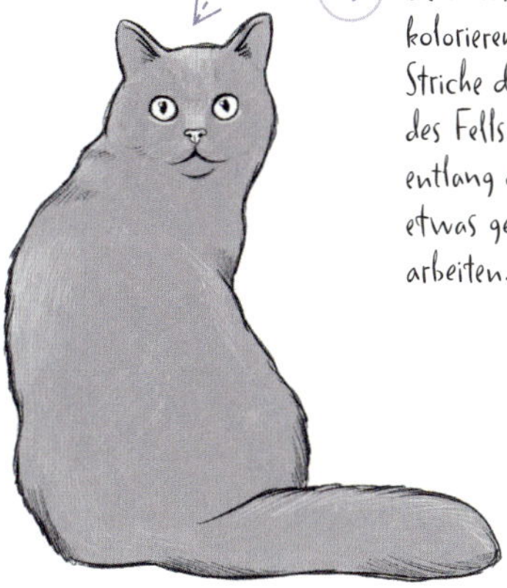

10 Mit mittlerem und dunklem Grau die Lichter und Schatten nochmals ausarbeiten. Die Augen mit warmem Gelb kolorieren, die Lichtreflexe bleiben weiß.

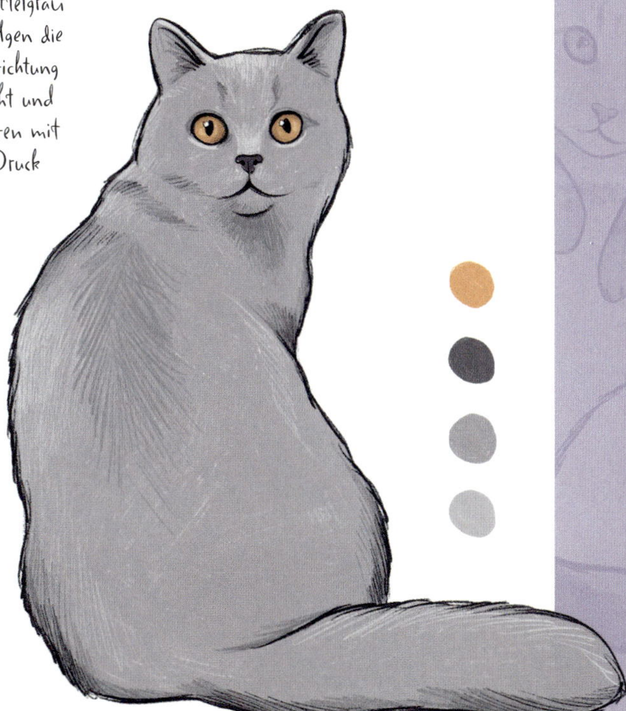

Türkische Van

Diese muskulösen, aber eleganten Katzen haben ein cremeweißes Fell mit dunklem Schwanz und dunkler Kopfzeichnung. Die ausdrucksvollen Augen können bernsteingelb oder blau sein. Manche Katzen haben ein gelbes und ein blaues Auge.

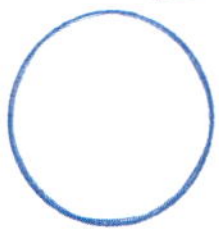

1 Mit einem Kreis beginnen.

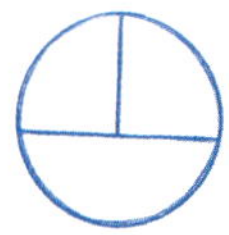

2 Eine waagerechte Hilfslinie einfügen, dann eine Senkrechte in der oberen Hälfte.

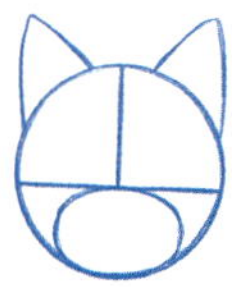

3 Dreieckige Ohren und einen Kreis für die Schnauze hinzufügen.

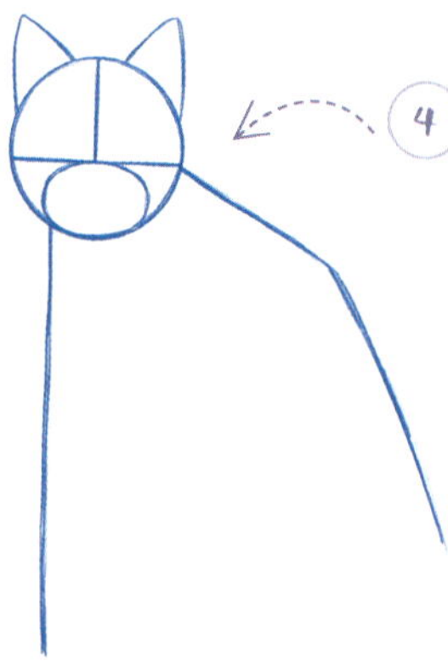

4 Beiderseits der Schnauze die Hilfslinien für den Körper anfügen. Eine beginnt rechts am Kopf und knickt auf der Hälfte nach unten ab. Die andere verläuft von der linken Seite der Schnauze senkrecht nach unten.

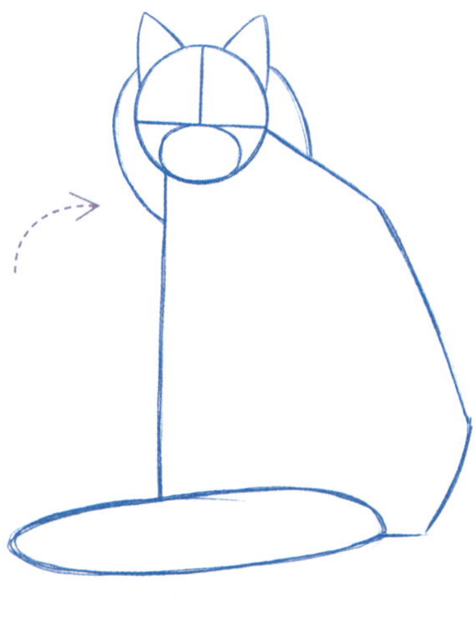

5 Den Rumpf vervollständigen, dann einen langen ovalen Schwanz zeichnen. Den pelzigen Hals durch Bögen an den Seiten des Kopfs andeuten.

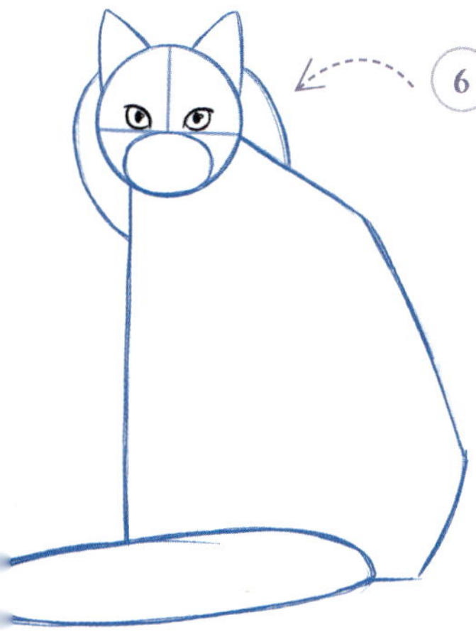

6 Zwei kleine Kreise für die Augen auf die Hilfslinie zeichnen. Schmale Pupillen und kleine Kreise für die Lichtreflexe hinzufügen.

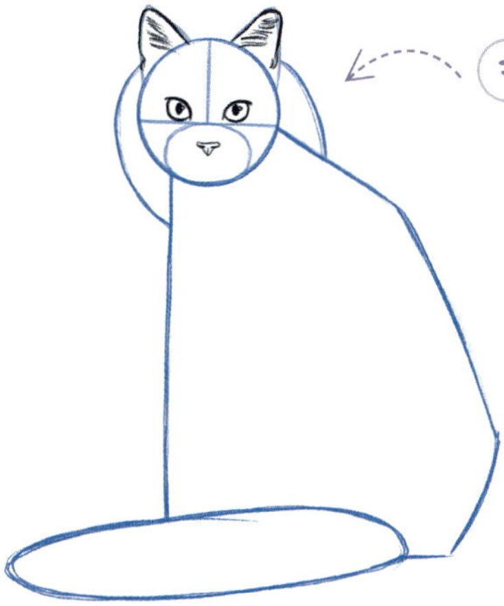

7 Die dreieckige Nase einfügen. Die Ohren innerhalb der Dreiecksformen genauer ausarbeiten. Die Haare im Inneren mit Strichen andeuten.

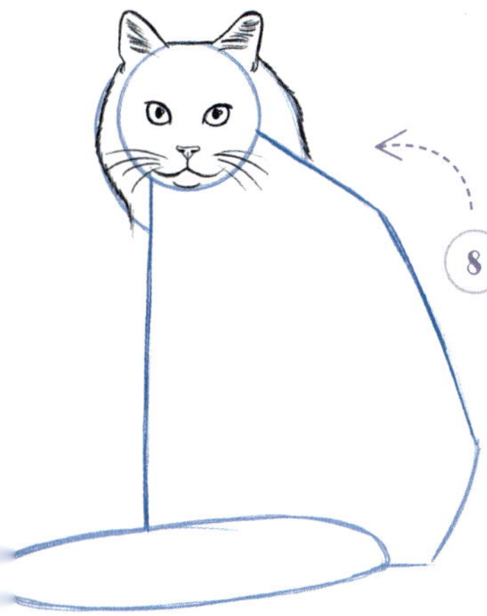

8 Den Umriss von Kopf und Hals stricheln, um das Fell anzudeuten. Die Barthaare einzeichnen.

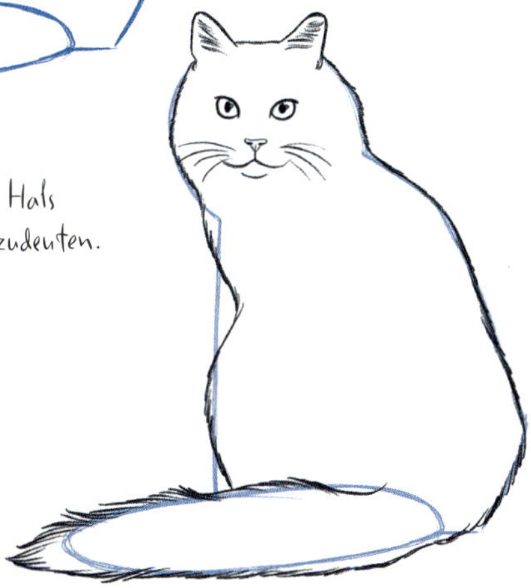

9 Den restlichen Körperumriss stricheln. Am Schwanz mit längeren Strichen arbeiten. Die Hilfslinien ausradieren.

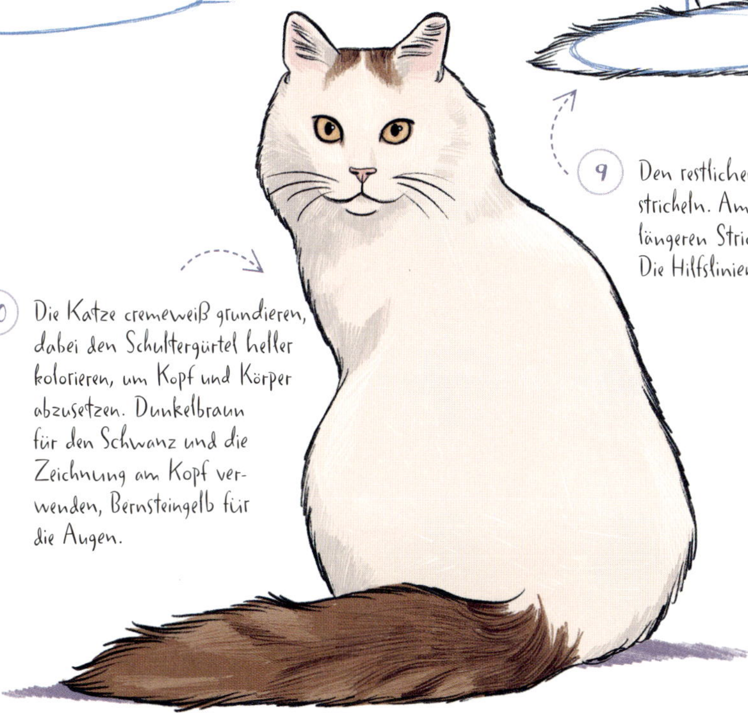

10 Die Katze cremeweiß grundieren, dabei den Schultergürtel heller kolorieren, um Kopf und Körper abzusetzen. Dunkelbraun für den Schwanz und die Zeichnung am Kopf verwenden, Bernsteingelb für die Augen.

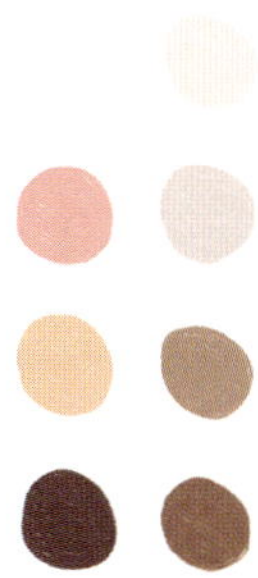

Sibirische Katze

Sibirische Katzen sind geschickte Kletterer mit einem langen, weichen Fell und einem stämmigen Körper. Das Streifenmuster muss mit mehreren Farben gestaltet werden.

1 Einen Kreis vorzeichnen und vierteln. Zwei dreieckige Ohren anfügen.

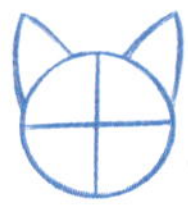

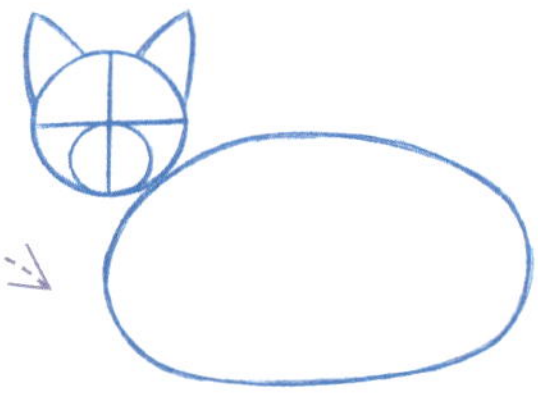

2 Einen kleinen Kreis für die Schnauze und ein liegendes Oval für den Körper zeichnen.

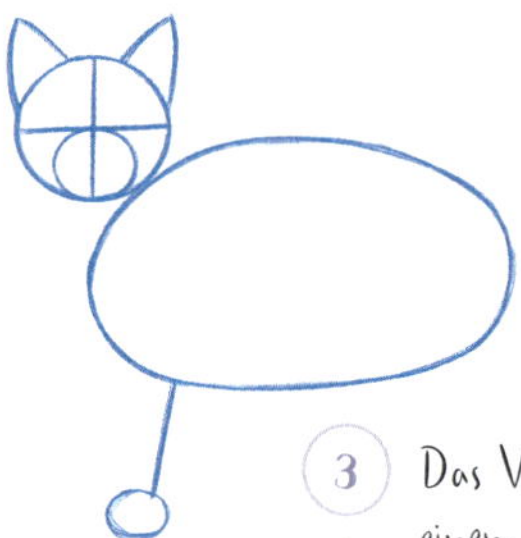

3 Das Vorderbein mit einem geraden Strich skizzieren und eine ovale Pfote anfügen.

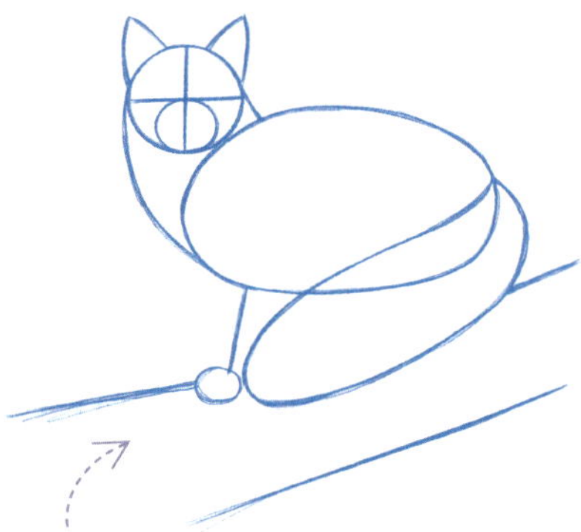

4 Ein großes Oval für den Schwanz zeichnen (er bedeckt die drei anderen Beine). Gekrümmte Linien für den Hals einfügen und die Form des Asts andeuten.

5 Anhand der Hilfslinien zwei mittelgroße ovale Augen zeichnen, ihre Winkel sind spitz. Die dreieckige Nase hinzufügen.

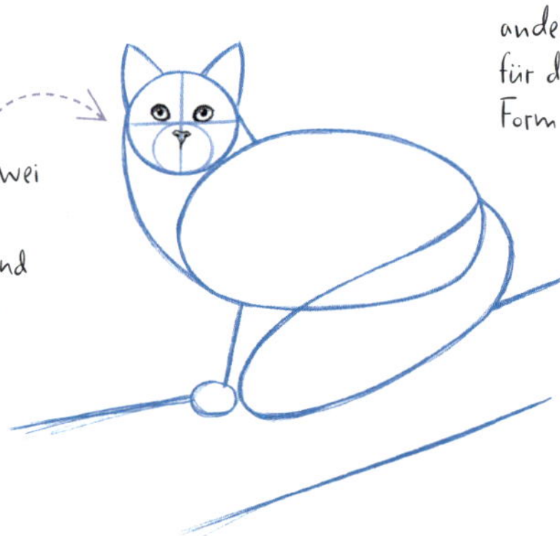

6 Die Nase ausarbeiten und zwei Bögen für das Maul anfügen. Die Haare in den Ohren mit langen Strichen darstellen.

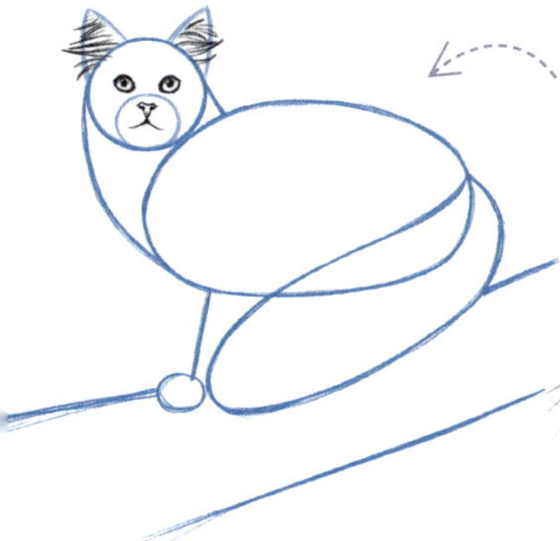

7 Die Umrisse der Ohren nachzeichnen, ohne die Haare zu übermalen. Vorderbein und Schwanz anhand der Hilfslinien stricheln, um das Fell darzustellen.

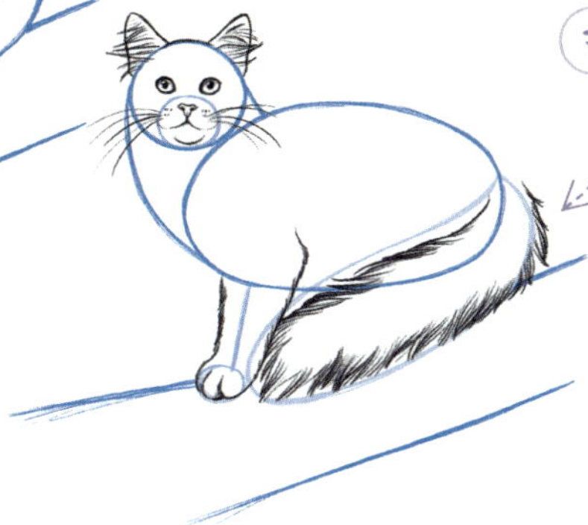

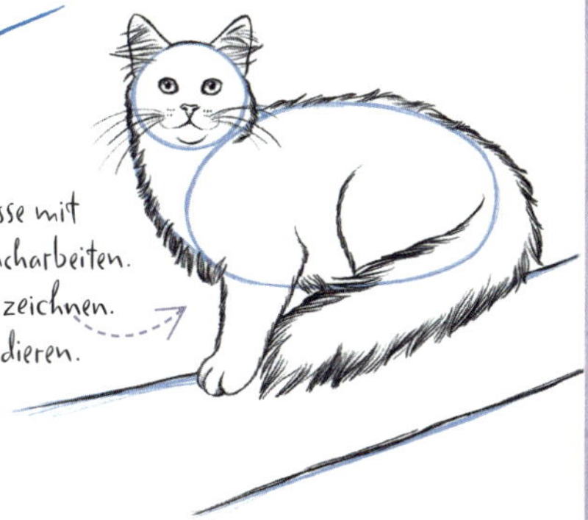

8 Die restlichen Umrisse mit längeren Strichen nacharbeiten. Den Zweig genauer zeichnen. Die Hilfslinien ausradieren.

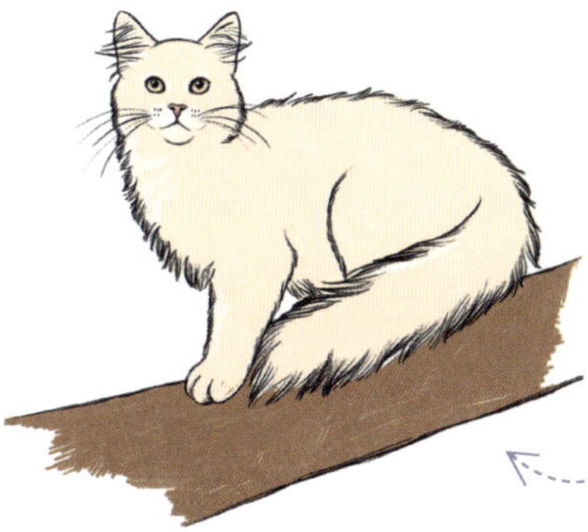

9 Den Körper in hellem Gelb kolorieren, die Nase in Rosa. Die Schnauze bleibt blass, sodass die Nase hervorsticht. Die Augen hellbraun oder gelb ausmalen, die Lichtreflexe bleiben weiß.

10 Die Streifen auf Stirn und Wangen mit Mittelbraun ausarbeiten. Die übrigen Streifen mit langen Strichen andeuten. Für die Schatten am Hals und am Bein ein dunkles Braun verwenden. Den Zweig mit verschiedenen Brauntönen kolorieren.

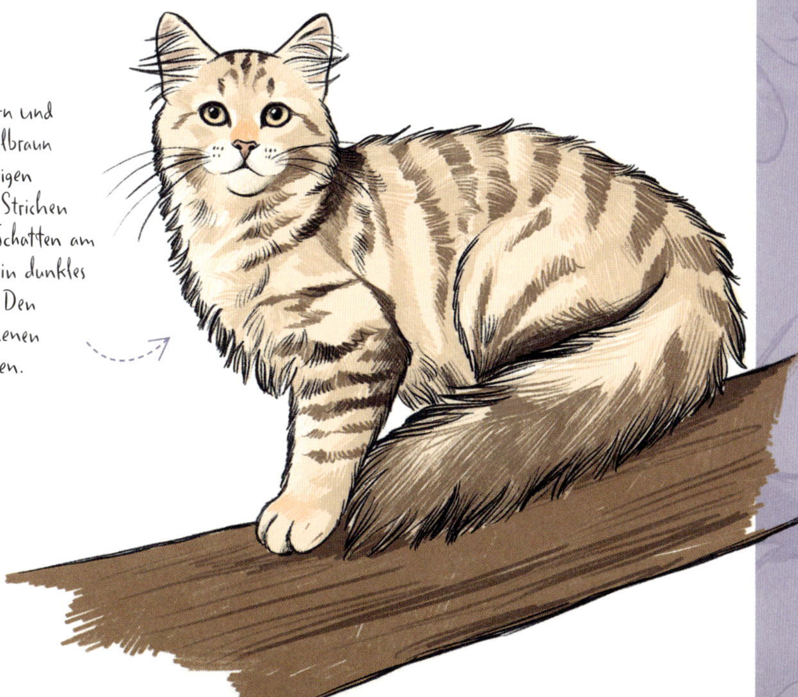

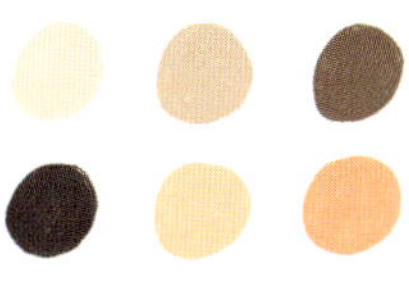

Bengalkatze

Dass die Bengalkatze wie ein kleines Raubtier aussieht, liegt an der Fleckenzeichnung ihres Fells. Dieses Exemplar hat es sich auf einem Ast bequem gemacht.

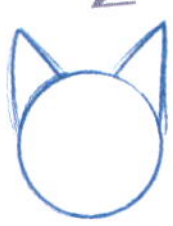

1 Mit einem Kreis beginnen. Zwei dreieckige Ohren anfügen.

2 Das Gesicht mit Hilfslinien vierteln und eine kleine Markierung für die Position der Nase anbringen. Den Rumpf als längliches Rechteck zeichnen.

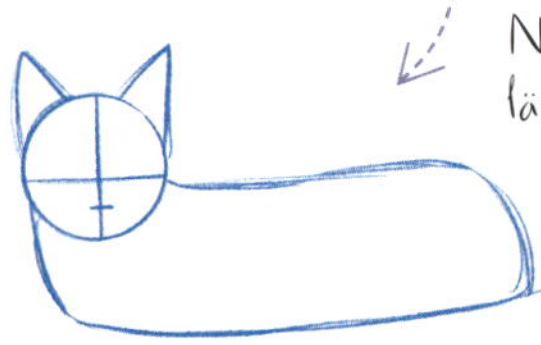

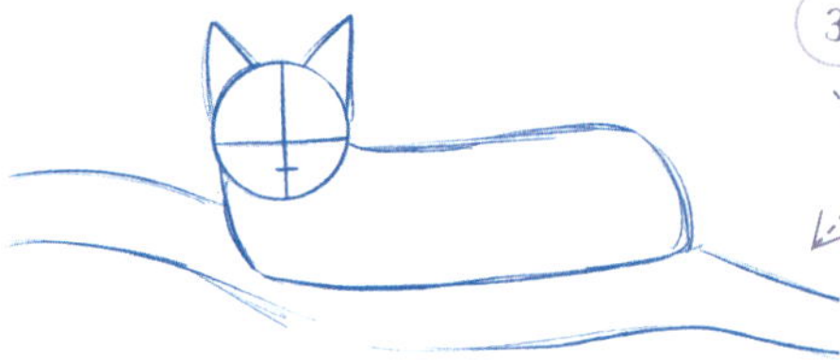

3 Unter dem Körper die Form des Asts skizzieren.

4 Die Beine vorzeichnen (ein Hinterbein ist verdeckt). Ein Vorderbein liegt auf dem Ast, das andere hängt herab.

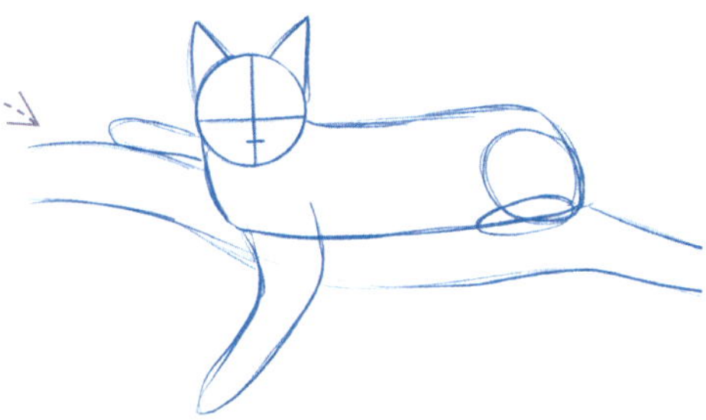

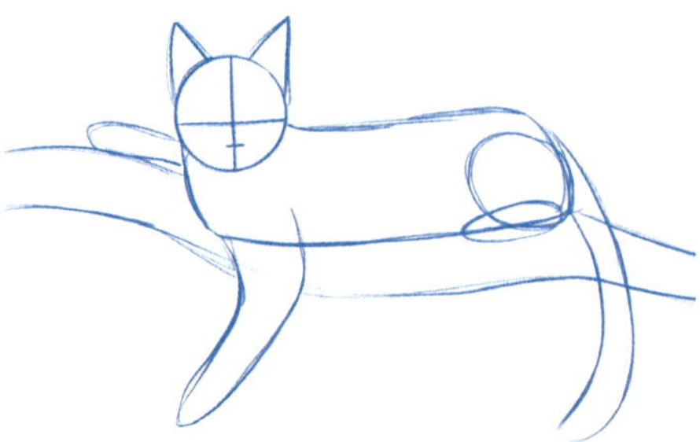

5 Auch der Schwanz hängt vom Ast herab.

6 Anhand der Hilfslinien die kleinen mandelförmigen Augen einzeichnen. Die Nase sitzt auf der senkrechten Hilfslinie. Zwei Bögen für das Maul anfügen.

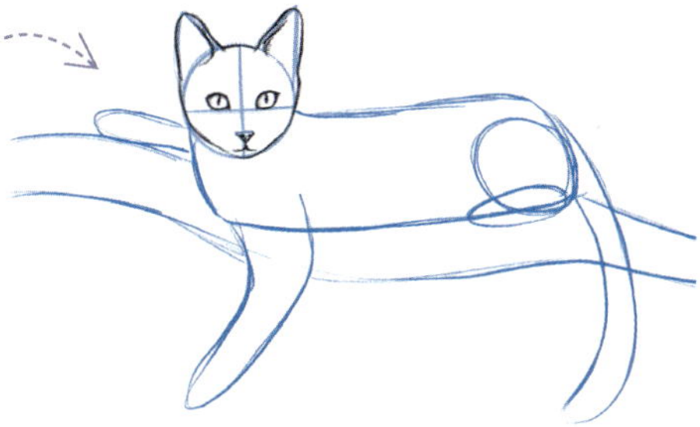

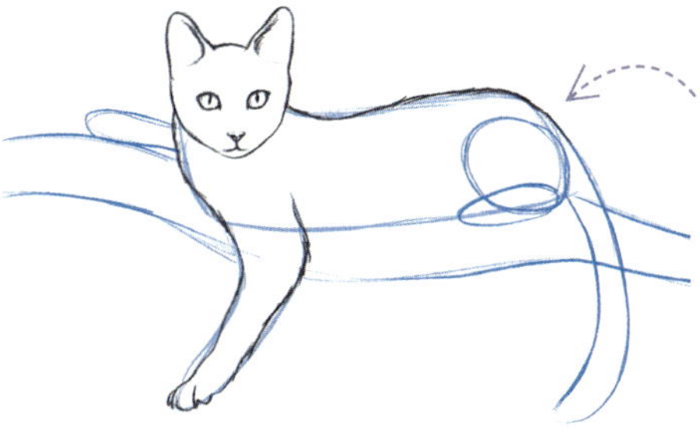

7 Die Kontur des Rückens stricheln, um Fell anzudeuten.

8 Die restlichen Umrisslinien ebenso stricheln. Die Holzstruktur des Asts mit langen Strichen andeuten. Die Hilfslinien ausradieren.

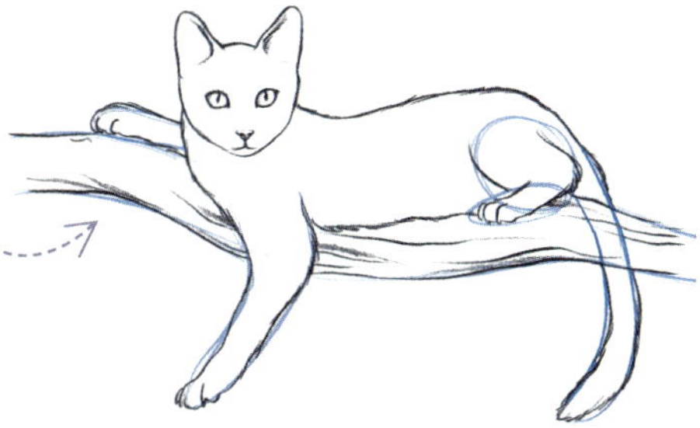

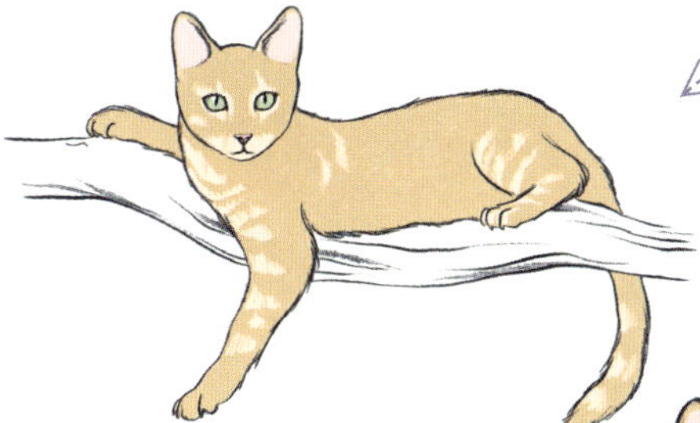

9 Den Körper Ockergelb kolorieren, dabei hellere Streifen im Gesicht, auf Beinen und Schwanz lassen. Das Innere der Ohren rosa malen, die Augen hellgrün. Die Lichtreflexe bleiben weiß.

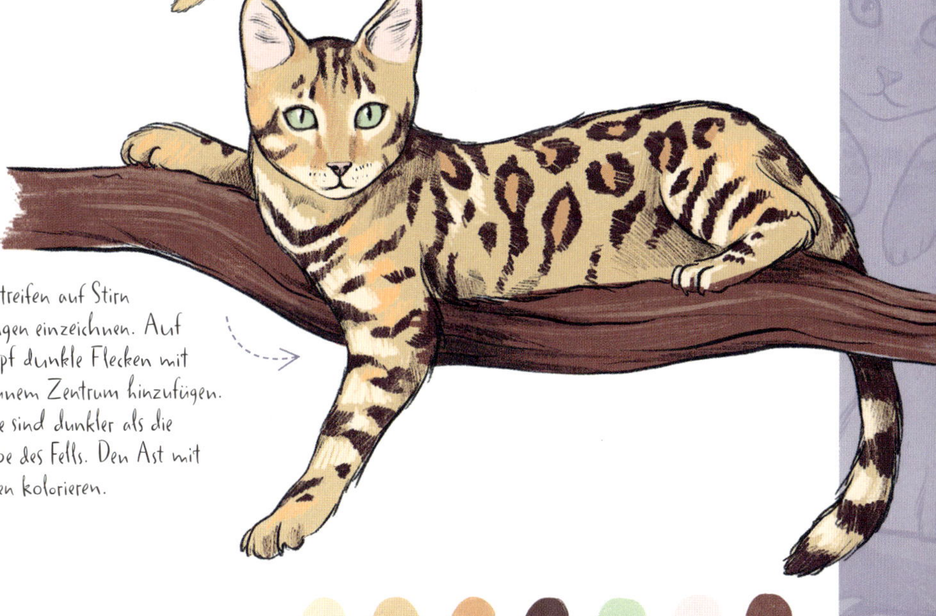

10 Dunkle Streifen auf Stirn und Wangen einzeichnen. Auf dem Rumpf dunkle Flecken mit mittelbraunem Zentrum hinzufügen. Beide Töne sind dunkler als die Grundfarbe des Fells. Den Ast mit Brauntönen kolorieren.

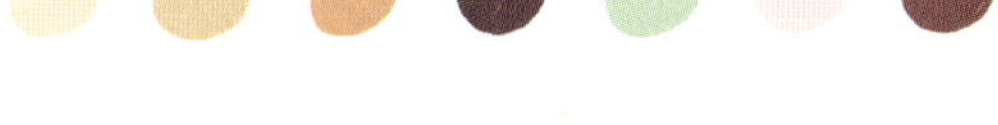

Ragdoll

Dies ist eine unglaublich entspannte Hauskatzenrasse. Die Rückenlage ist ein Zeichen von großem Vertrauen.

1 Mit einem Kreis beginnen für den Körper und einem kleineren Oval für den Kopf. Das Oval mit zwei Hilfslinien vierteln.

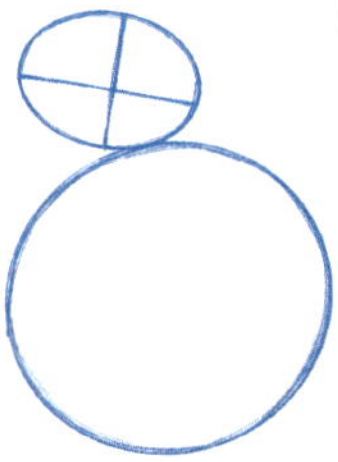

2 Ein kleineres, aufrechtes Oval direkt neben den großen Kreis zeichnen. Zwei dreieckige Ohren anfügen.

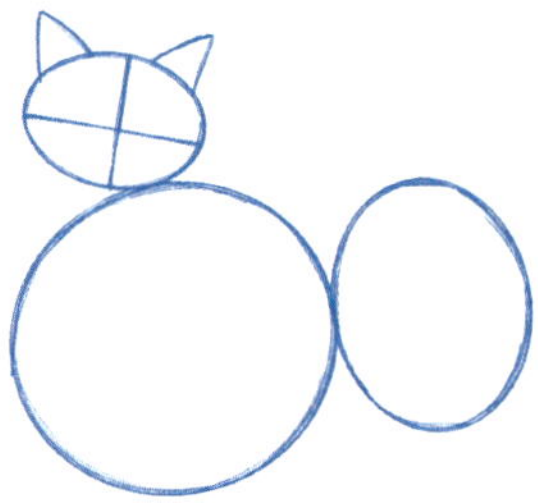

3 Für die Beine vier kleine Ovale skizzieren. Wegen des Blickwinkels sieht man mehr von den Pfoten als von den Beinen selbst.

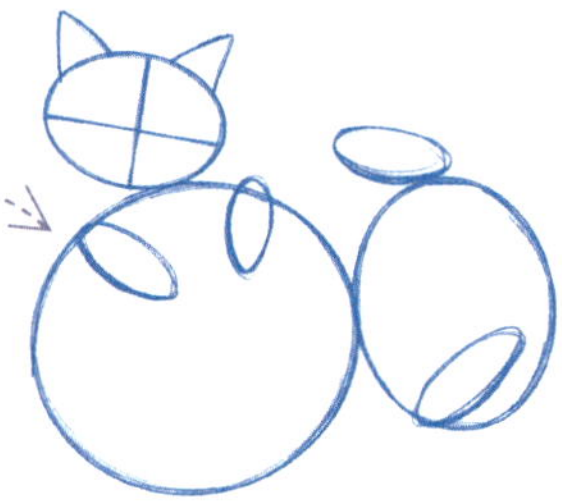

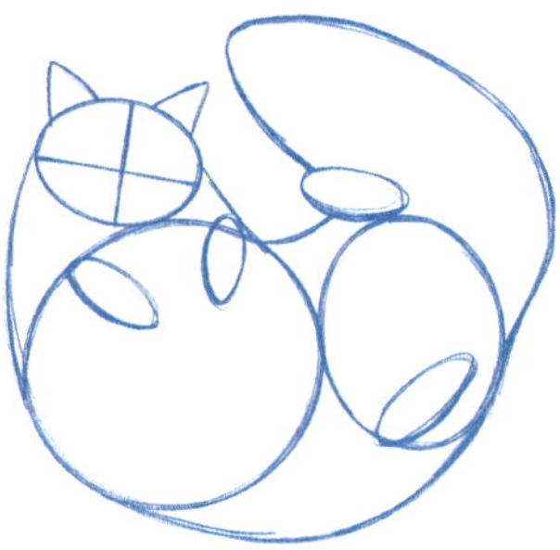

4 Die Grundformen mit gekrümmten Linien verbinden. Dabei die rundliche Statur der Katze herausarbeiten. Einen langen, fülligen Schwanz hinzufügen.

5 Zwei große, ovale Augen mit relativ kleinem Abstand auf die waagerechte Hilfslinie setzen. Schmal-ovale Pupillen und kleine runde Lichtreflexe einzeichnen. Die Nase auf der Kreuzung der Hilfslinien platzieren.

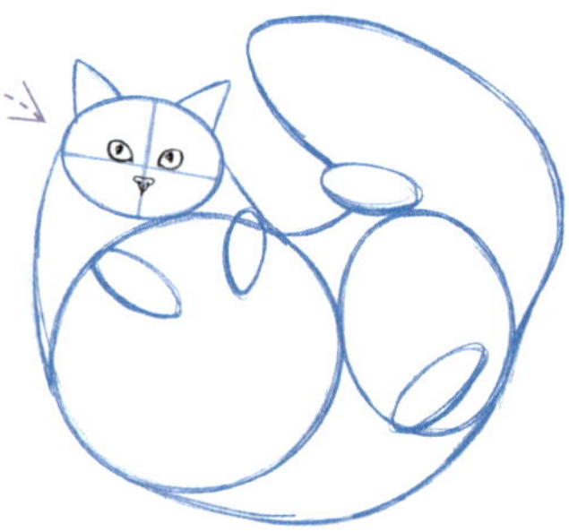

6 Zwei Bögen für das Maul und einen weiteren für das Kinn hinzufügen. Die Ohren innerhalb der Dreiecksformen ausarbeiten.

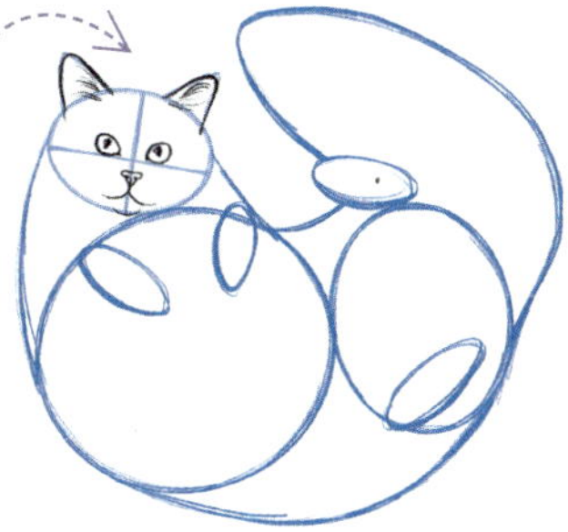

7 Den restlichen Kopf und die Pfoten ausarbeiten. An den Vorderseiten sieht man die Oberseiten der Pfoten (a), an den Hinterbeinen die Unterseiten (b).

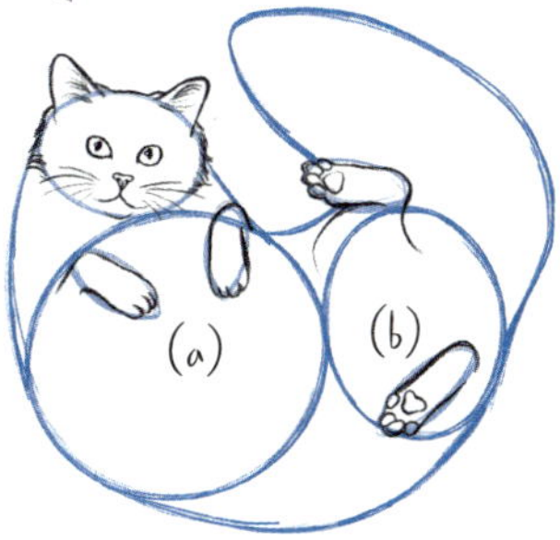

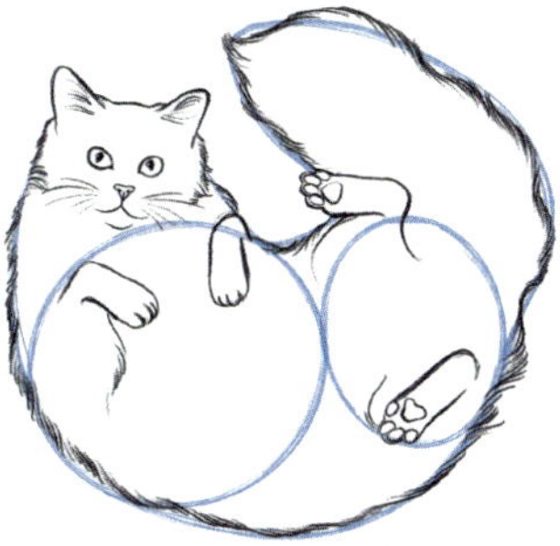

8 Die Körperumrisse mit langen Strichen nachzeichnen.

9 Die Hilfslinien ausradieren. Das Fell hellbeige grundieren. Gesicht, Hals, Bauch und Pfotenspitzen bleiben weiß.

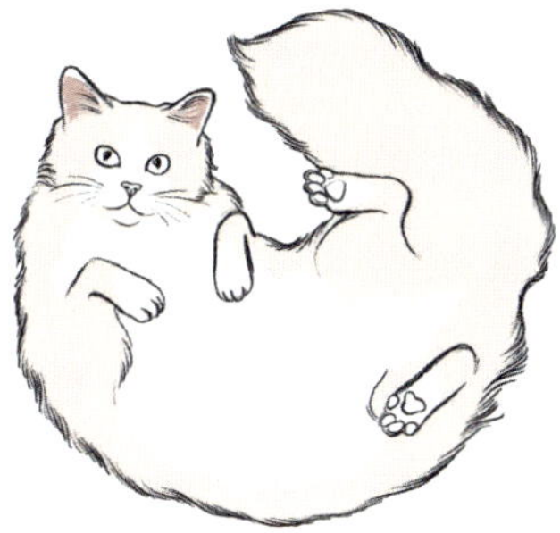

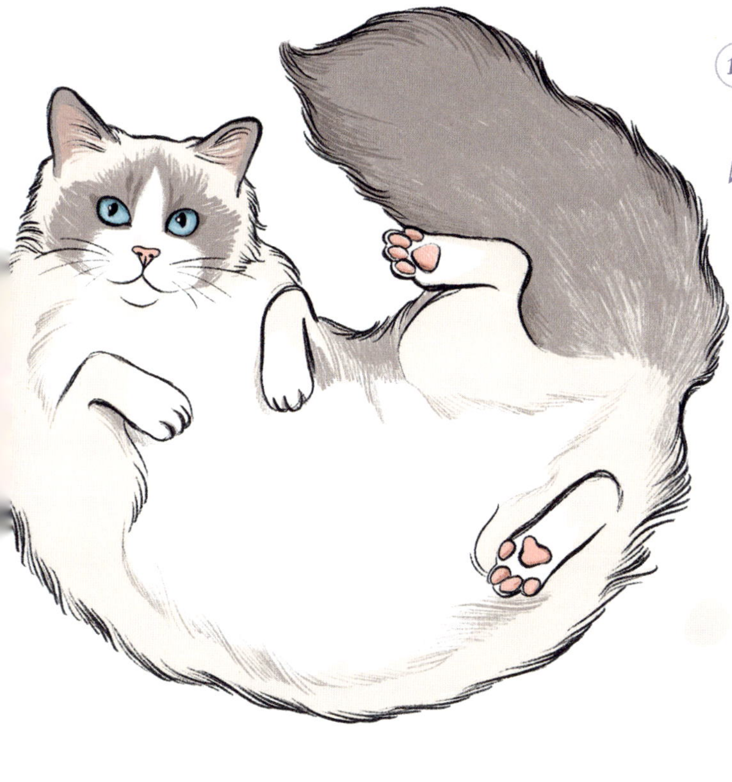

10 Schatten und Lichter mit mittleren Brauntönen herausarbeiten. Ragdolls haben eine hellbraune Augenmaske, Ohren und Schwanz sind dunkler. Das Innere der Ohren, die Nase und die Pfotenballen rosa kolorieren, die Augen hellblau.

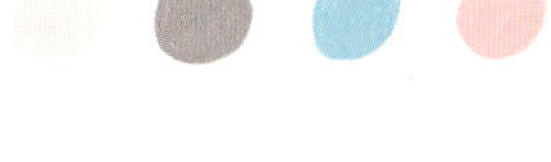

Balinesenkatze

Katzen legen sich nur auf den Rücken, wenn sie völlig entspannt sind. Balinesen sehen ähnlich aus wie Siamkatzen, haben aber ein längeres, feineres Fell.

1 Ein Oval für den Kopf vorzeichnen. Eine schräge Mittelsenkrechte einfügen und den linken Teil mit einer gekrümmten Linie halbieren. Im rechten Teil die runde Schnauze skizzieren.

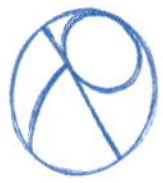

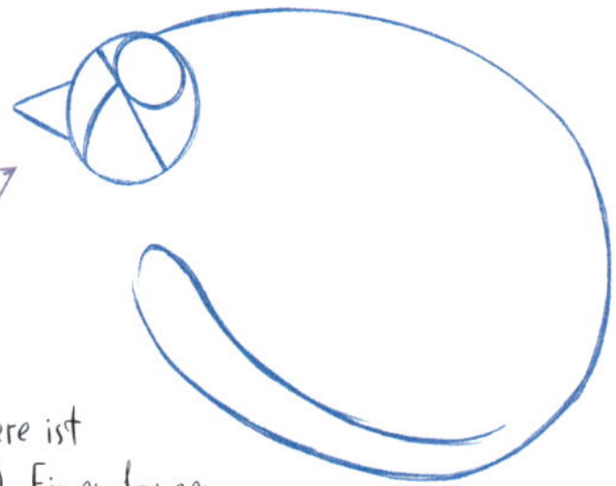

2 Ein dreieckiges Ohr zeichnen (das andere ist vom Bein verdeckt). Einen langen Bogen von der rechten Seite des Kopfs bis fast zu seiner linken Seite zeichnen. Den gekrümmten Schwanz skizzieren.

3 Für den linken Schenkel einen großen Kreis einzeichnen, für die linke Pfote ein langes Oval.

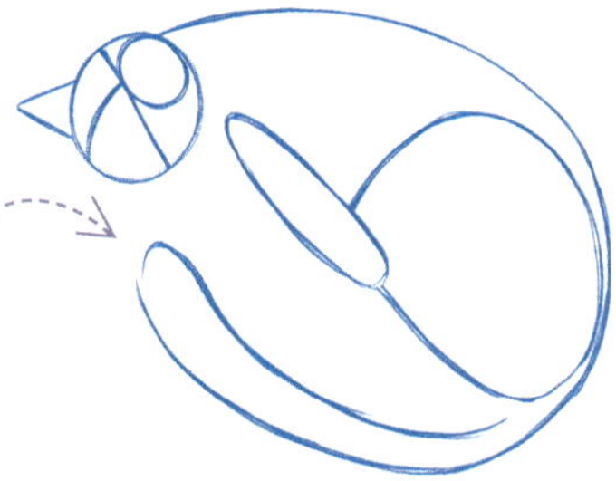

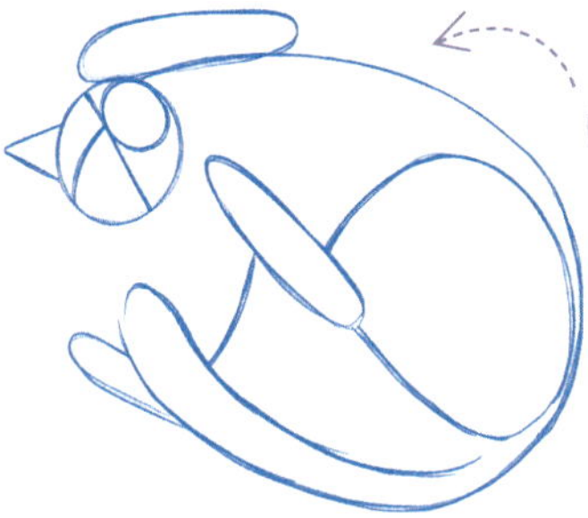

4 Das rechte Hinterbein hinzufügen: Es schaut unter dem Schwanz hervor. Für das linke Vorderbein ein langes Oval neben dem Kopf skizzieren.

5 Auf der anderen Seite des Kopfs das andere Vorderbein ebenfalls als Oval vorzeichnen.

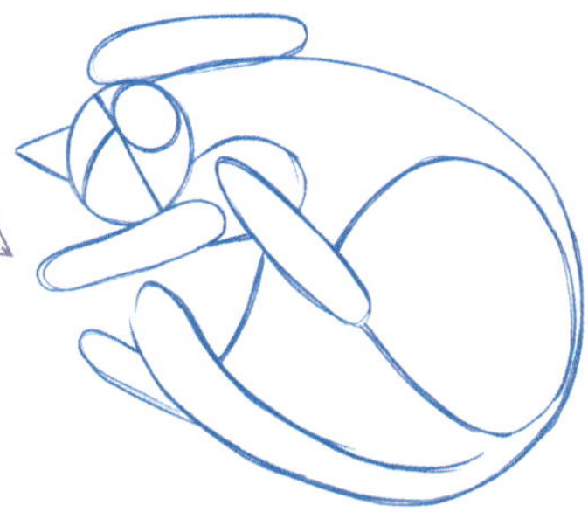

6 Anhand der Hilfslinien Augen und Nase einzeichnen.

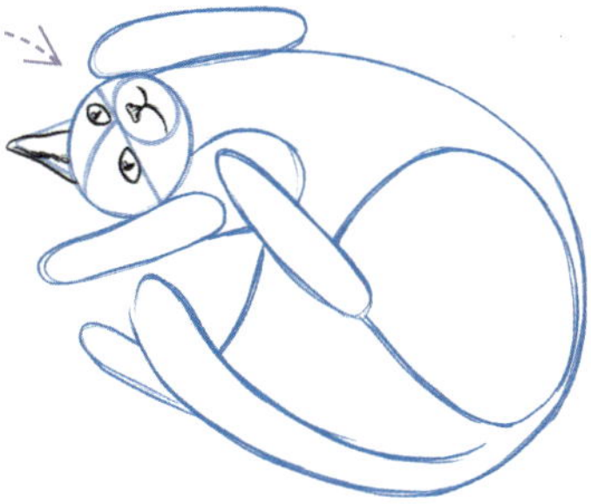

7 Vorderpfoten und Schwanz stricheln. Am Schwanz mit längeren Strichen arbeiten.

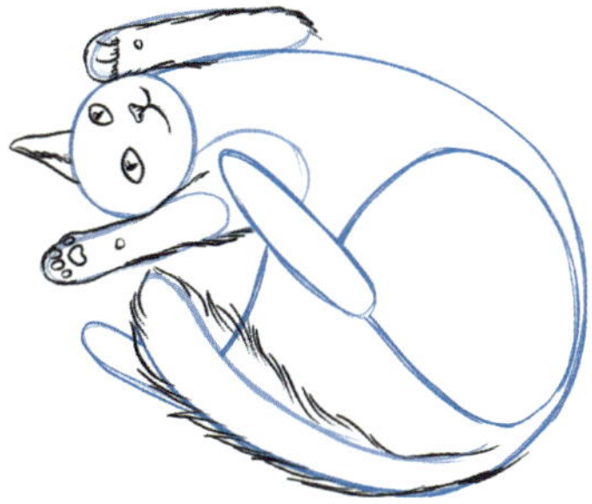

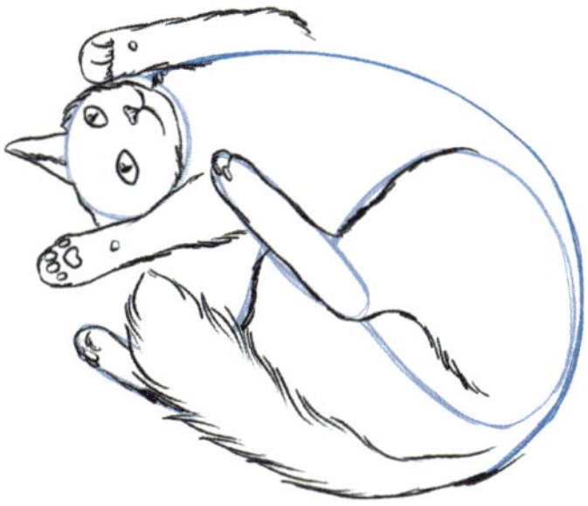

8 Auch die Umrisse der Hinterbeine mit langen Strichen nacharbeiten.

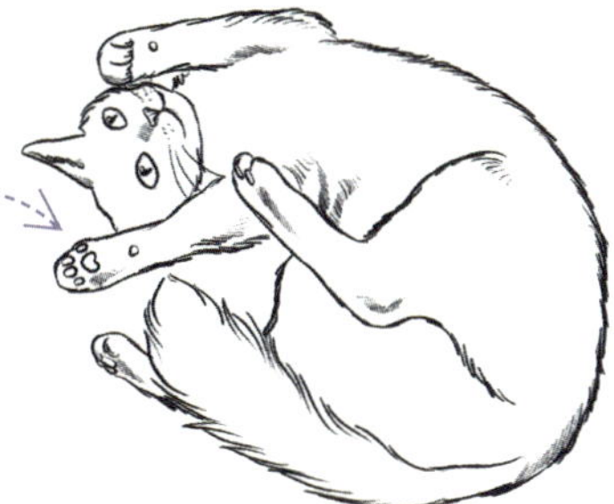

9 Die Hilfslinien ausradieren. Mit kurzen Strichen Schattierungen einfügen, damit die Zeichnung etwas plastischer wirkt.

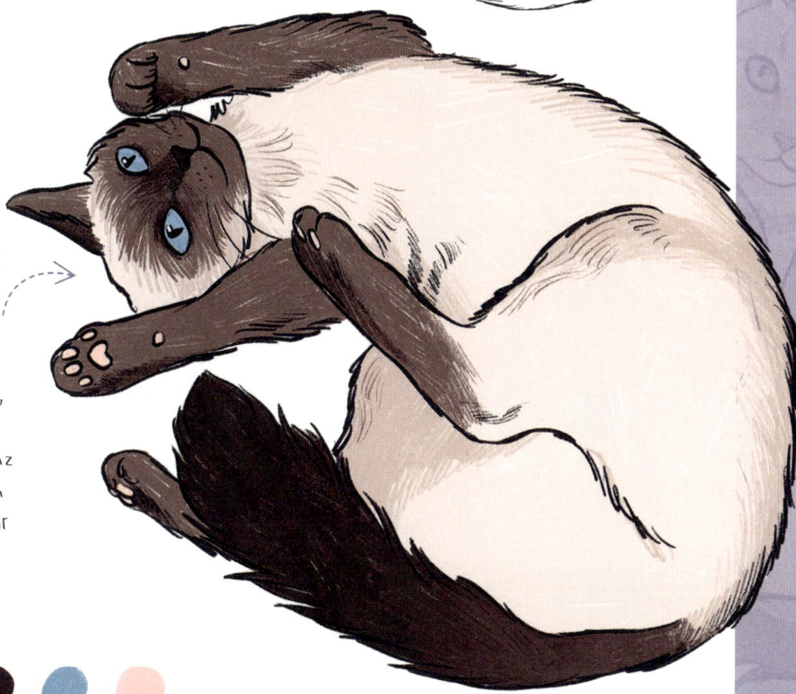

10 Lichter und Schatten auf dem Körper mit Hell- und Mittelbraun ausarbeiten. Dunkleres Braun für Gesichtsmaske, Ohren und Pfoten verwenden. Den Schwanz in einem noch dunkleren Braun ausmalen und für die Augen Hellblau verwenden.

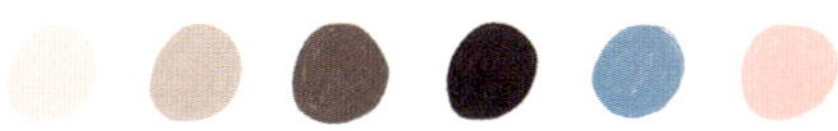

Russisch Blau

Typische Merkmale der Russisch Blau sind – neben dem silbrigen Fell – die leuchtend grünen Augen und das natürliche »Lächeln«.

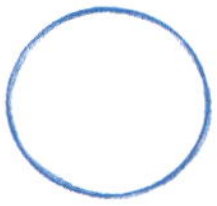

1 Mit einem Kreis beginnen.

2 Eine gekrümmte waagerechte Hilfslinie einzeichnen, dann eine kürzere im oberen Teil. Ein Oval für die Schnauze hinzufügen.

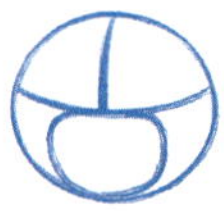

3 Zwei dreieckige Ohren sowie die groben Umrisse der Brust anfügen.

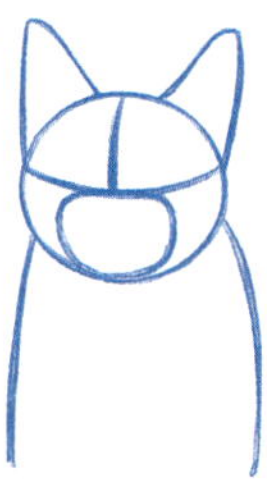

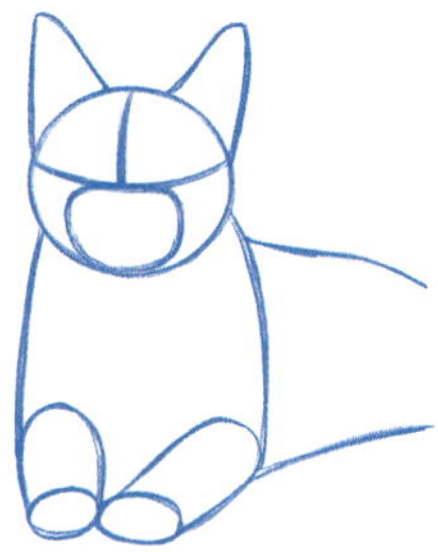

4 Für die Vorderbeine zwei Ovale mit Kreisen für die Pfoten zeichnen. Leicht gekrümmte Linien deuten den hinteren Körper an.

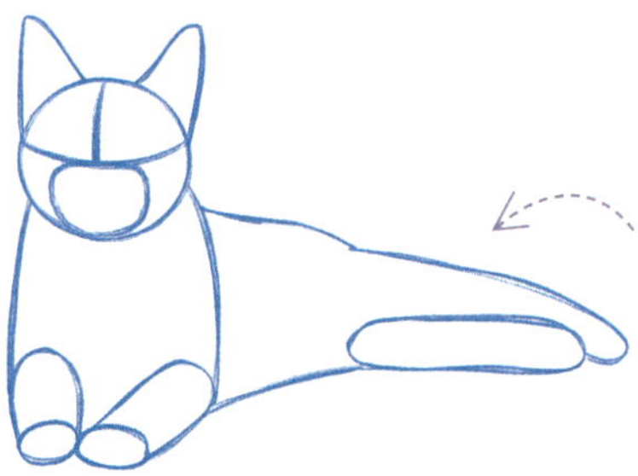

5 Die Linien des Körpers fortführen, um die ausgestreckten Hinterbeine zu skizzieren.

6 Anhand der Hilfslinien zwei kleine mandelförmige Augen einzeichnen. Unter der senkrechten Hilfslinie die Nase platzieren und zwei Bögen für das Maul anfügen.

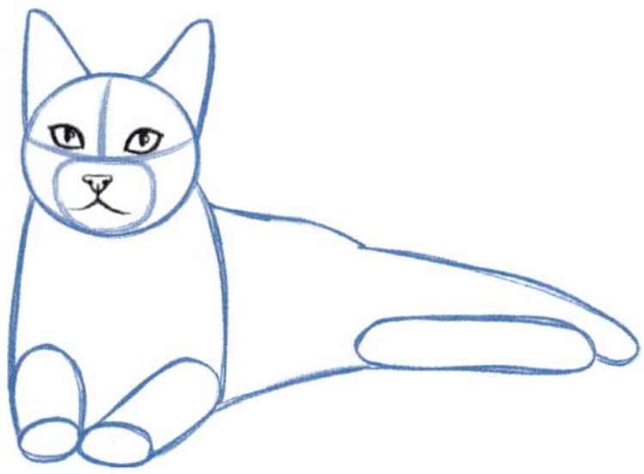

7 Die Umrisse der Ohren und der Vorderbeine ausarbeiten. Dabei das Fell mit kurzen Strichen andeuten.

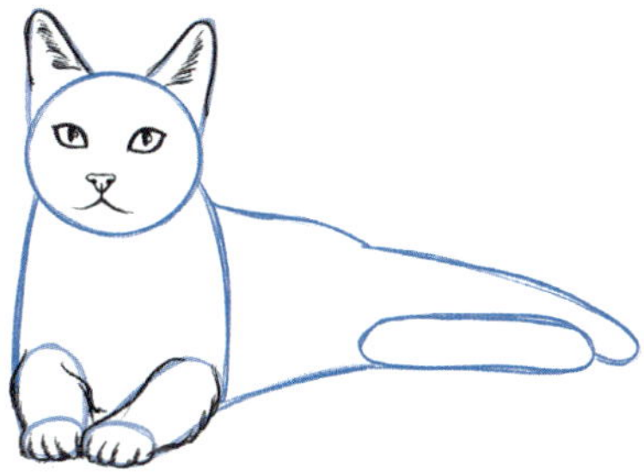

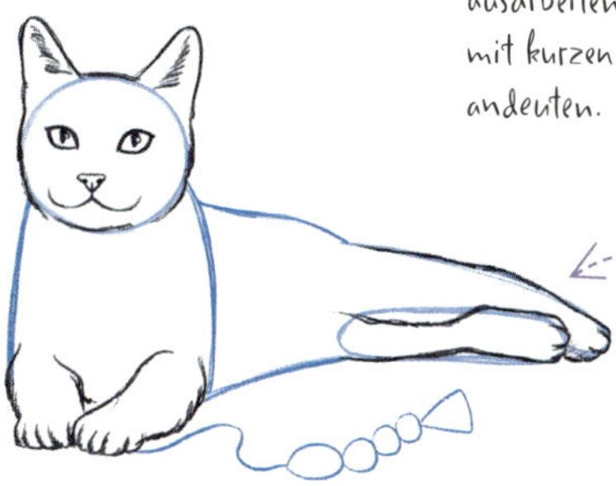

8 Ebenso die Hinterbeine stricheln. Ein Spielzeug neben dem Körper hinzufügen.

9 Körper und Spielzeug fertig ausarbeiten. Die Hilfslinien ausradieren.

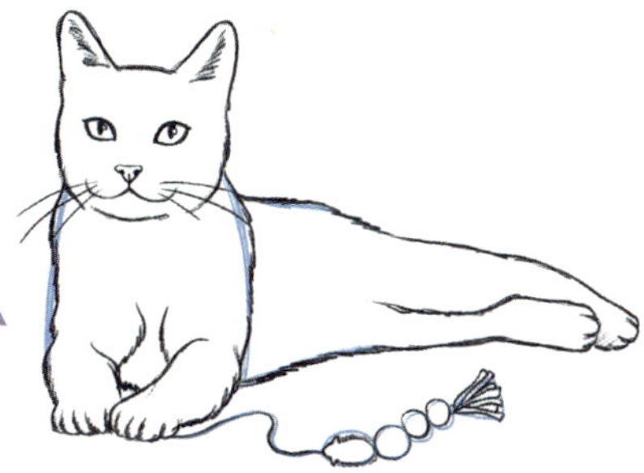

10 Den Körper hellgrau kolorieren, entlang der Konturlinien einen dunkleren Ton wählen. Die Augen grün malen, die Lichtreflexe bleiben weiß. Dunkles Grau für die Nase und die Innenseiten der Ohren verwenden. Das Spielzeug farbig ausmalen und einen rosa Schatten unter der Katze hinzufügen.

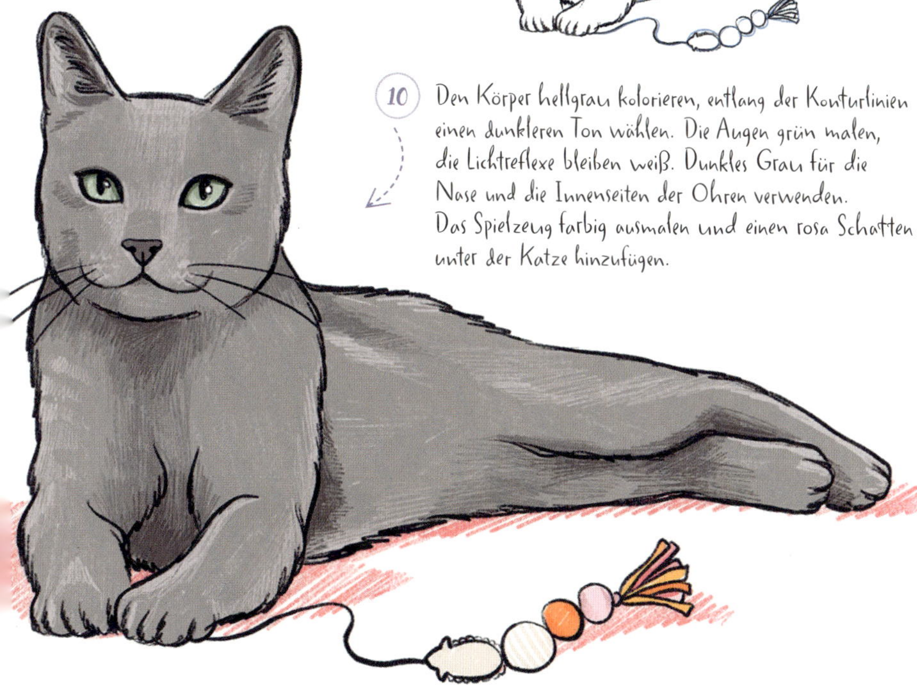

Burma-Katze

Burma-Katzen sind gesprächig und sehr anhänglich. Sie haben einen runden Kopf, einen eleganten, aber muskulösen Körper und ein kurzes glänzendes Fell. Diese Rasse gibt es in zehn Farben.

1 Für den Kopf ein nach rechts geneigtes Oval skizzieren. Im unteren Drittel eine waagerechte Hilfslinie einzeichnen. Den oberen Teil mit einer senkrechten Linie halbieren. Ein kleines Oval für die Schnauze einfügen.

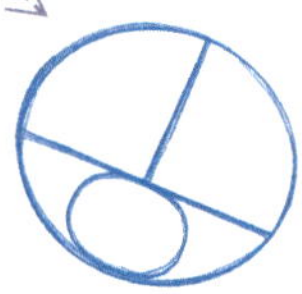

2 Zwei dreieckige Ohren anfügen.

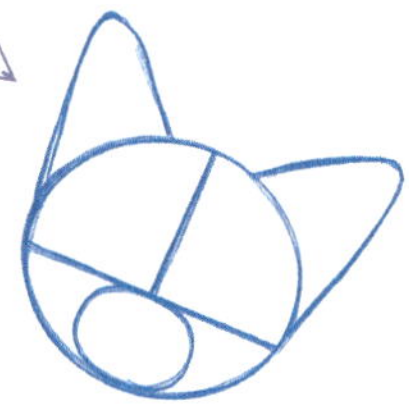

3 Das linke abgewinkelte Vorderbein mit der runden Pfote skizzieren. Das rechte Bein liegt auf dem Boden. Seine untere Kontur beginnt in der Mitte der Schnauze.

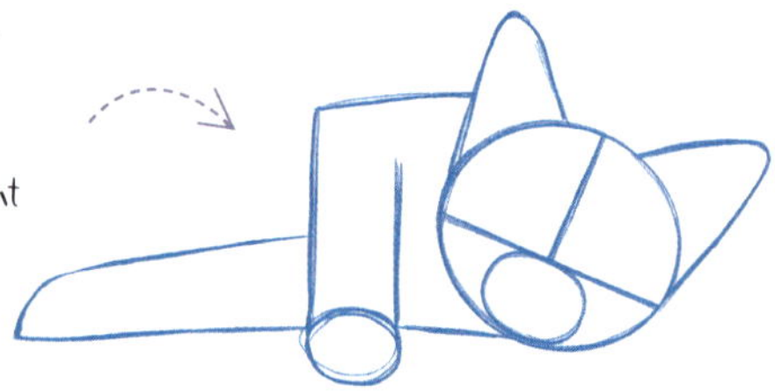

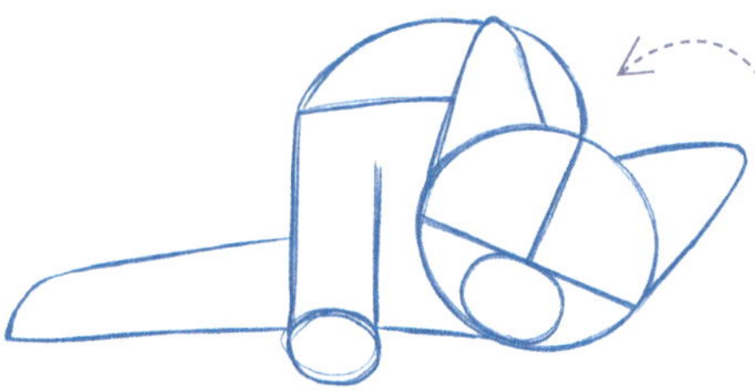

4 Für den Körper einen Bogen von der senkrechten Hilfslinie im Kopf nach links zum Ellenbogen des rechten Beins zeichnen.

5 Links vom Körper die Hinterbeine hinzufügen, rechts den Schwanz.

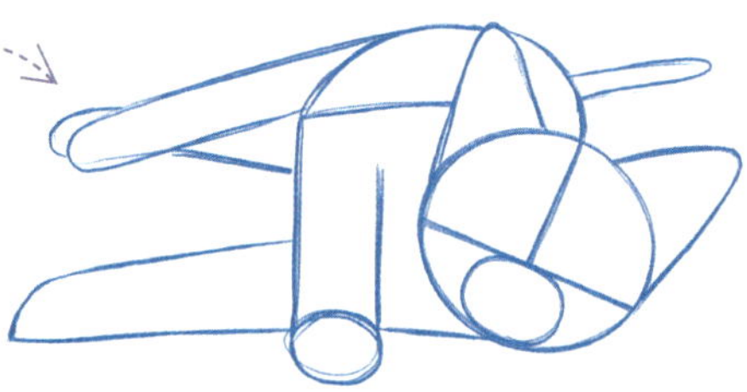

6 Anhand der Hilfslinien die Augen einzeichnen und ihre Winkel zuspitzen.

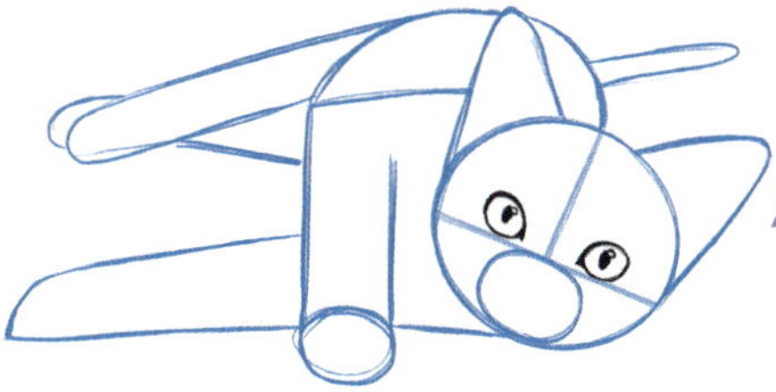

7 Die Umrisse der Ohren mit kurzen Strichen nacharbeiten, um die Haare anzudeuten. Im Hilfskreis für die Schnauze die Nase einzeichnen und zwei kurze Bögen für das Maul anfügen.

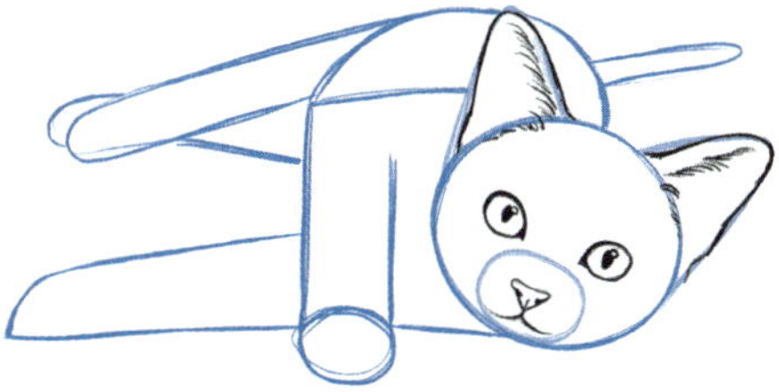

8 Den Kopf genauer ausarbeiten. Barthaare auf beiden Seiten der Nase einzeichnen. Die Umrisse der Vorderbeine stricheln.

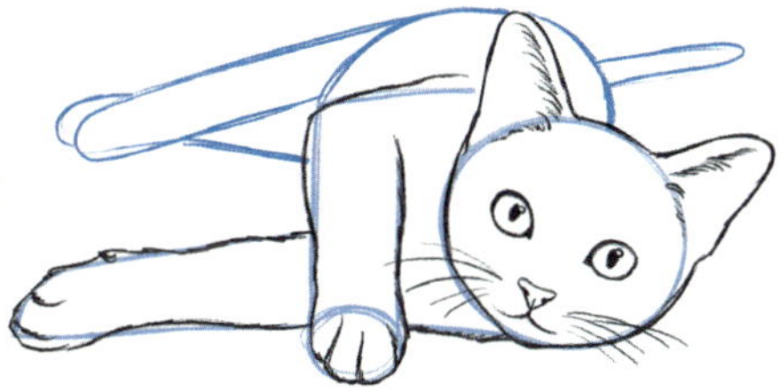

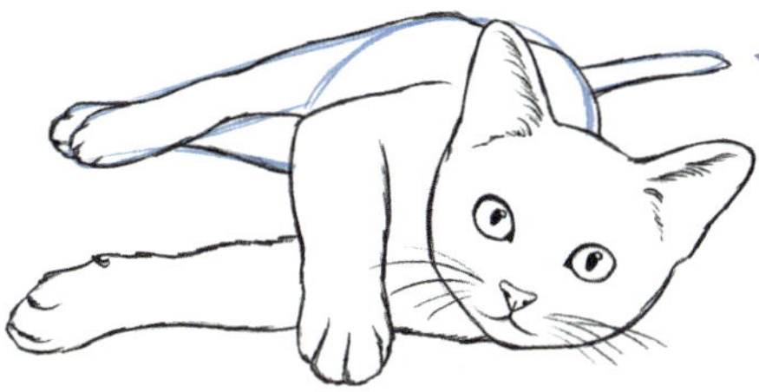

9 Hinterbeine und Schwanz ebenso stricheln. Die Zehen durch kurze Striche andeuten. Die Hilfslinien ausradieren.

10 Das Fell mittelbraun kolorieren, dabei Schatten und Lichter mit helleren und dunkleren Tönen herausarbeiten. Die Augen gelb eintönen, die Pupille mit Grün umrahmen.

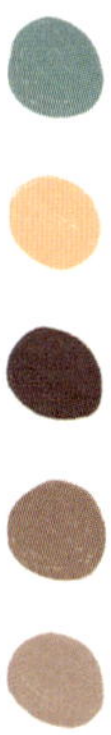

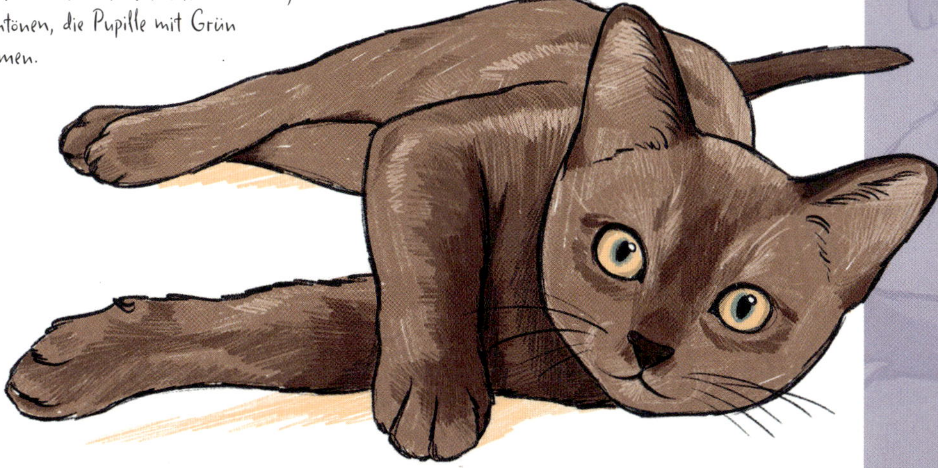

Colorpoint Shorthair

Diese schlanke, elegante Katzenrasse hat kurzes, glänzendes Fell, das eng am Körper anliegt. Dieses Tier liegt, schaut aber wachsam.

1 Für Kopf und Brust zwei Kreise skizzieren. Der Abstand ist gering, aber sie berühren sich nicht. Den oberen Kreis mit Hilfslinien vierteln.

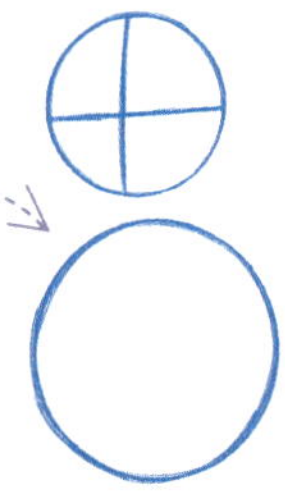

2 Zwei dreieckige Ohren anfügen. Für den hinteren Körper ein längliches Oval zeichnen.

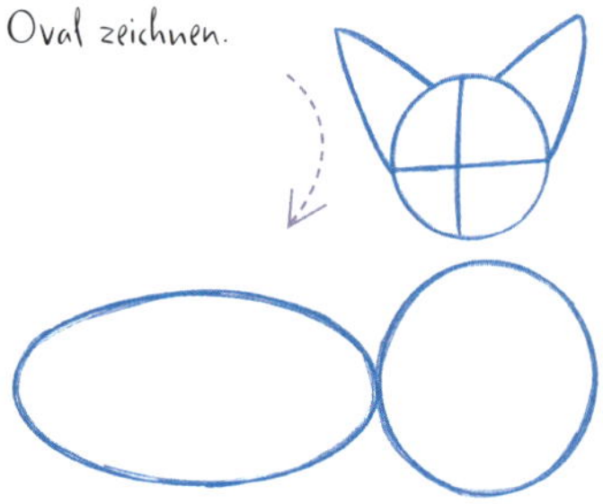

3 Striche für die Vorderbeine, Kreise für die Pfoten und einen Bogen für den Schwanz hinzufügen.

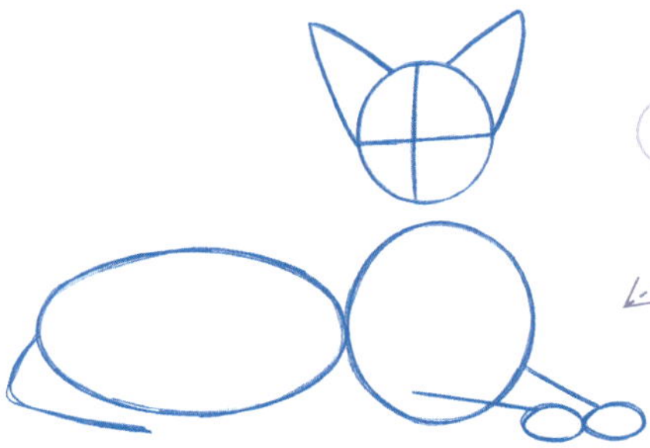

4 Die Hinterpfote mit einem kleinen Kreis andeuten. Die Formen mit geraden, abgewinkelten Strichen verbinden.

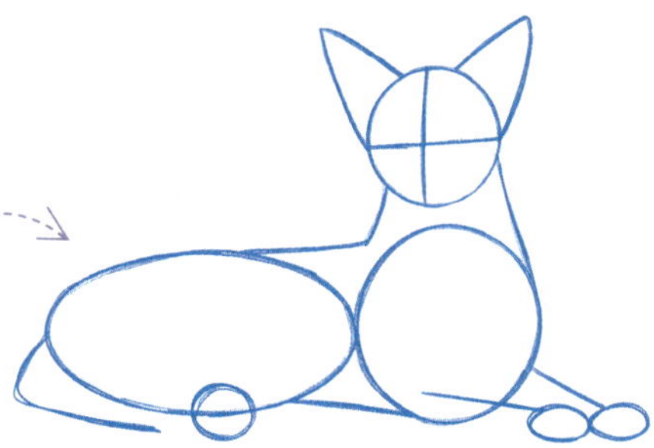

5 Anhand der Hilfslinien die mandelförmigen Augen einzeichnen und die Augenwinkel zuspitzen. Am unteren Ende der senkrechten Hilfslinie die Nase einfügen.

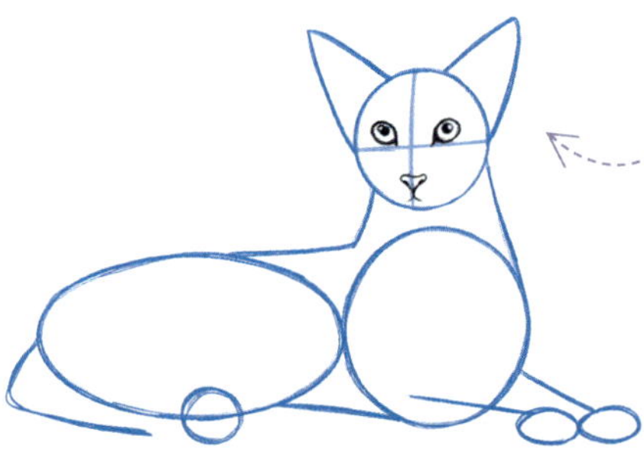

6 Die Ohren genauer ausarbeiten. Die Haare im Inneren mit langen Strichen andeuten. Die Umrisse der Vorderbeine und der hinteren Pfote stricheln, um das Fell anzudeuten.

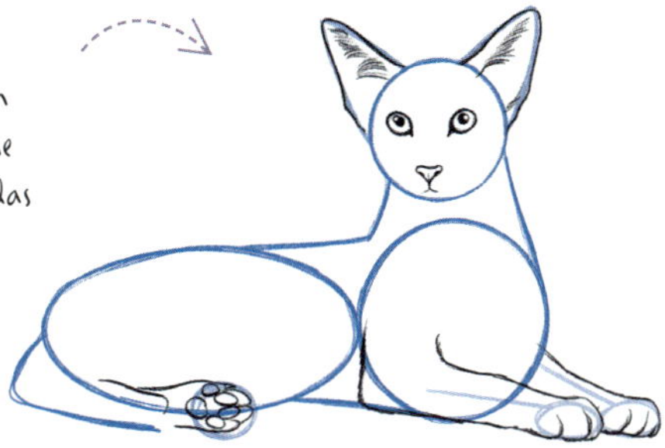

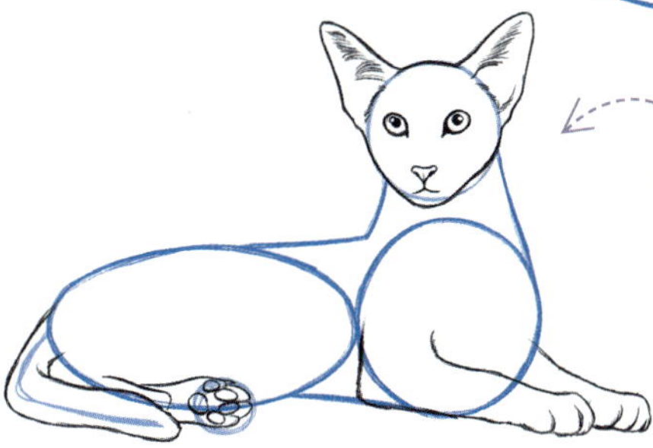

7 Den Kopf ausarbeiten, dabei den unteren Teil dreieckig formen. Das Kinn ist fast spitz. Die Form des Schwanzes einzeichnen.

8 Den restlichen Körper mit fließenden Strichen konturieren, um das kurze, glatte Fell anzudeuten. An Beinen und Schwanz ist das Fell etwas länger. Die Hilfslinien ausradieren.

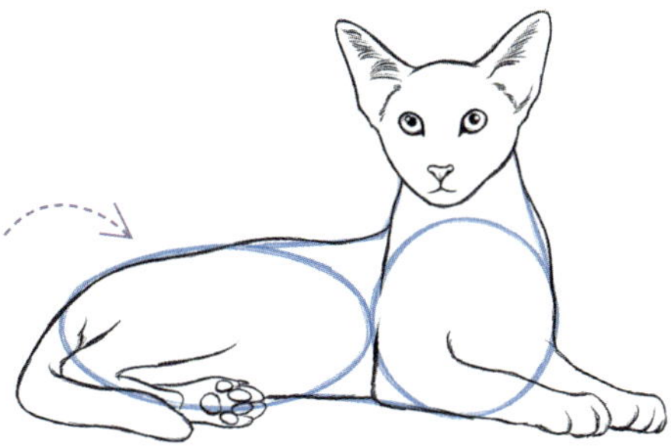

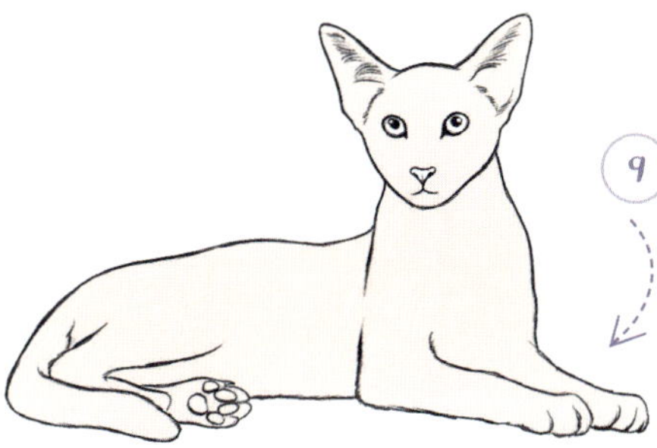

9 Den Körper in hellem Cremeweiß kolorieren.

10 Streifen auf Stirn, Wangen und Schwanz mit Mittelbraun einzeichnen. Für die Hinterpfote und die Schwanzspitze ein dunkleres Braun verwenden. Die Augen hellblau malen, das Innere der Ohren rosa.

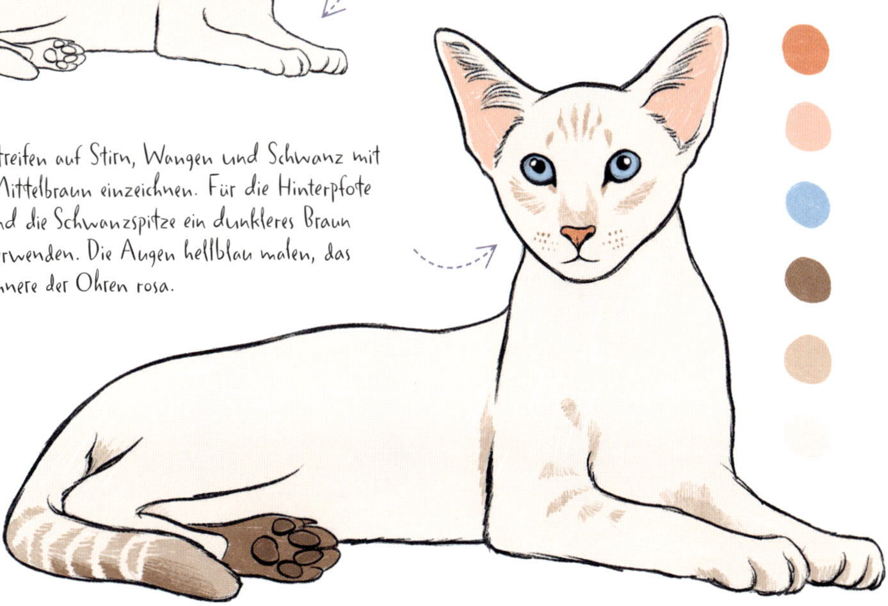

Savannah

Savannah-Katzen haben ein schwarzes, braunes oder silbergraues Fell mit schwarzer oder dunkelbrauner Zeichnung. Dieses Tier liegt tiefenentspannt auf dem Rücken.

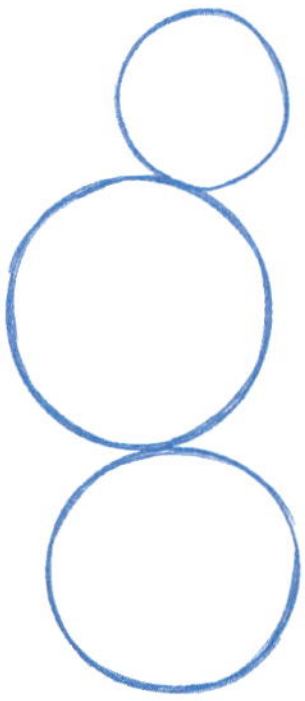

1 Drei Hilfskreise für Kopf und Körper skizzieren.

2 Den oberen Kreis mit Hilfslinien vierteln, zwei dreieckige Ohren anfügen.

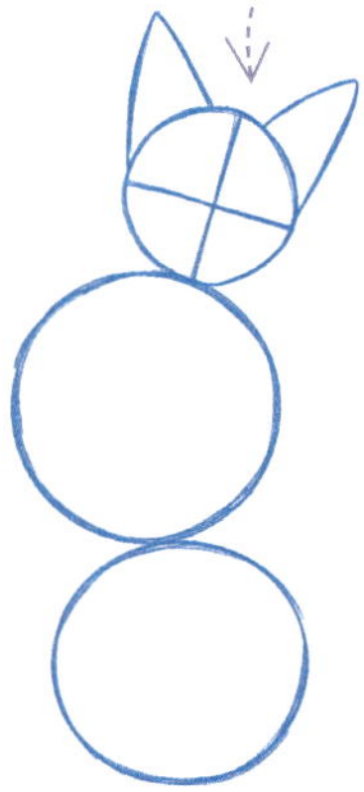

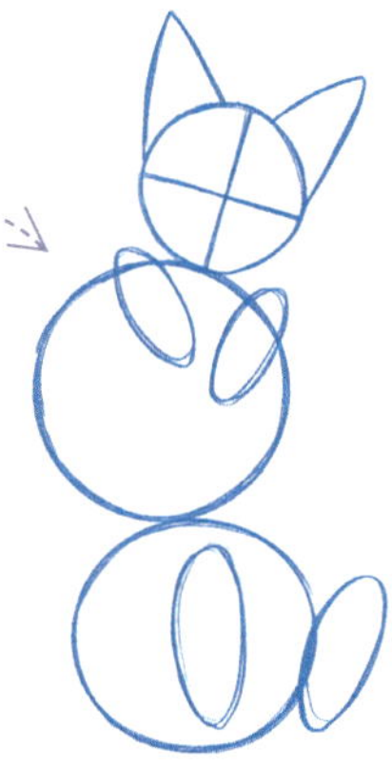

3 Für die Beine vier kleine, längliche Ovale zeichnen. Wegen des Blickwinkels sieht man mehr von den Pfoten als von den eigentlichen Beinen.

4 Die Formen mit gekrümmten Linien verbinden und den Schwanz als Wellenlinie skizzieren.

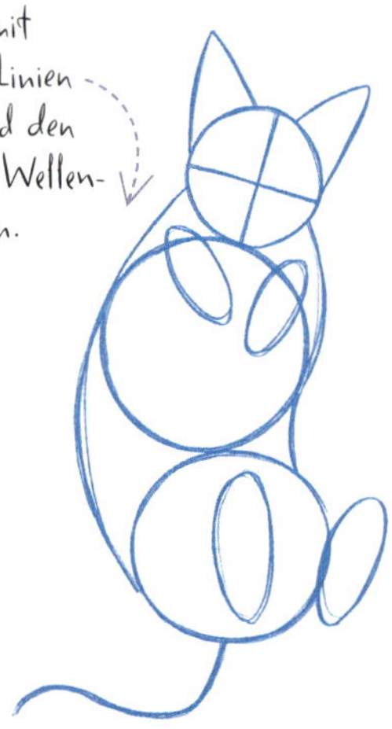

5 Anhand der Hilfslinien zwei große ovale Augen zeichnen. Die schmalen Pupillen und kleine Kreise als Lichtreflexe einfügen. Auf der senkrechten Hilfslinie die Nase zeichnen und zwei flache Bögen für das Maul anfügen.

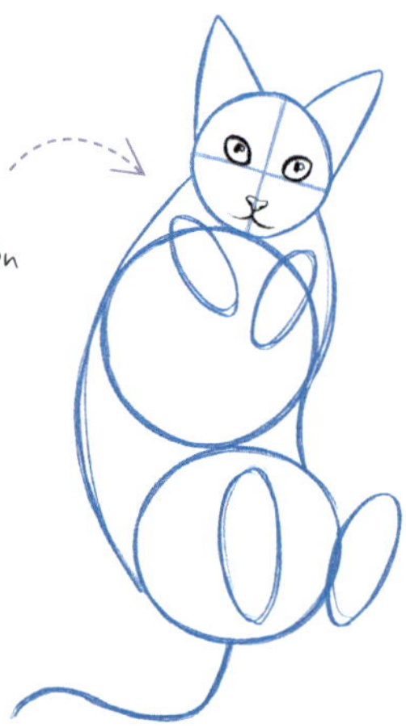

6 Die Ohren genauer ausarbeiten.

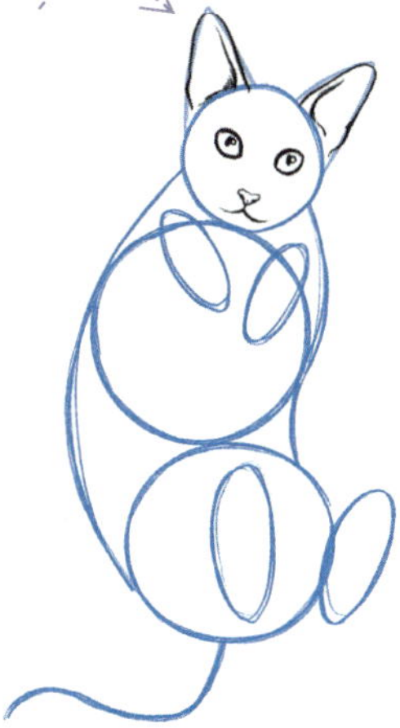

7 Die Konturen von Kopf und Pfoten ausarbeiten. An den Vorderbeinen sieht man die Pfoten von unten.

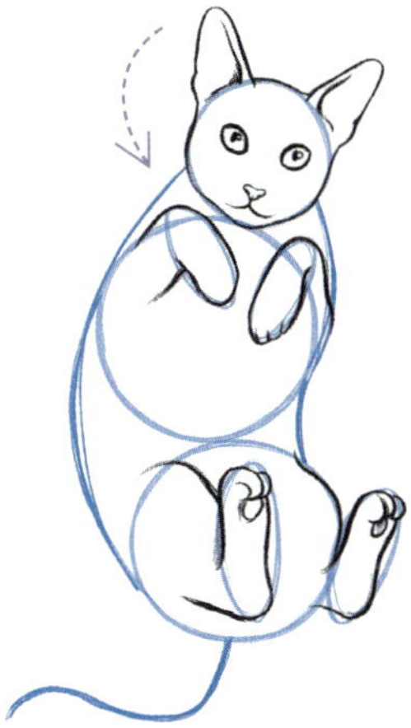

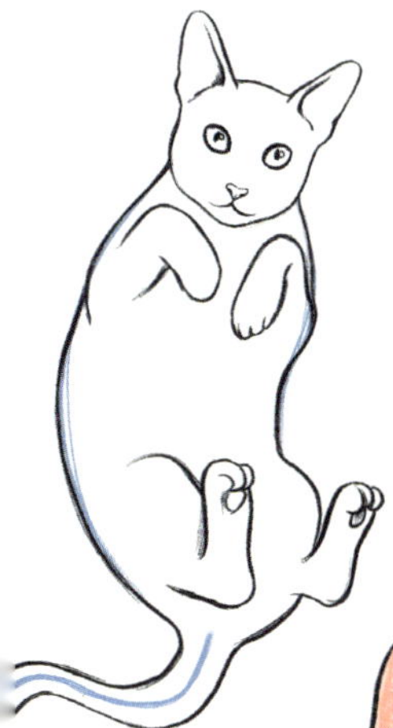

8 Die Umrisse von Körper und Schwanz mit flüssigen Strichen nachzeichnen. Die Hilfslinien ausradieren.

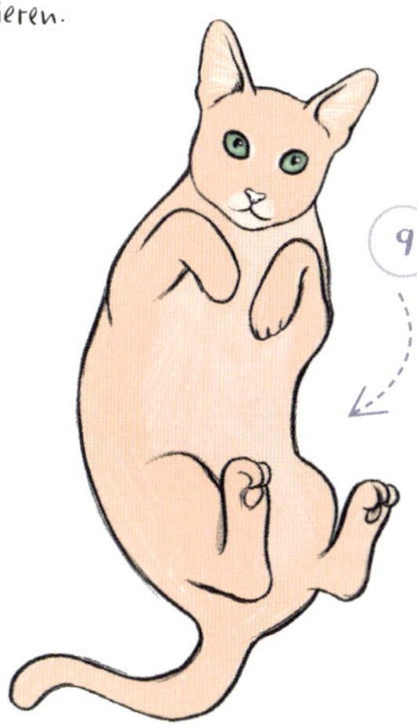

9 Den Körper hellbraun grundieren, Maul, Bauch und das Innere des Ohrs sind etwas heller. Für die Augen ein intensives Grün verwenden.

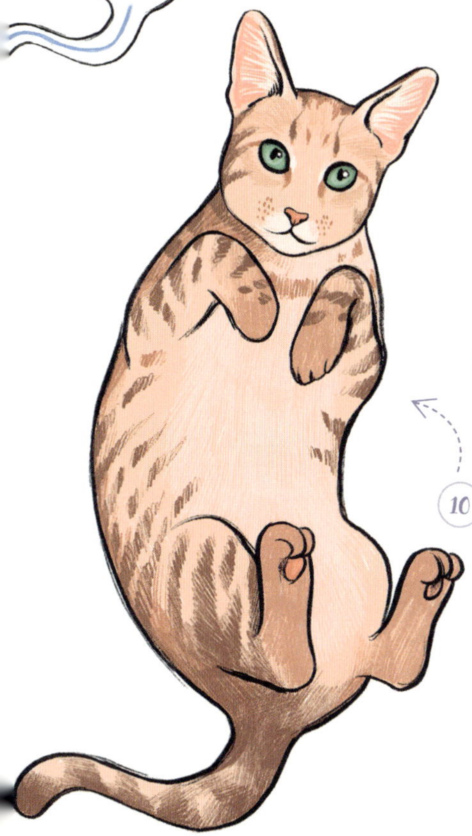

10 Mit mittleren und dunkleren Brauntönen die Lichter und Schatten und das Fellmuster auf dem Körper herausarbeiten. Die Innenseiten der Ohren und die Nase mit hellem Rosa kolorieren.

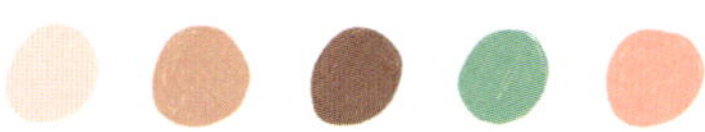

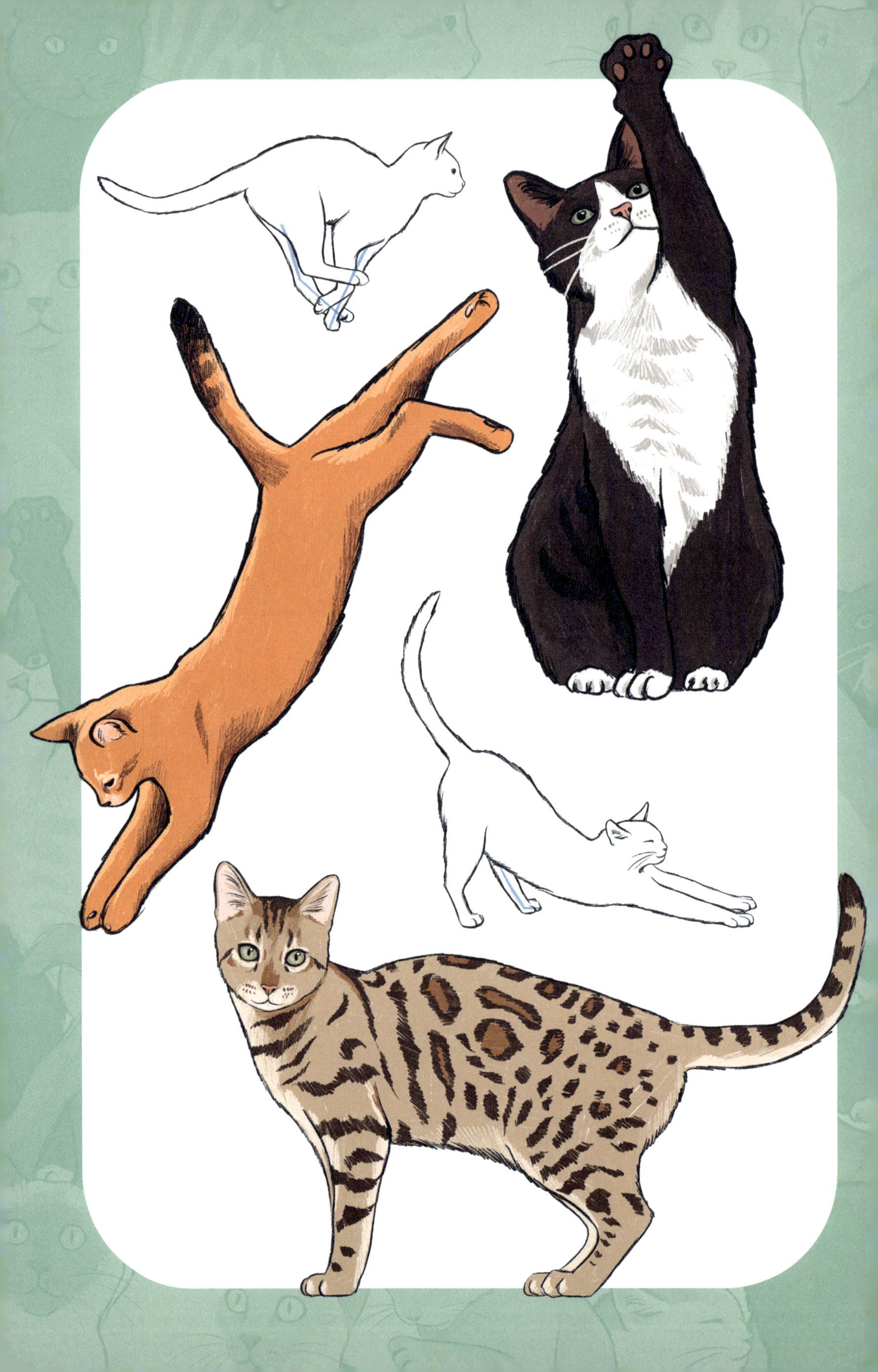

Katzen in Bewegung

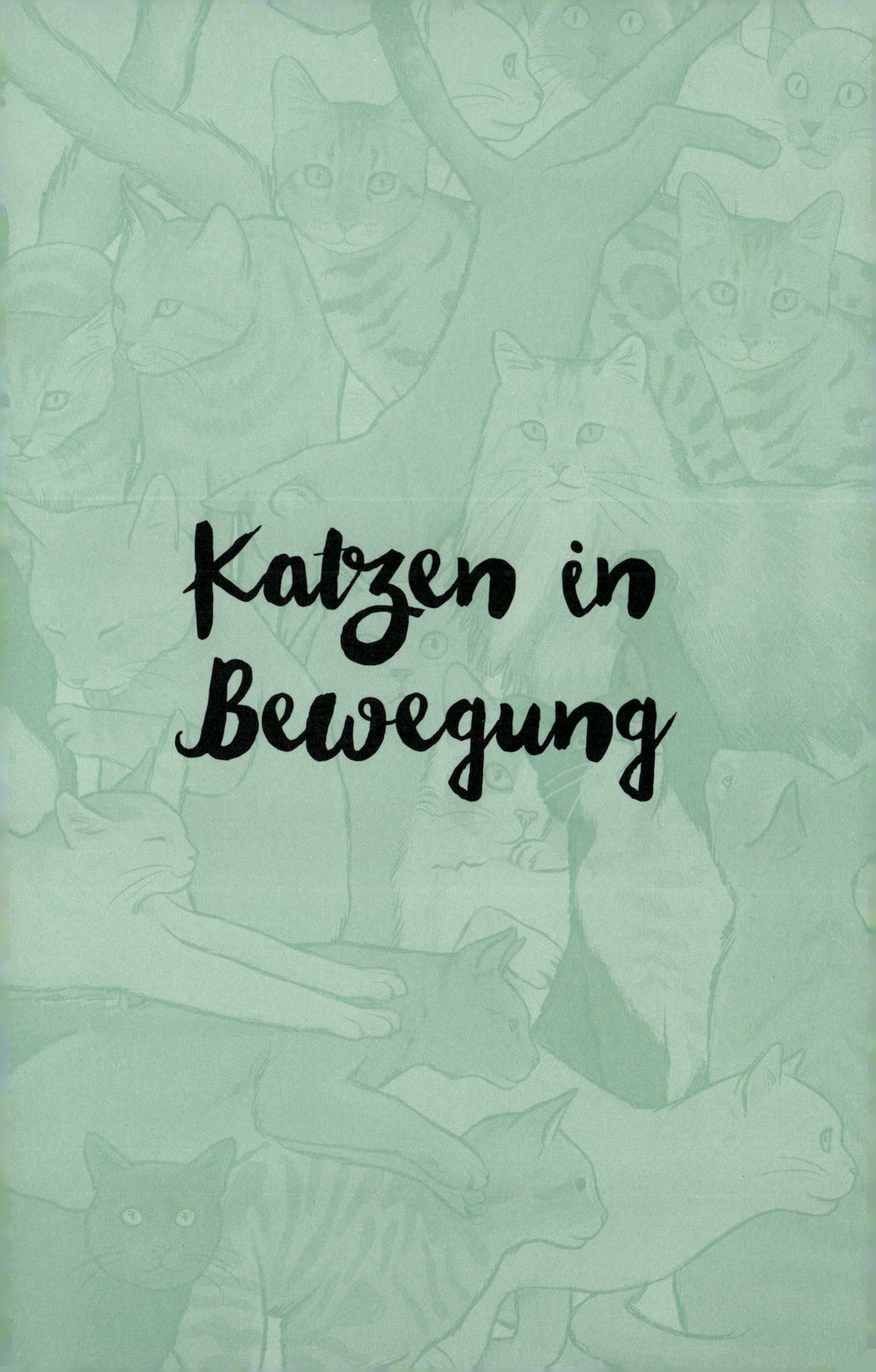

Typische Posen

Stehen

Diese gefleckte Katze ist aufmerksam und bereit, im nächsten Moment loszulaufen.

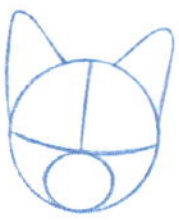

1 Mit einem Kreis beginnen. Eine leicht gekrümmt waagerechte Hilfslinie einzeichnen und den oberen Bereich senkrecht halbieren. Eine ovale Schnauze und dreieckige Ohren hinzufügen.

2 Einen zweiten Kreis anfügen, der etwas größer als der Kopf ist.

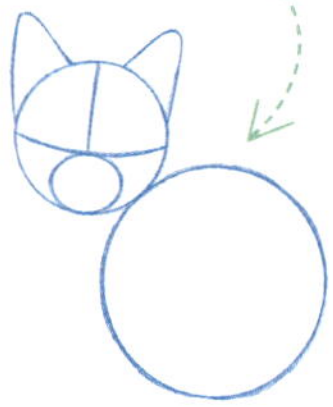

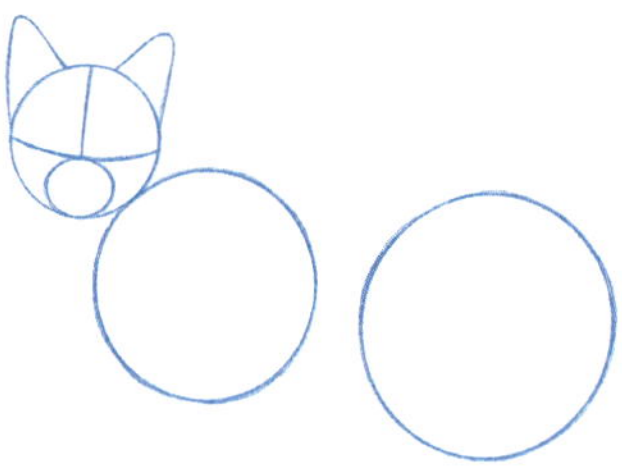

3 Daneben in etwas Abstand einen weiteren Kreis setzen.

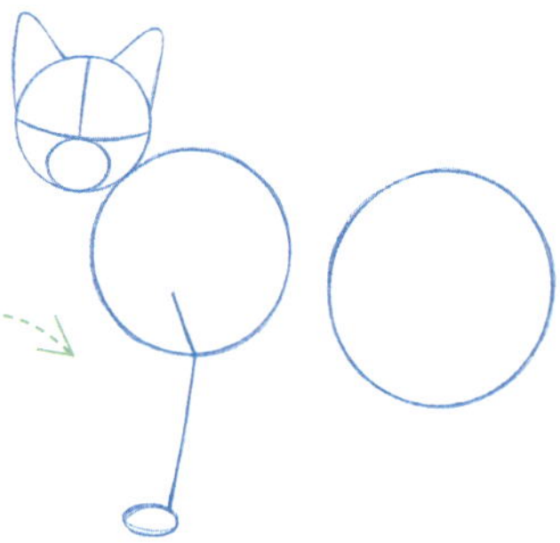

4 Für das Vorderbein einen Strich vorzeichnen, der an der Kreislinie abknickt. Eine ovale Pfote anfügen.

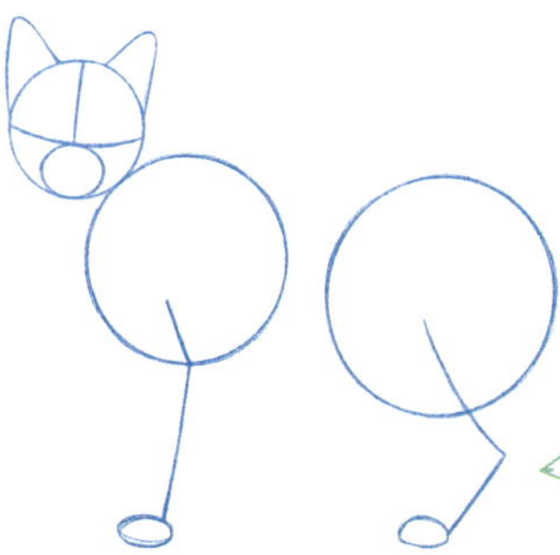

5 Das Hinterbein ist leicht nach hinten gekrümmt, der untere Teil ist gerade. Eine ovale Pfote anfügen.

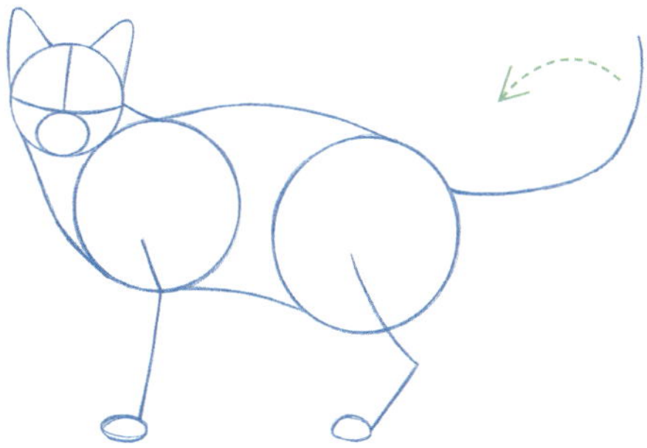

6 Die drei Kreise mit gekrümmten Linien verbinden, sodass Hals, Rücken und Bauch erkennbar werden. Wenn die Katze flauschig ist, diese Linien etwas großzügiger zeichnen. Ist sie schlank, näher an den Grundformen bleiben. Den gekrümmten Schwanz hinzufügen.

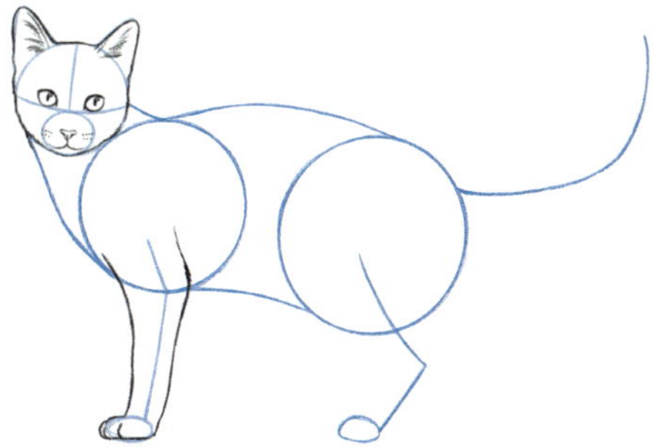

7 Anhand der Hilfslinien das Gesicht einzeichnen. Die Haare in den Ohren durch lange Striche darstellen. Das Vorderbein ausarbeiten. Oberhalb des Ellenbogens ist es breiter. Durch kurze Striche die Zehen andeuten.

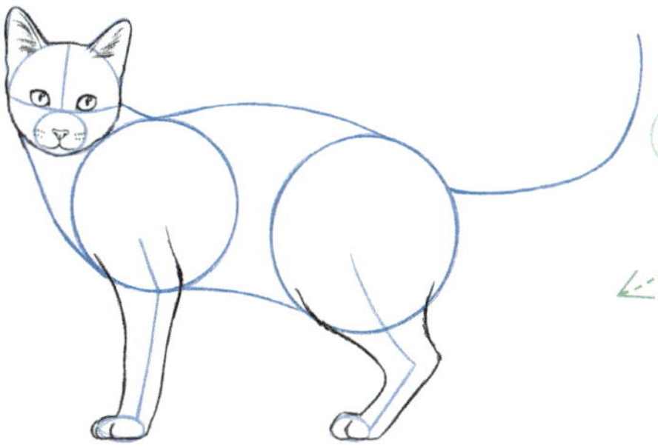

8 Das Hinterbein zeichnen. Es ist scharf abgewinkelt und oben deutlich breiter als unten. Wieder die Zehen mit kurzen Strichen einfügen.

9 Die Beine der anderen Seite andeuten (von ihnen ist nur wenig zu sehen). Am Bauch und Schwanz, wo das Fell länger ist, mit langen Strichen arbeiten.

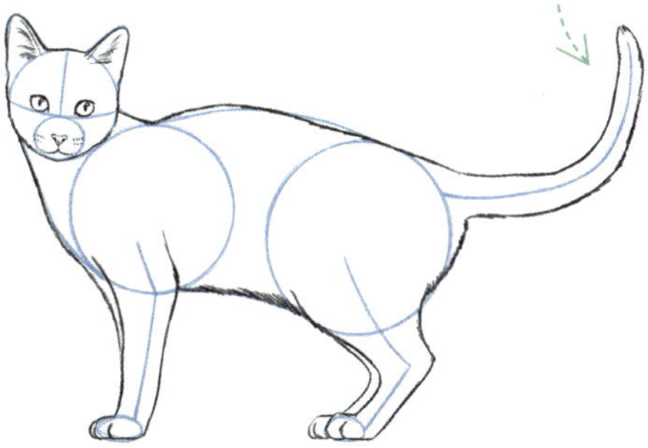

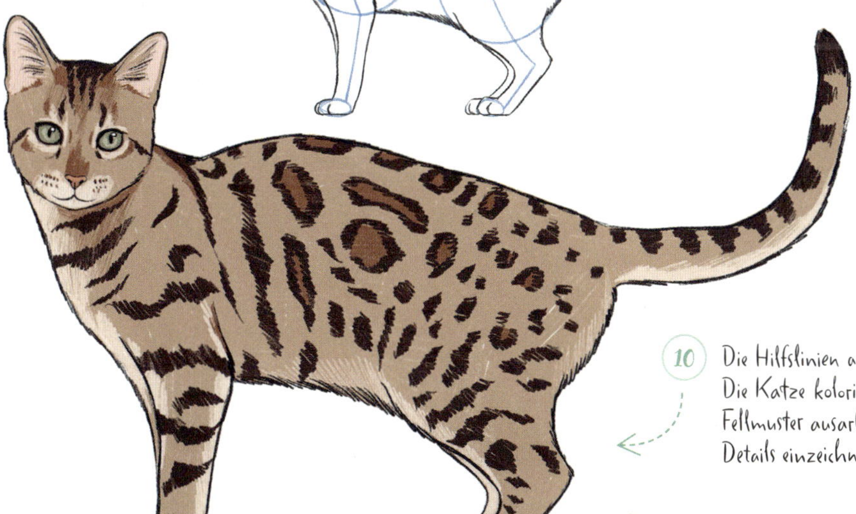

10 Die Hilfslinien ausradieren. Die Katze kolorieren, das Fellmuster ausarbeiten und Details einzeichnen.

Typische Posen

Putzen

Katzen sind sehr reinlich. Etwa die Hälfte ihrer wachen Zeit verbringen sie damit, ihr Fell mit ihrer rauen Zunge zu pflegen.

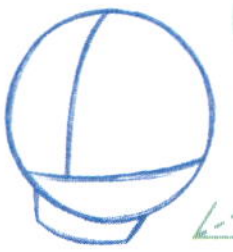

1 Mit einem Kreis beginnen. Im unteren Viertel eine waagerechte Hilfslinie einzeichnen. Den oberen Teil senkrecht mit einer leicht gekrümmten Linie teilen. Links unten die Schnauze anfügen.

2 Zwei dreieckige Ohren und einen großen U-förmigen Körper hinzufügen.

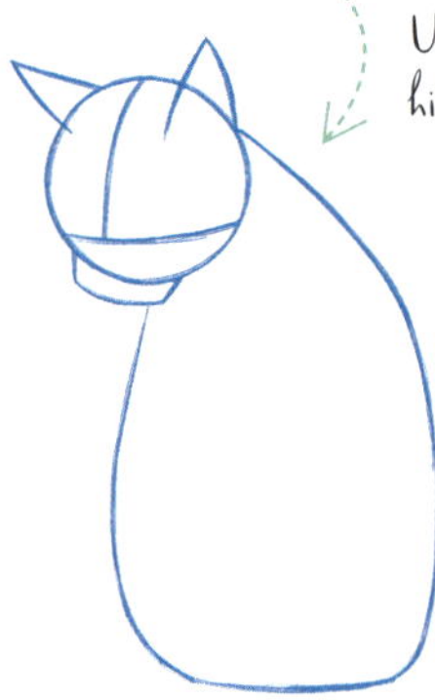

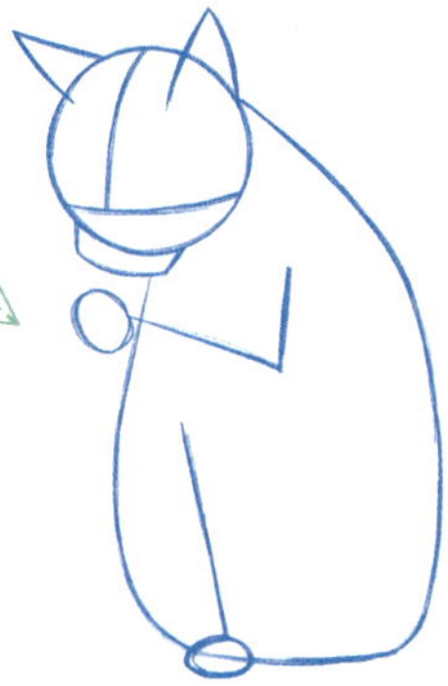

3 Striche für die Vorderbeine zeichnen. Das linke Beim ist zum Maul hin abgewinkelt. Ovale Pfoten anfügen.

4 Für die Hinterpfoten zwei kleine Ovale auf die untere Körperkontur zeichnen. Den Schwanz als geraden Strich skizzieren.

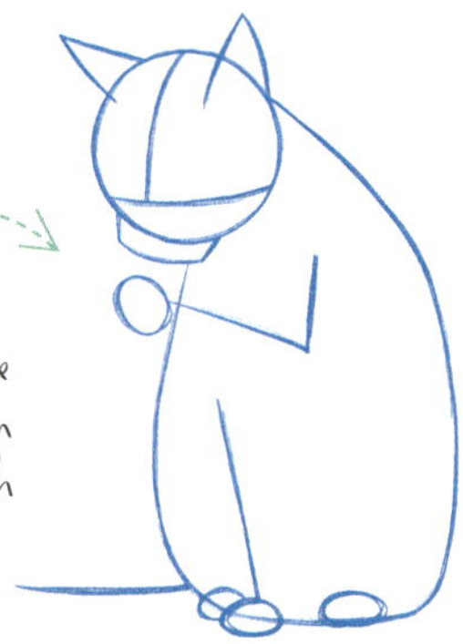

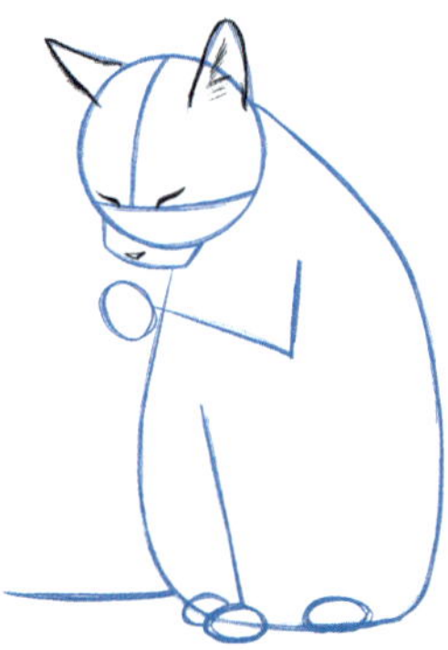

5 Durch kleine Bögen die geschlossenen Augen andeuten. Auf die Kontur der Schnauze ein kleines Dreieck für die Nase zeichnen. Die Ohren genauer ausarbeiten, die Haare im Inneren durch lange Striche andeuten.

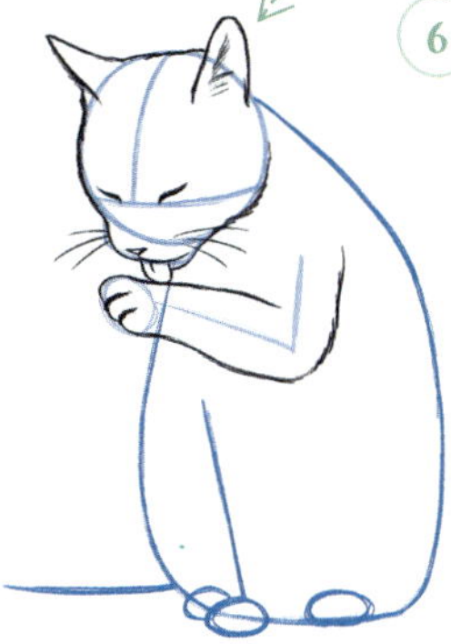

6 Das Maul mit kleinen Bögen andeuten und die Barthaare zeichnen. Die Kontur des Kopfs anhand der Hilfslinien ausarbeiten. Das linke Vorderbein genauer zeichnen, dabei die Kontur stricheln und kleine Bögen für die Zehen einzeichnen. Die Zunge hinzufügen.

7 Das zweite Vorderbein zeichnen und wieder die Zehen andeuten. Den Schwanz ausarbeiten, sein Ende ist umgebogen.

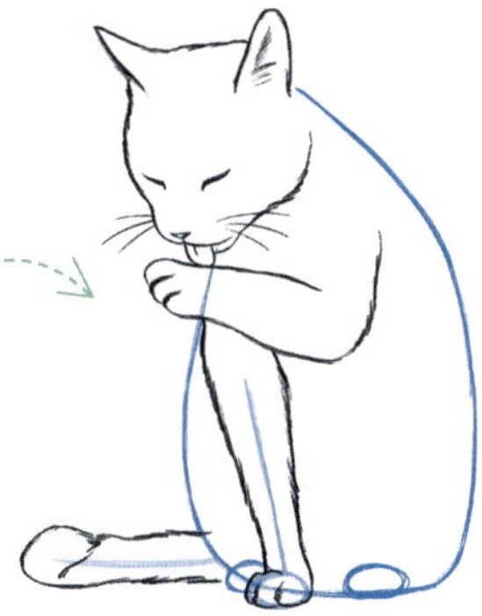

8 Den restlichen Körper genauer ausarbeiten. Die Hilfslinien ausradieren.

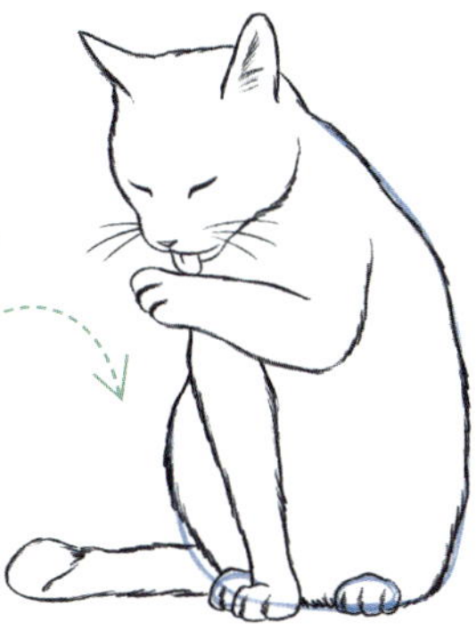

9 Den Körper mit einem Gelbton grundieren. Rosa für Nase, Zunge und das Innere der Ohren verwenden.

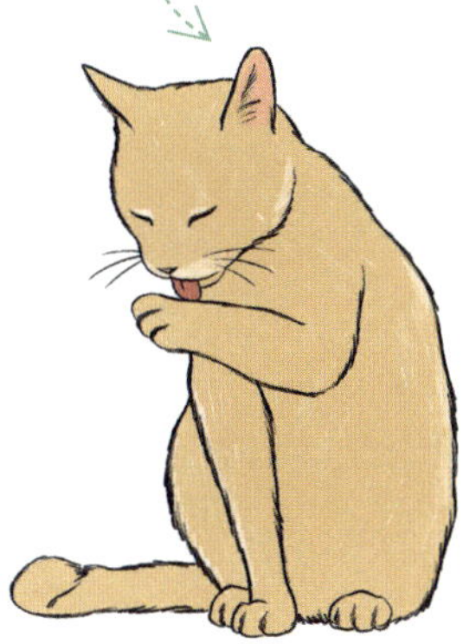

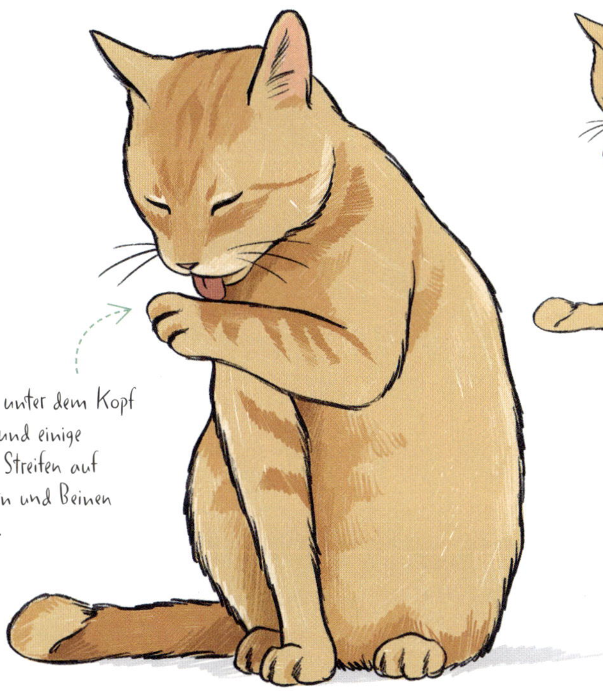

10 Schatten unter dem Kopf einfügen und einige dunklere Streifen auf Kopf, Stirn und Beinen andeuten.

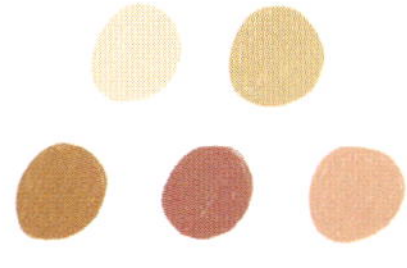

Typische Posen

Spielen

Katzen spielen gern, und sie lernen dabei. Vor allem junge Katzen lernen beim Herumtollen mit einem Spielzeug den Umgang mit Beute.

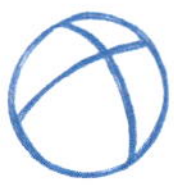

1 Mit einem Kreis für den Kopf beginnen und diesen mit zwei gekrümmten Hilfslinien unterteilen.

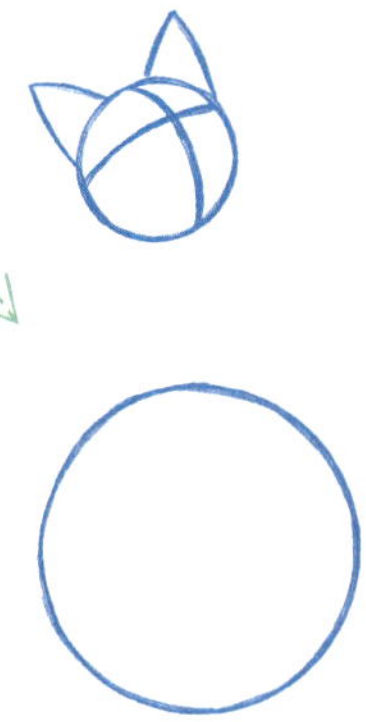

2 Dreieckige Ohren anfügen. Mit etwas Abstand zum Kopf einen größeren Kreis für den Körper zeichnen.

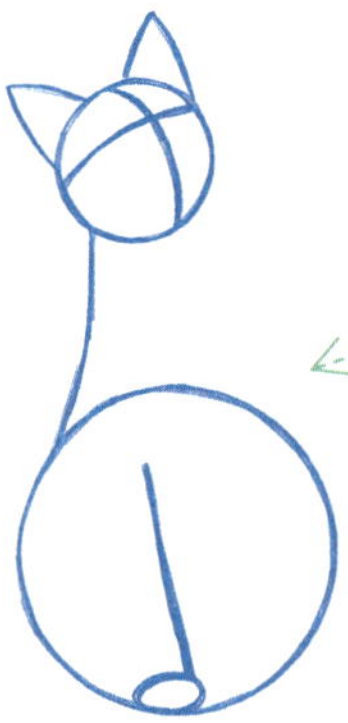

3 Die Kreise mit gekrümmten Linien verbinden. Ein Vorderbein in den größeren Kreis zeichnen und eine ovale Pfote ansetzen.

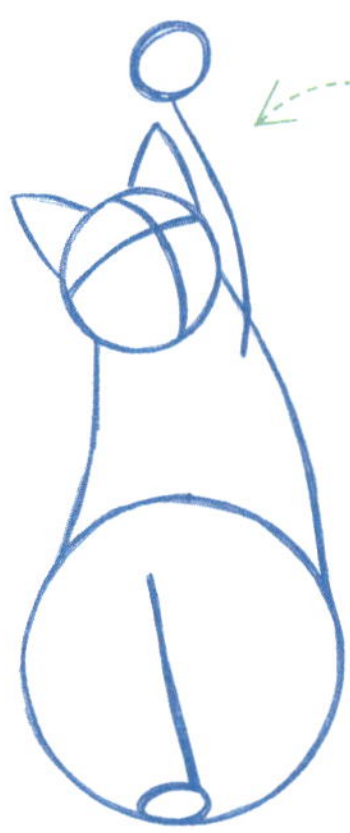

4 Für das andere Vorderbein einen gekrümmten Strich nach oben zeichnen. Eine ovale Pfote anfügen.

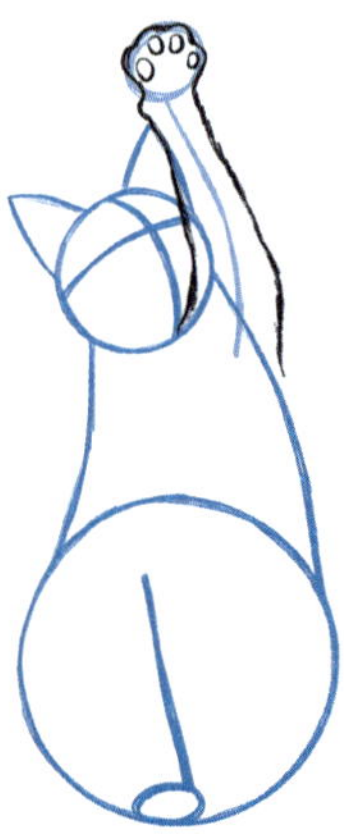

5 Das gehobene Vorderbein genauer ausarbeiten. Es verdeckt einen Teil des Gesichts. Die Pfotenballen durch vier kleine Kreise andeuten.

6 Anhand der Hilfslinien Augen und Nase einzeichnen, dann zwei flache Bögen für das Maul hinzufügen.

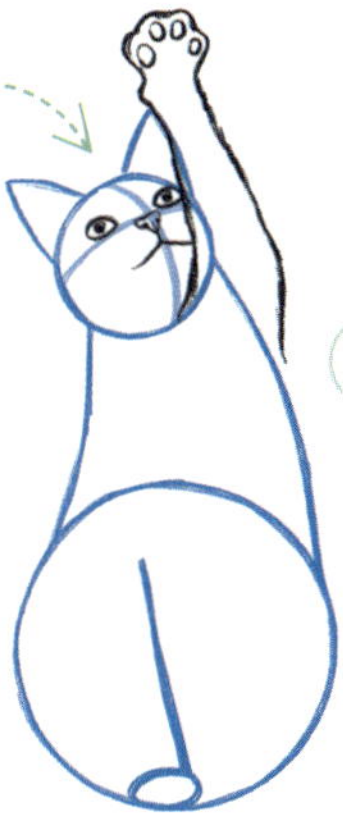

7 Die Ohren genauer ausarbeiten, dabei die Haare im Inneren durch lange Striche andeuten. Die Kopfform aus dem Hilfskreis entwickeln.

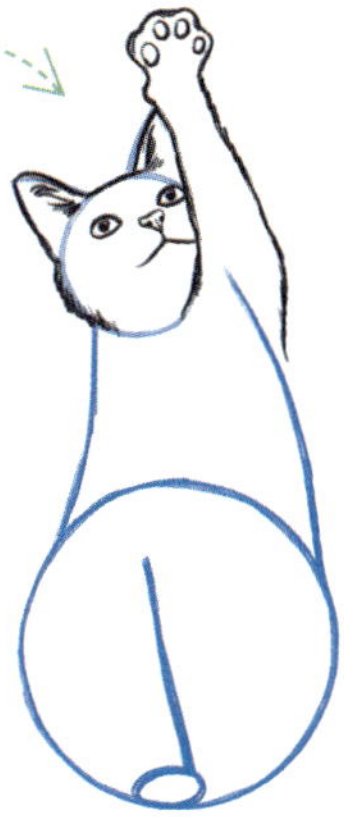

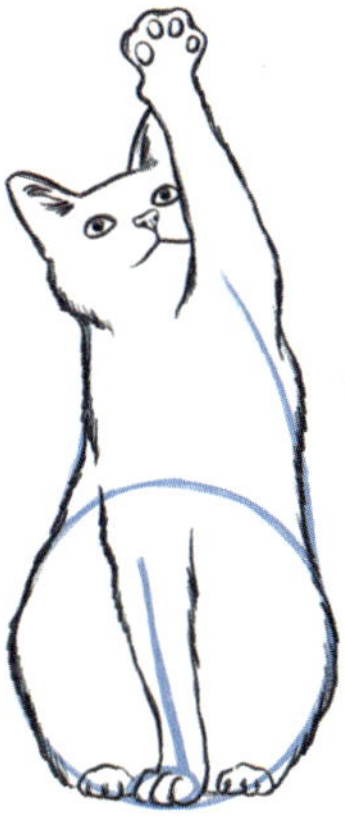

8 Anhand der Hilfslinien den restlichen Körper ausarbeiten. Das Fell durch kurze Striche andeuten.

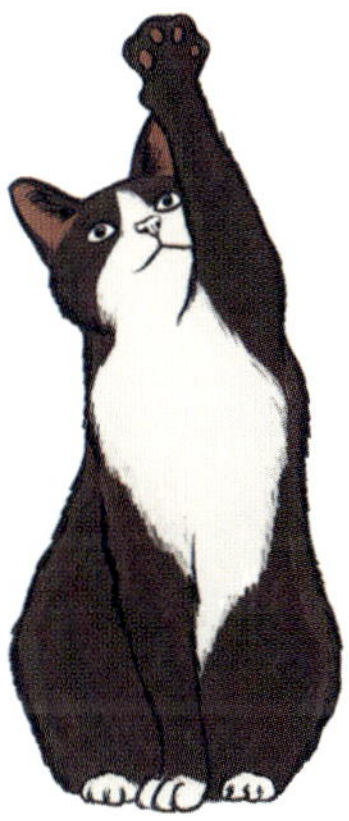

9 Die Hilfslinien ausradieren. Ohren und Pfotenballen rosa kolorieren. Das Fell ist dunkelbraun. Brust und Hals, Schnauze und Zehen sind weiß.

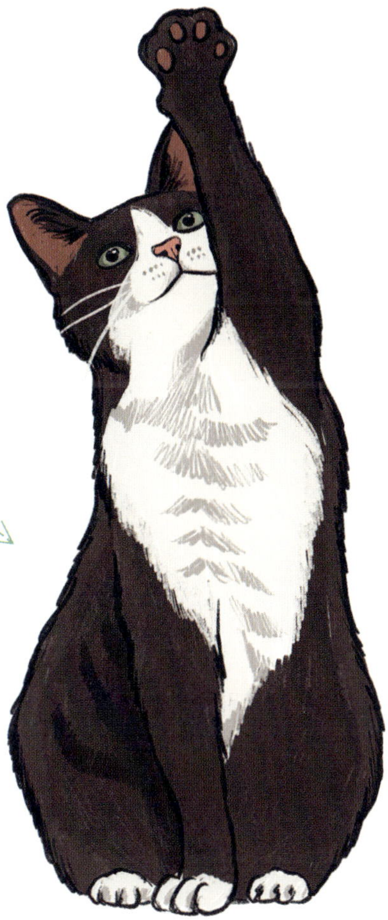

10 Lichter und Schatten auf dem Körper mit verschiedenen Brauntönen herausarbeiten. Die Augen grün kolorieren, die Nase rosa. Zuletzt hellgraue Barthaare einzeichnen.

Typische Posen

Angeln

Diese clevere Katze steht auf den Hinterbeinen und angelt mit der Vorderpfote nach etwas Leckerem. Katzen nehmen diese Haltung auch ein, um Angreifer abzuschrecken.

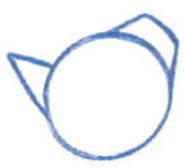

1 Mit einem Kreis beginnen. Ein dreieckiges Ohr und eine Schnauze skizzieren.

2 Ein sehr langes, gekrümmtes U für den Körper anfügen.

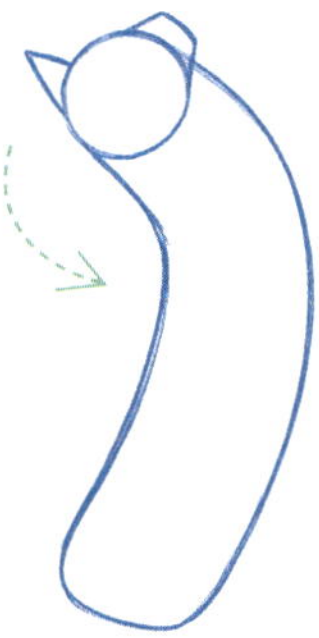

3 Hilfslinien für die Beine zeichnen. Das linke Vorderbein ist hochgestreckt, das rechte Vorderbein ist abgewinkelt. Kleine Winkel in den Hinterbeinen deuten die Gelenke an. Kreise für die Pfoten und einen gekrümmten Schwanz skizzieren.

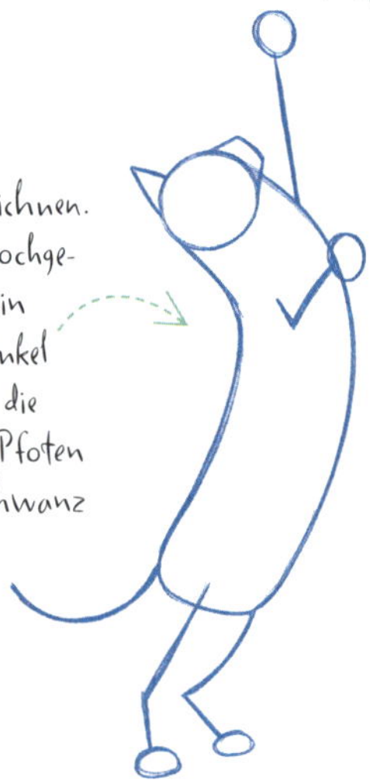

4 Das Auge als kleines Dreieck über der Schnauze einzeichnen, die Nase als Dreieck an der Schnauzenspitze. Das Ohr genauer ausarbeiten.

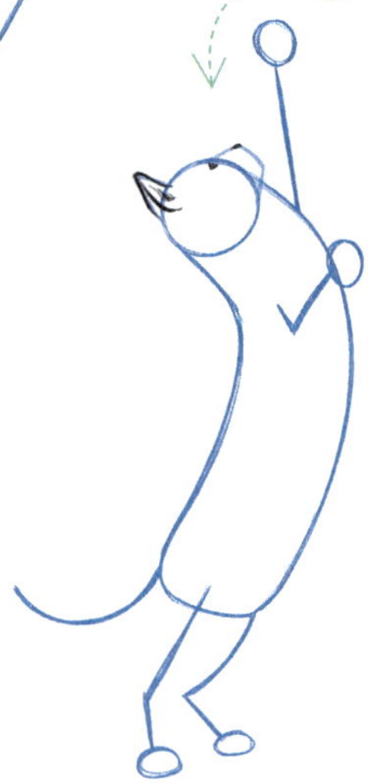

5 Das Maul andeuten. Die Kopfkontur anhand der Hilfslinien genauer ausarbeiten.

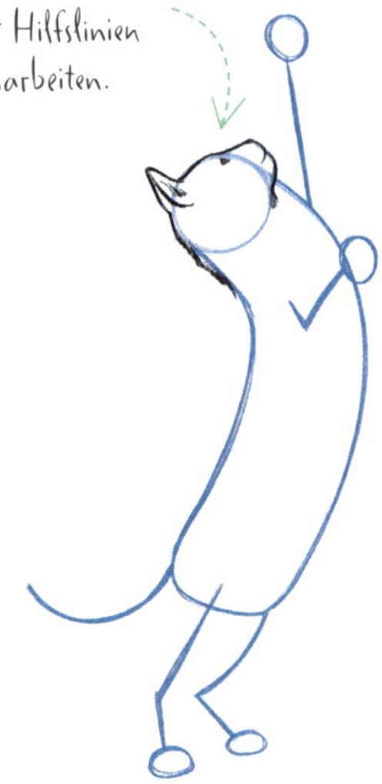

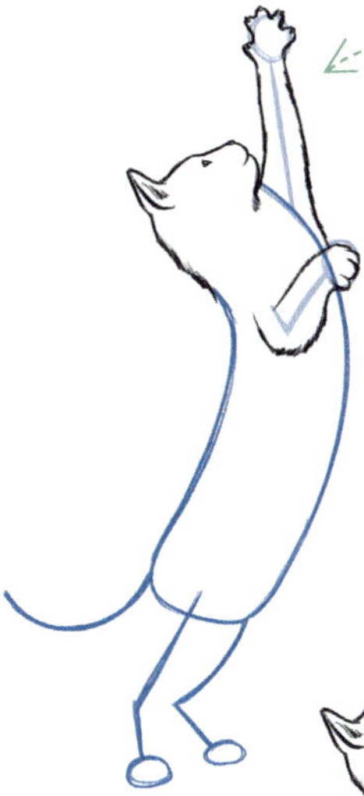

6 Die Formen der Vorderbeine entwickeln. Die Konturen stricheln, um das Fell anzudeuten. Die Zehen der linken Vorderpfote sind gespreizt und man sieht die Pfotenballen auf der Unterseite.

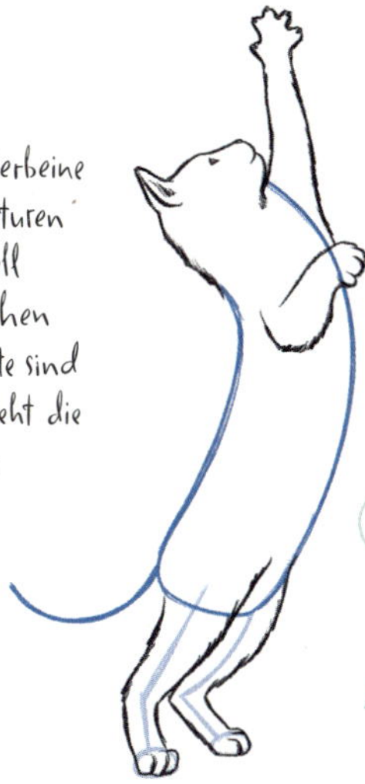

7 Die Hinterbeine ebenso ausarbeiten. Die Zehen durch kleine Bögen andeuten.

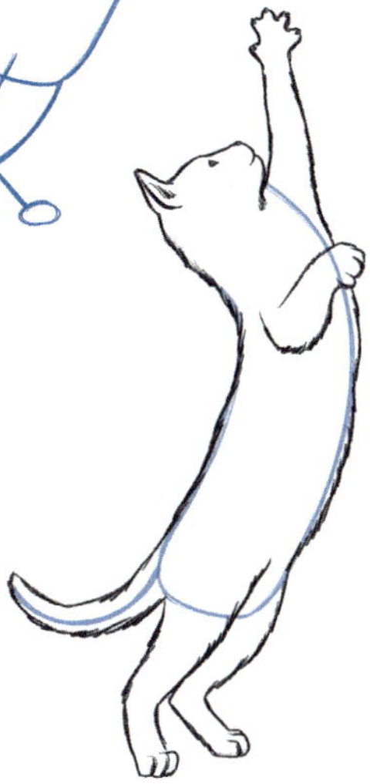

8 Den restlichen Körper und den Schwanz ausarbeiten. Die Hilfslinien ausradieren.

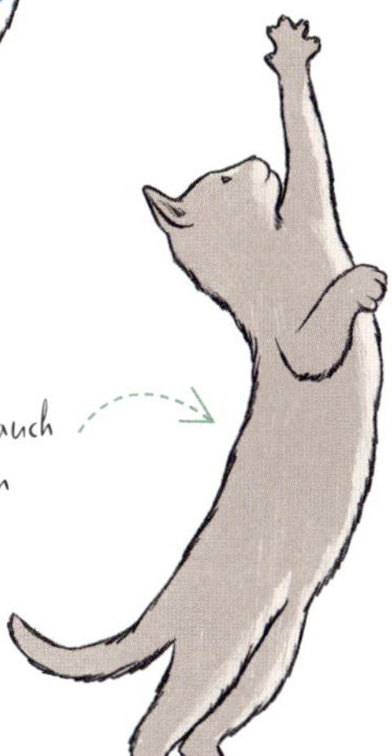

9 Das Fell in hellem Beige grundieren. Um Beine, Bauch und Maul einen helleren Ton verwenden.

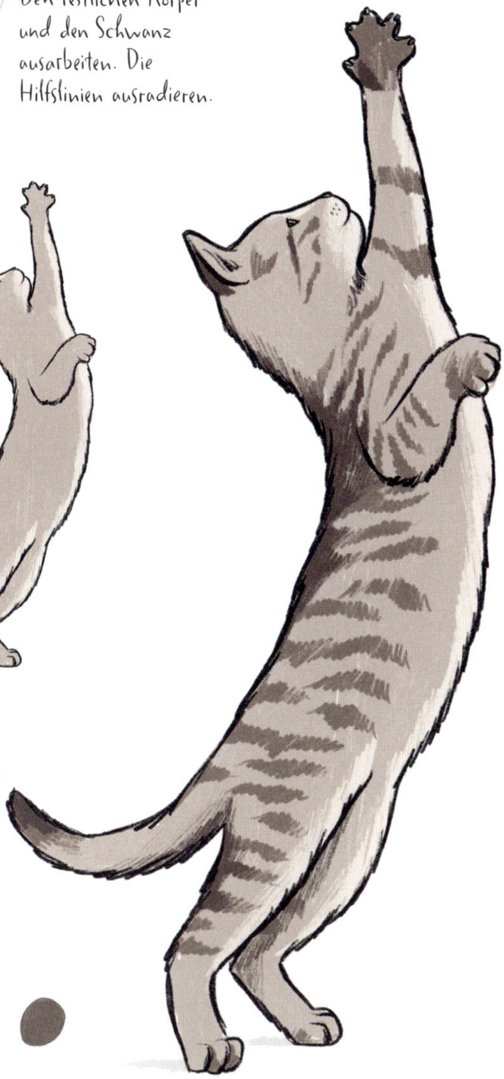

10 Dunkelgraue Streifen einzeichnen. Für die linke Pfote und die Schwanzspitze ein dunkleres Grau wählen.

Typische Posen

Strecken

Katzen strecken sich, um nach einer Ruhephase ihre Muskeln zu aktivieren. Typisch ist diese Dehnung von Vorderbeinen und Hals.

1 Zwei Hilfskreise für Kopf und Brust zeichnen. Den Kopf mit einem Querstrich halbieren.

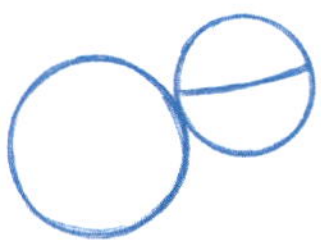

2 Einen größeren Kreis für das Hinterteil, zwei dreieckige Ohren und eine Schnauze skizzieren.

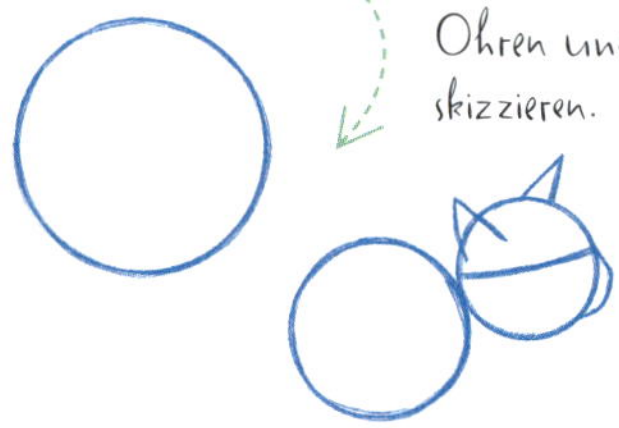

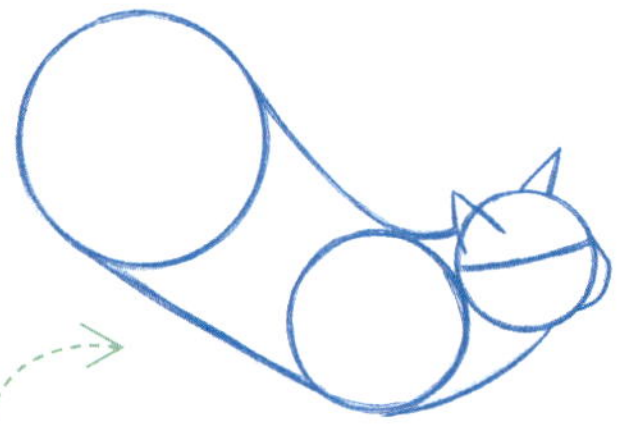

3 Die Kreise mit gekrümmten Linien verbinden.

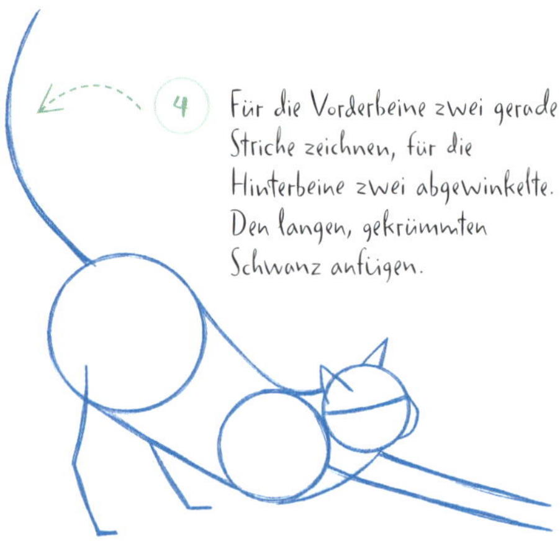

4 Für die Vorderbeine zwei gerade Striche zeichnen, für die Hinterbeine zwei abgewinkelte. Den langen, gekrümmten Schwanz anfügen.

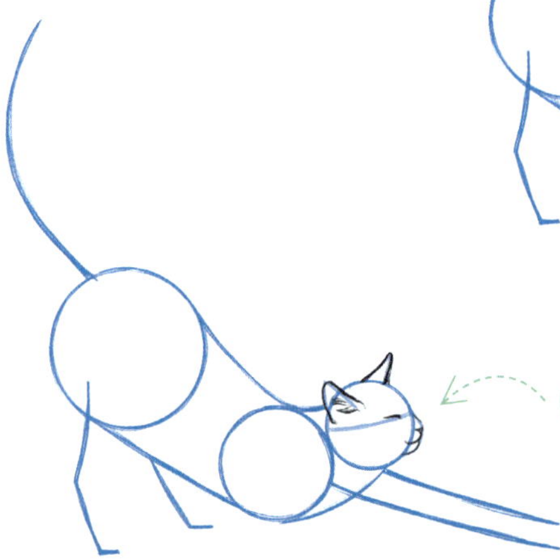

5 Das geschlossene Auge mit einem kleinen Strich andeuten. Die Nase in die Schnauze zeichnen. Die Ohren genauer ausarbeiten.

6 Anhand der Hilfslinien die Beine (außer dem hinteren Hinterbein) genauer ausarbeiten. Die Zehen mit kleinen Strichen andeuten.

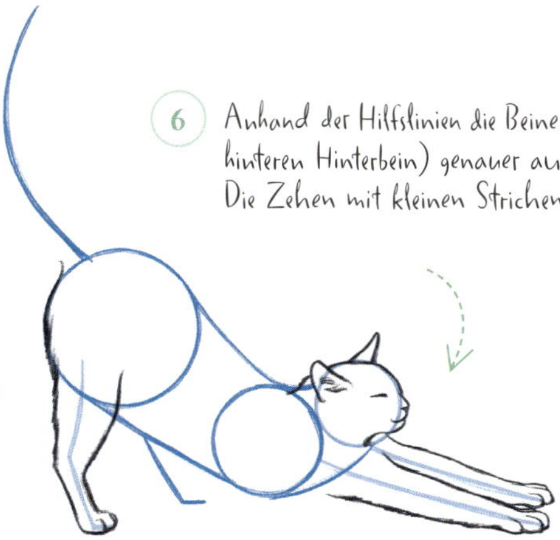

7 Anhand der Hilfskreise Kopf und restlichen Körper ausarbeiten.

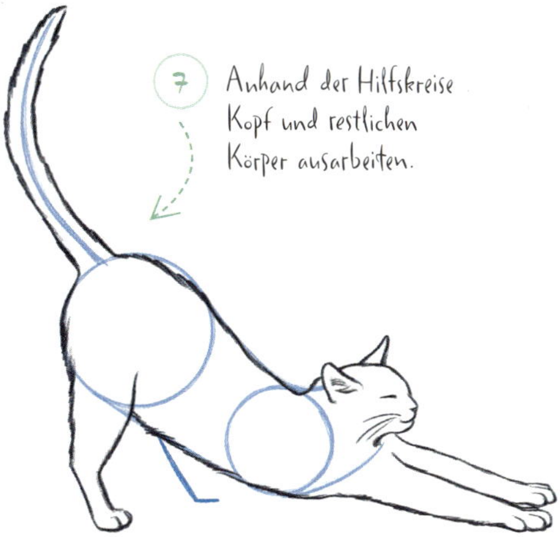

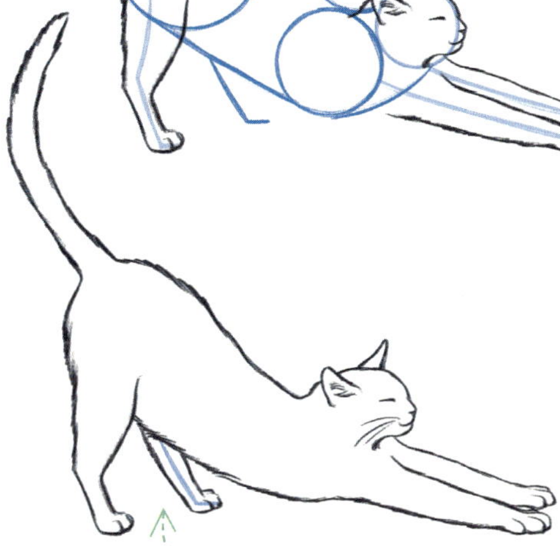

8 Das hintere Hinterbein zeichnen. Die Hilfslinien ausradieren.

9 Das Fell in einem hellen Gelb grundieren. Rosa für die Nase verwenden.

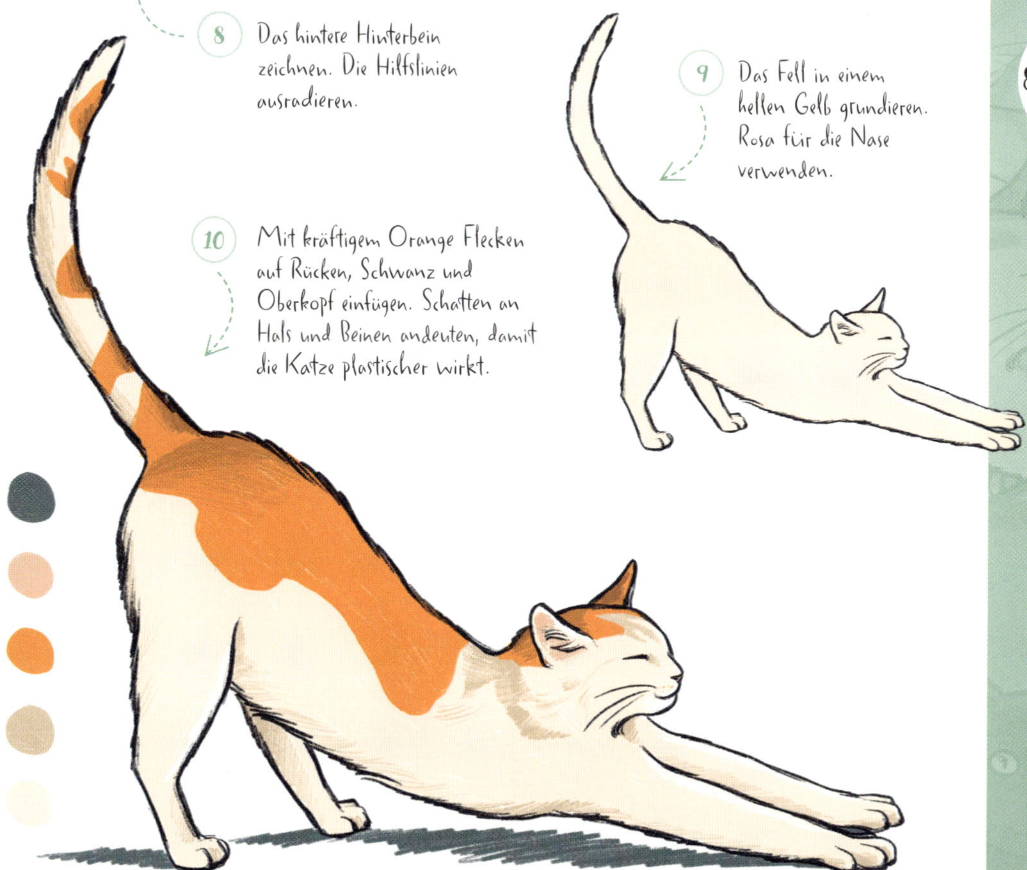

10 Mit kräftigem Orange Flecken auf Rücken, Schwanz und Oberkopf einfügen. Schatten an Hals und Beinen andeuten, damit die Katze plastischer wirkt.

Typische Posen

Gehen

Wenn Katzen mit hoch erhobenem Schwanz gehen, fühlen sie sich selbstbewusst und zufrieden. Diese Anleitung lässt sich auf alle Katzenrassen übertragen.

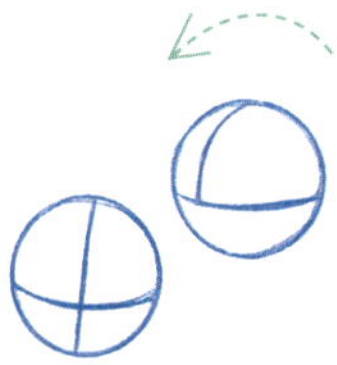

1 Zwei Hilfskreise zeichnen. Beide mit gekrümmten Querlinien teilen. Der erste Kopf bekommt eine leicht gekrümmte Mittelsenkrechte. Beim zweiten nur im oberen Bereich links eine gekrümmte Senkrechte einzeichnen.

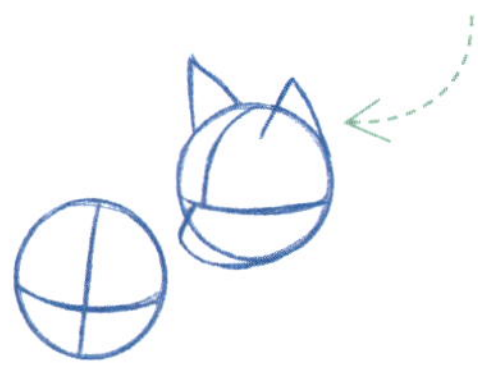

2 An den rechten Kopf zwei dreieckige Ohren und die Schnauze anfügen.

3 Spitze Ohren am linken Kopf skizzieren. Am rechten Kopf den kantigen Körper zeichnen.

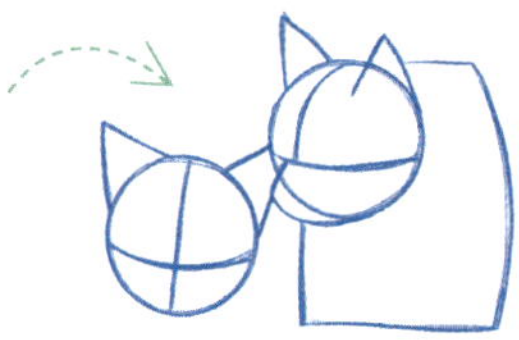

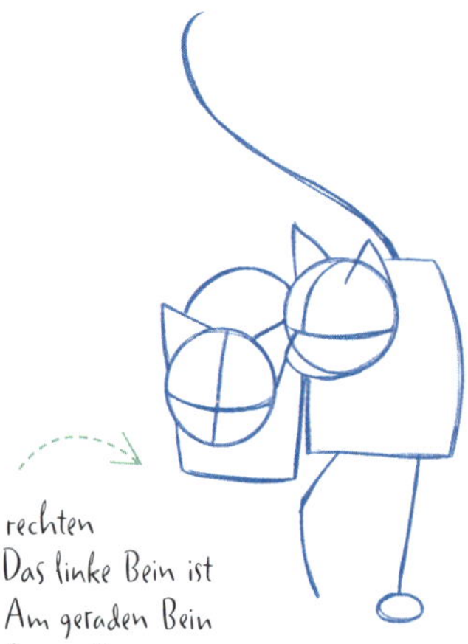

4 Die Vorderbeine der rechten Katze einzeichnen. Das linke Bein ist leicht abgewinkelt. Am geraden Bein eine runde Pfote anfügen. Den geschwungenen Schwanz zeichnen. Für den Körper der linken Katze einen Bogen über dem Kopf zeichnen.

5 Die Vorderbeine der linken Katze, eine runde Pfote und die geschwungenen Schwänze skizzieren.

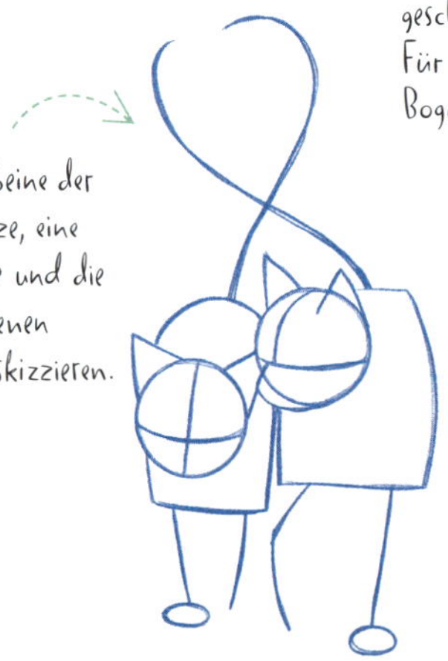

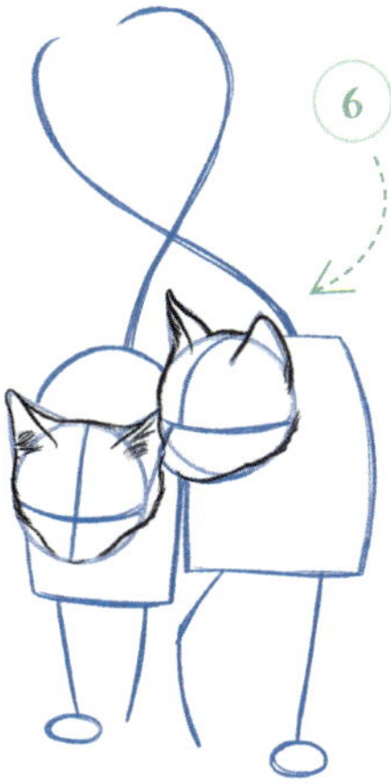

6 Die Köpfe genauer ausarbeiten, dabei mit den Ohren beginnen und die Konturen stricheln.

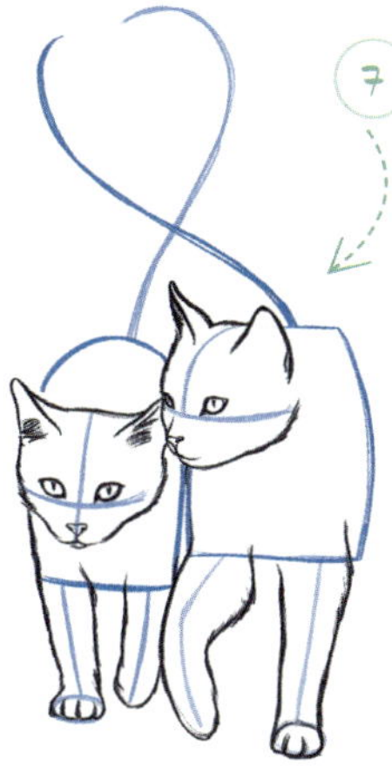

7 Die Gesichter anhand der Hilfslinien einzeichnen. In jedes Auge eine schmale Pupille setzen. Die Formen der Vorderbeine entwickeln.

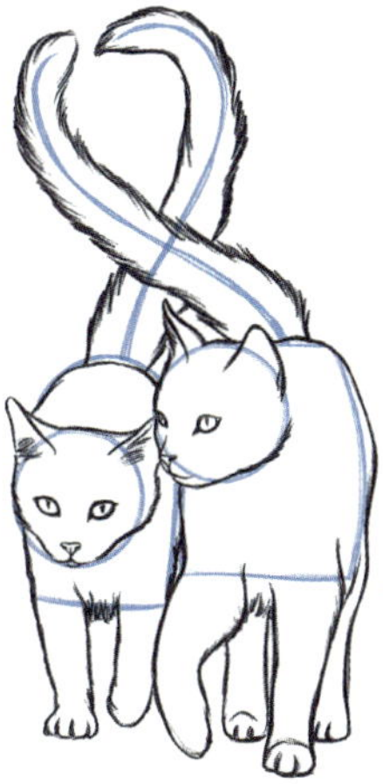

8 Die restlichen Körper ausarbeiten. Die Hinterbeine der rechten Katze mit wenigen Strichen andeuten. Die Hinterbeine der linken Katze sind nicht zu sehen. Die Hilfslinien ausradieren.

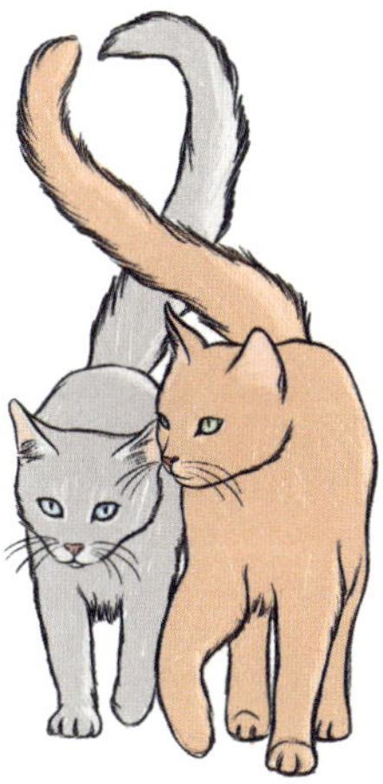

9 Die linke Katze hellgrau kolorieren, die rechte in einem Sandbeige.

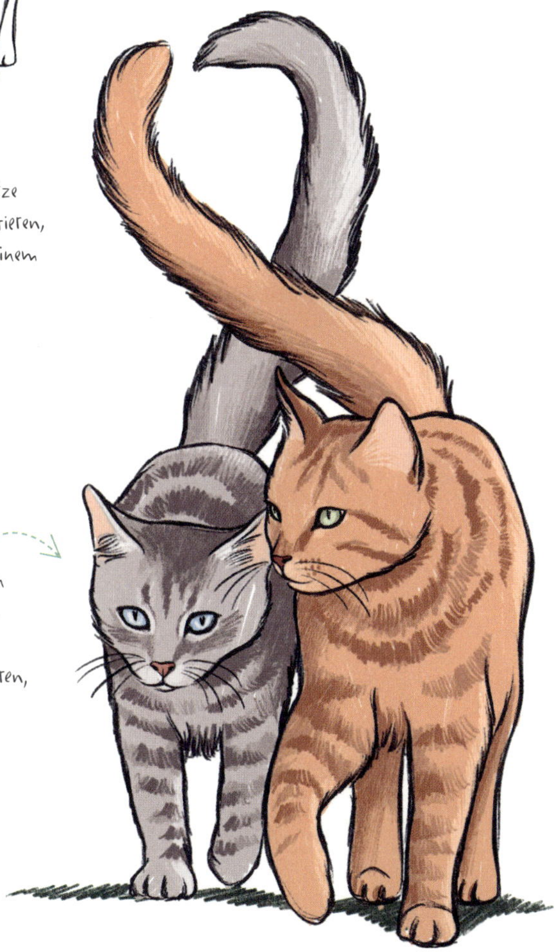

10 Schatten und Fellmuster der linken Katze mit Dunkelgrau ausarbeiten, für die rechte Katze Mittelbraun verwenden. Die Nasen rosa kolorieren, die Augen hellblau oder grün.

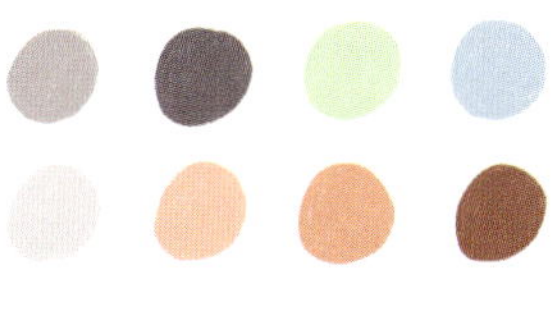

Typische Posen

Laufen

Eine durchschnittliche Hauskatze kann ohne Training aus dem Stand bis zu 50 km/h schnell laufen. Das schafft kein Mensch, nicht einmal ein Spitzensportler.

1 Mit einem Kreis beginnen. Die Schnauze und ein dreieckiges Ohr skizzieren.

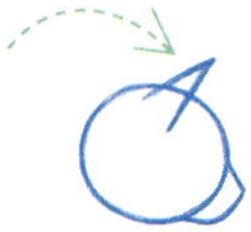

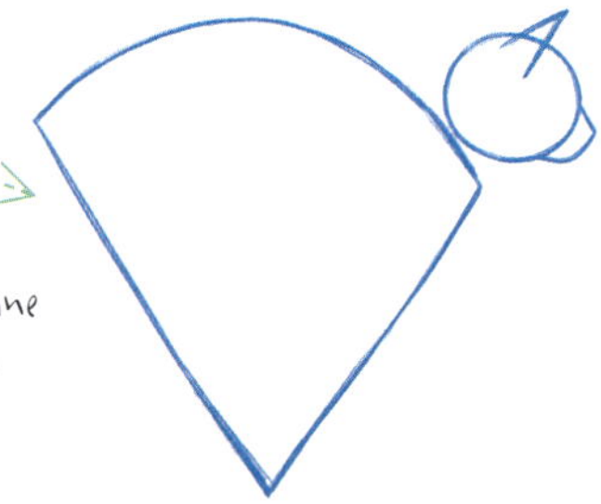

2 Für den Körper eine große Fächerform anfügen.

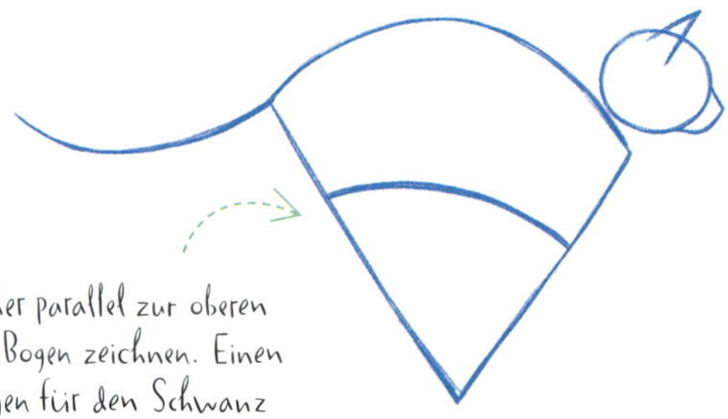

3 In den Fächer parallel zur oberen Linie einen Bogen zeichnen. Einen zweiten Bogen für den Schwanz anfügen. Den unteren Teil ausradieren.

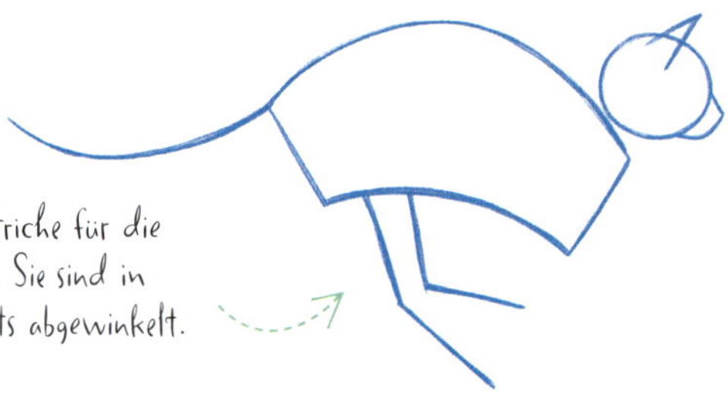

4 Unter dem Körper Striche für die Hinterbeine zeichnen. Sie sind in der Mitte nach rechts abgewinkelt.

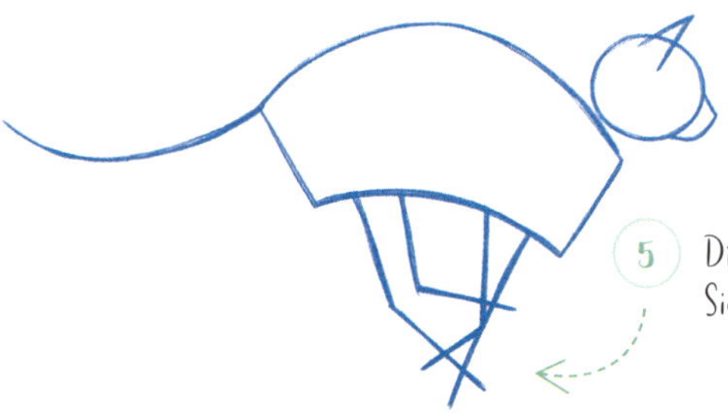

5 Die Vorderbeine skizzieren. Sie überlappen die Hinterbeine.

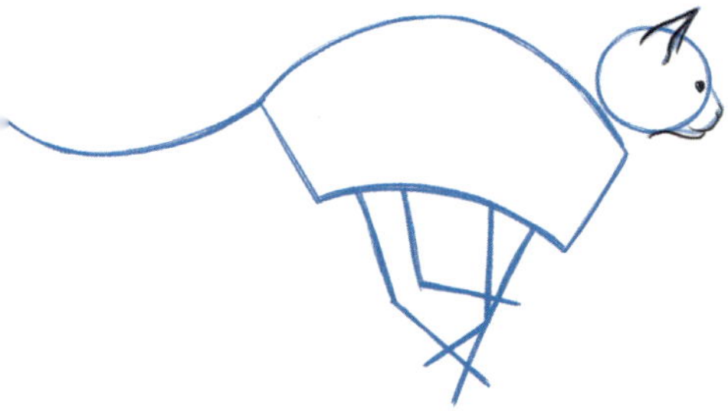

6 Ohr und Schnauze anhand der Hilfslinien genauer ausarbeiten. Auf Höhe der oberen Schnauzenlinie einen Kreis für das Auge einzeichnen.

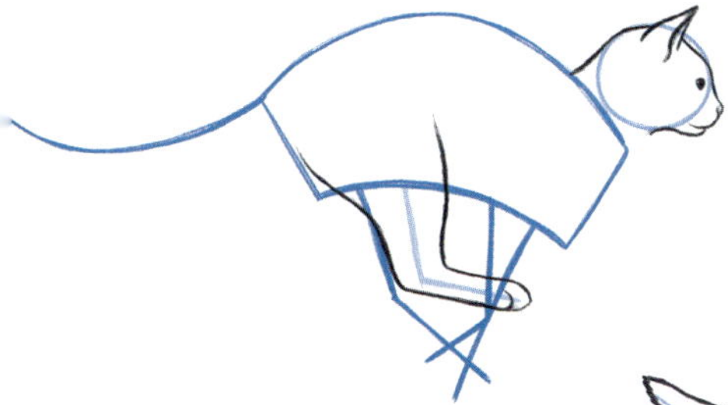

7 Anhand der Hilfslinien das rechte Hinterbein und die hintere Kopfkontur ausarbeiten.

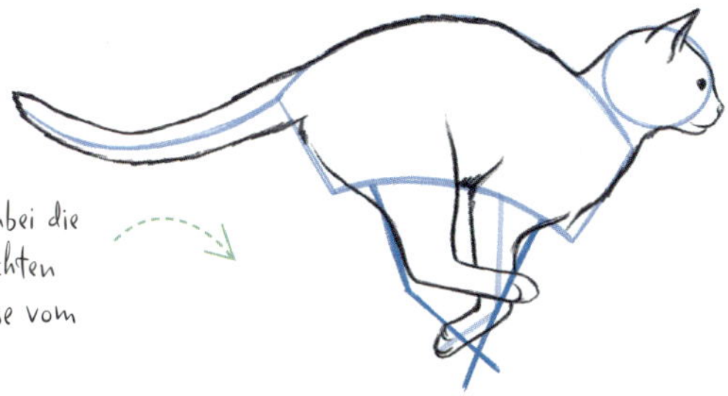

8 Den restlichen Körper ausformen, dabei die Konturen stricheln. Die Form des rechten Vorderbeins entwickeln (es ist teilweise vom rechten Hinterbein verdeckt).

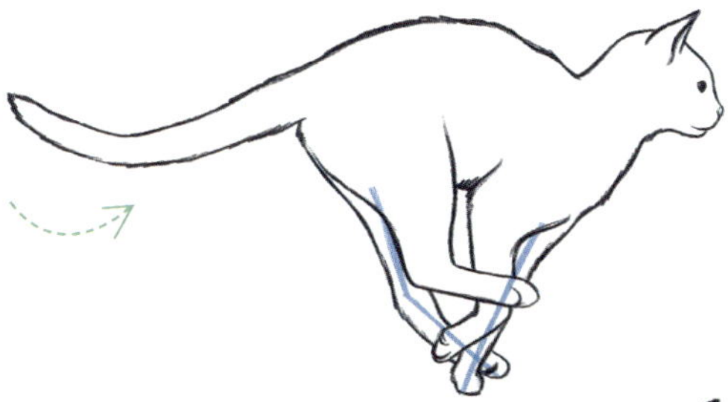

9 Die linken Beine zeichnen. Sie sind teilweise von den rechten Beinen verdeckt. Den Schwanz mit etwas längeren Strichen ausarbeiten. Zuletzt Rücken und Hals fertigstellen. Die Hilfslinien ausradieren.

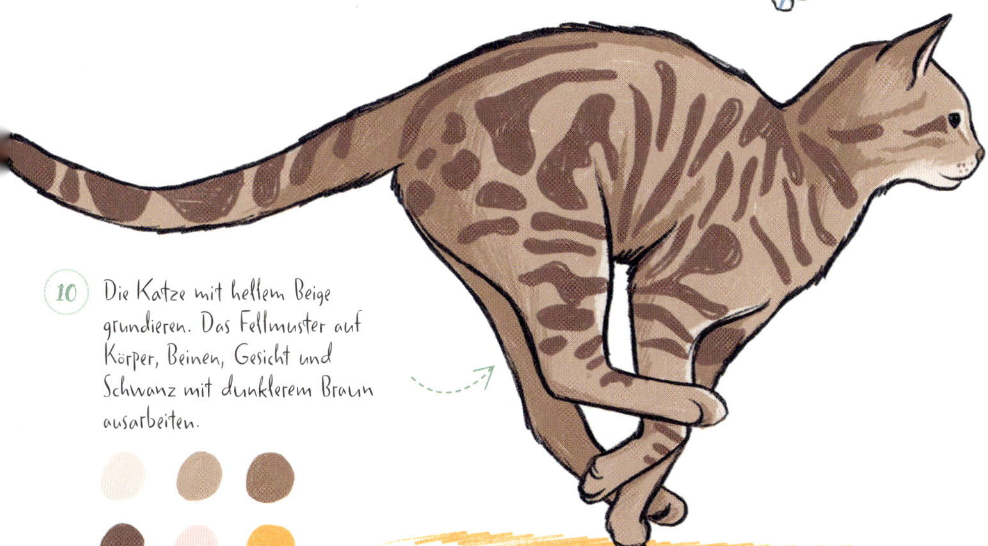

10 Die Katze mit hellem Beige grundieren. Das Fellmuster auf Körper, Beinen, Gesicht und Schwanz mit dunklerem Braun ausarbeiten.

Typische Posen

Springen

Katzen können sechsmal so hoch springen, wie sie selbst groß sind. Dabei strecken sie den Rumpf und nutzen den Schwanz, um das Gleichgewicht zu halten.

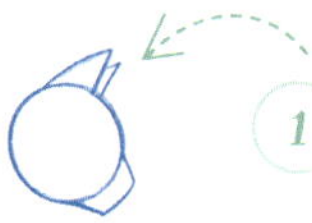

1 Mit einem Kreis beginnen. Die Schnauze und die spitzen Ohren skizzieren. Ein Ohr ist halb verdeckt.

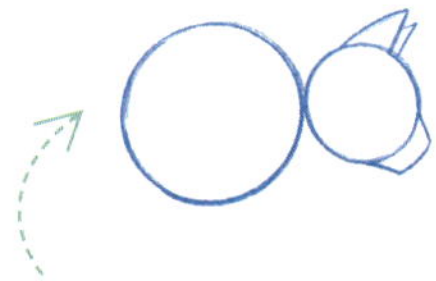

2 Einen größeren Kreis für die Brust zeichnen.

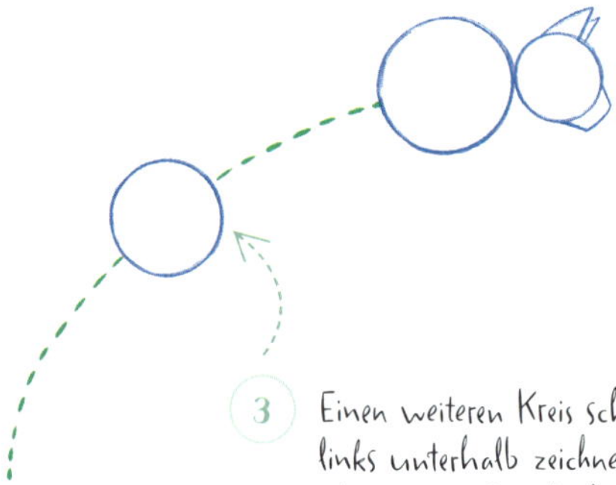

3 Einen weiteren Kreis schräg links unterhalb zeichnen. Er ist etwas größer als der Kopf. Die gestrichelte grüne Linie hilft bei seiner Platzierung. Je weiter er von den anderen Kreisen entfernt ist, desto länger wird die Katze.

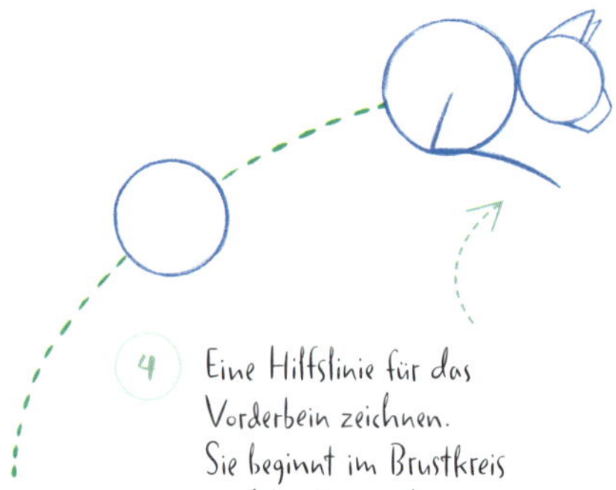

4 Eine Hilfslinie für das Vorderbein zeichnen. Sie beginnt im Brustkreis und knickt an dessen Kontur im leichten Bogen nach rechts ab.

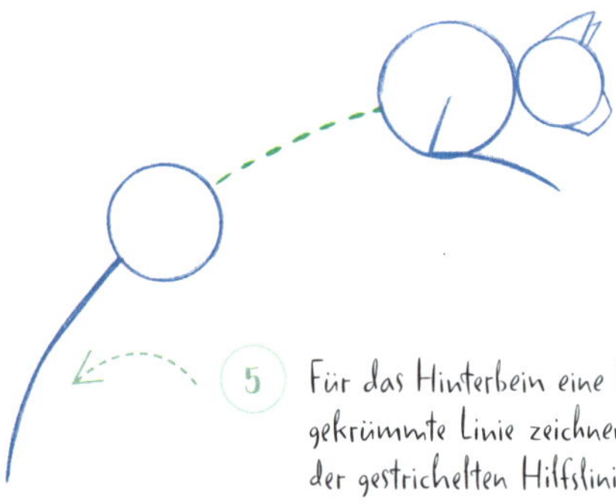

5 Für das Hinterbein eine lange, gekrümmte Linie zeichnen, die der gestrichelten Hilfslinie folgt.

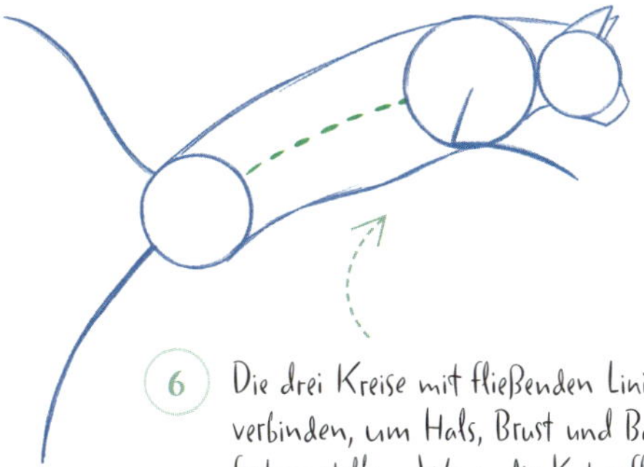

6 Die drei Kreise mit fließenden Linien verbinden, um Hals, Brust und Bauch fertigzustellen. Wenn die Katze flauschig ist, großzügig zeichnen. Ist die Katze schlank, folgen diese Linien den Hilfsformen. Den gekrümmten Schwanz hinzufügen.

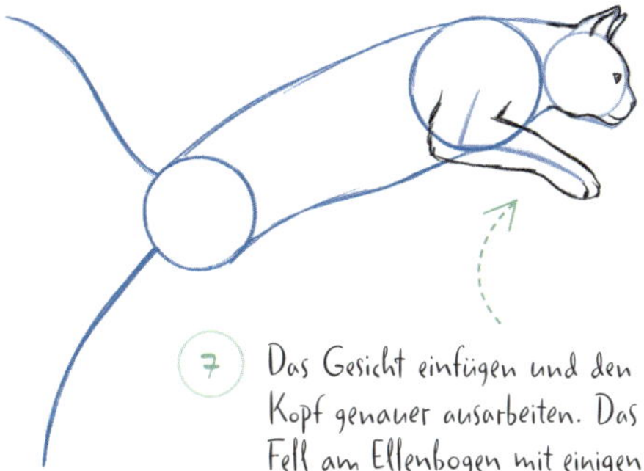

7 Das Gesicht einfügen und den Kopf genauer ausarbeiten. Das Fell am Ellenbogen mit einigen Strichen darstellen. Die Zehen mit kleinen Strichen andeuten.

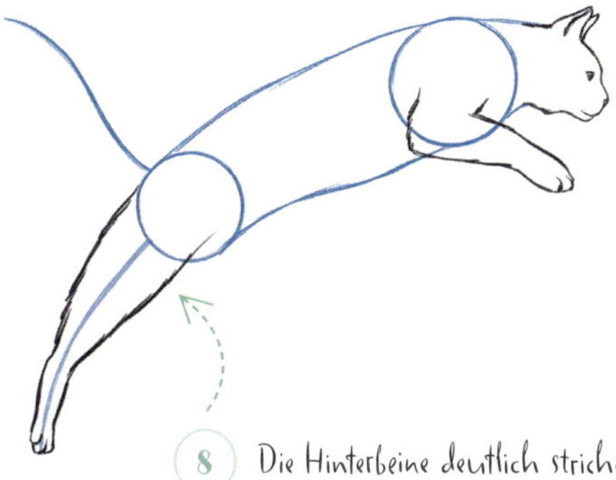

8 Die Hinterbeine deutlich stricheln, um das längere Fell darzustellen, und den oberen Bereich verbreitern. Die Zehen mit kleinen Bögen andeuten.

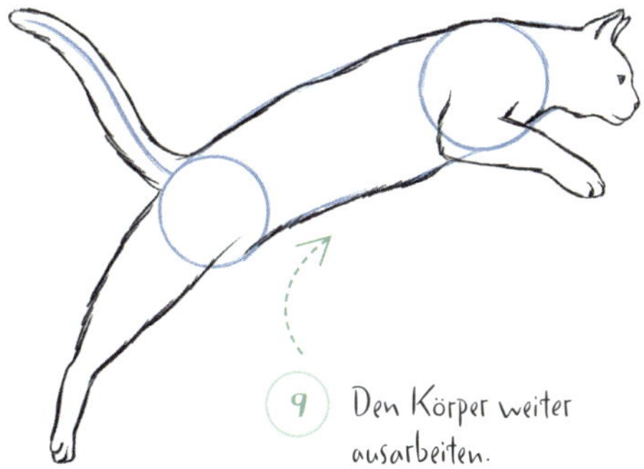

9 Den Körper weiter ausarbeiten.

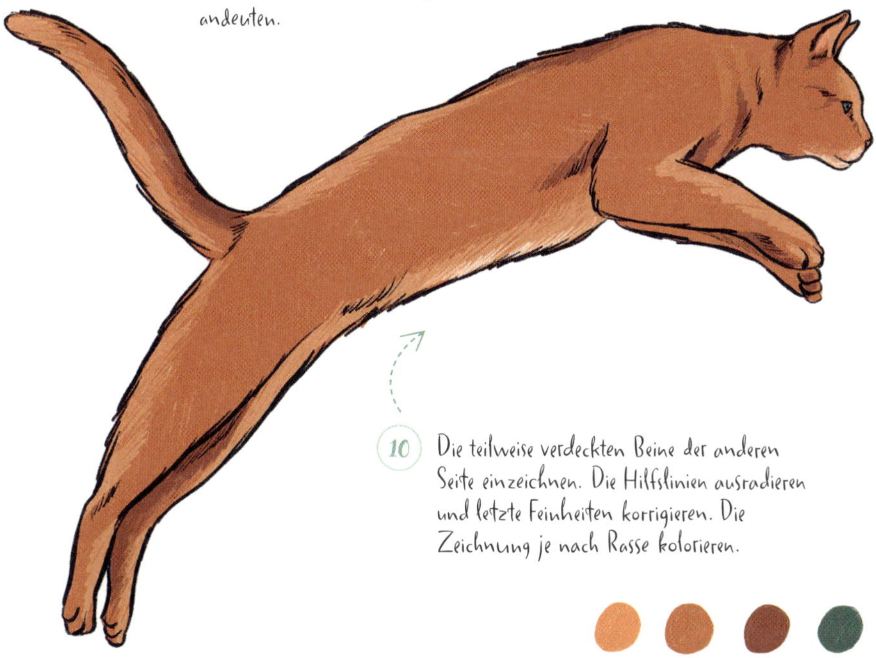

10 Die teilweise verdeckten Beine der anderen Seite einzeichnen. Die Hilfslinien ausradieren und letzte Feinheiten korrigieren. Die Zeichnung je nach Rasse kolorieren.

Bombay-Katze

Im Stand ist der stämmige, muskulöse Körperbau der Bombay-Katze gut zu erkennen. Typisch sind die runden Formen von Kopf, Ohren, Kinn und Füßen.

1 Drei Hilfskreise vorzeichnen. Der rechte überlappende Kreis wird der Kopf.

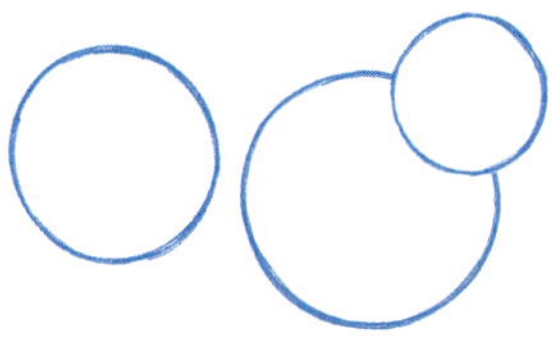

2 Den Kopf mit Hilfslinien vierteln. Zwei spitze Ohren anfügen.

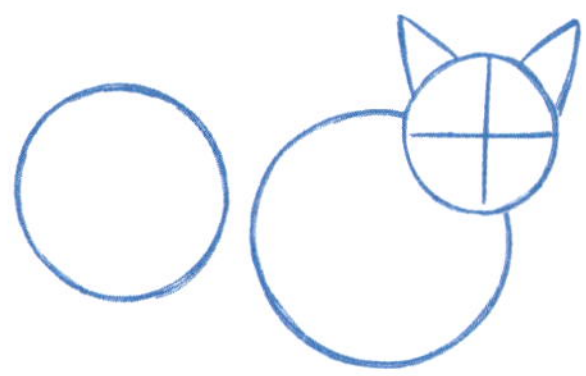

3 Die beiden Kreise für den Rumpf mit gebogenen Linien verbinden. Die rechten Beine skizzieren – beide sind leicht nach rechts abgewinkelt. Runde Pfoten anfügen.

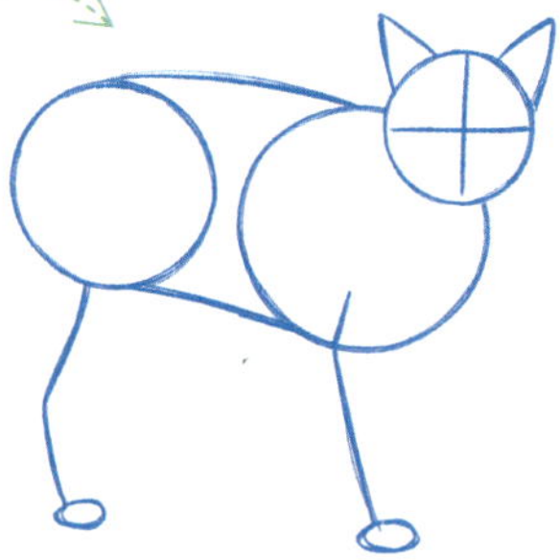

4 Unter dem ersten Kreis ein weiteres Bein zeichnen, das ebenso abgewinkelt ist wie das erste. Unter den Brustkreis ein Bein zeichnen, das schräg nach links steht. Den gekrümmten Schwanz hinzufügen.

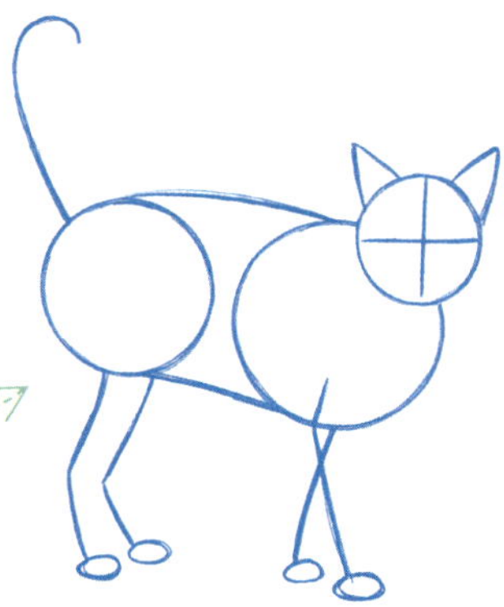

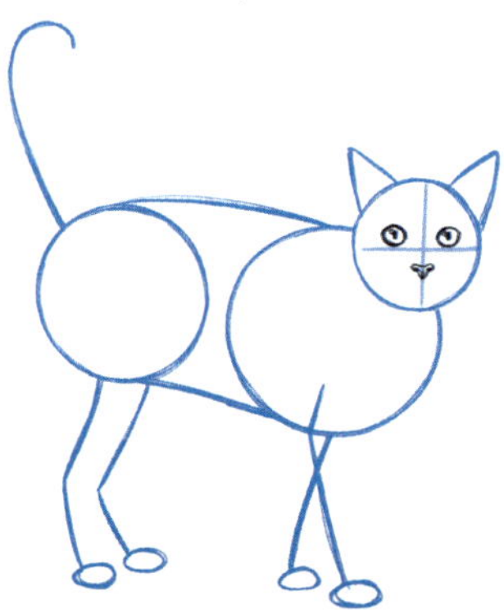

5 Ohren und Nase anhand der Hilfslinien einzeichnen.

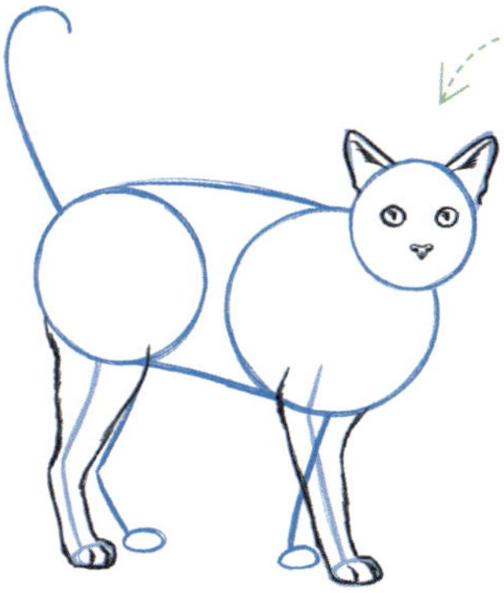

6 Die Ohren genauer ausarbeiten, ebenso die rechten Beine. Die Zehen mit kleinen Strichen andeuten.

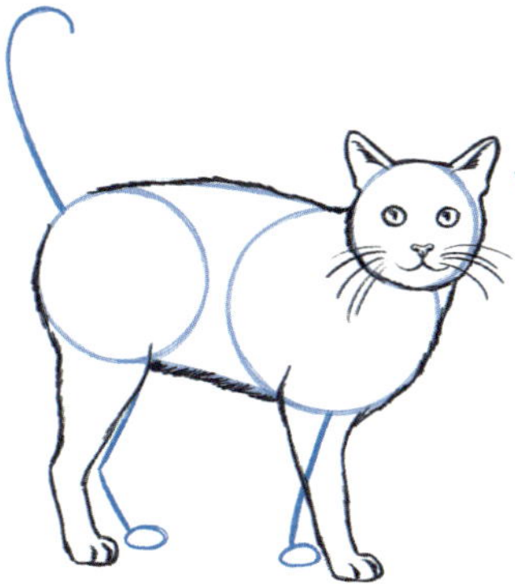

7 Anhand der Hilfslinien den restlichen Kopf und Körper ausarbeiten. Kleine Bögen für das Maul sowie die Barthaare an beiden Seiten einzeichnen.

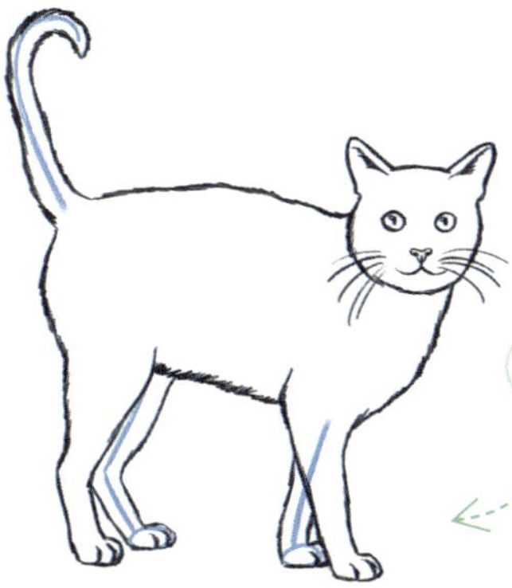

8 Die linken (teilweise verdeckten) Beine hinzufügen. Die Zehen mit kleinen Strichen andeuten. Die Hilfslinien ausradieren.

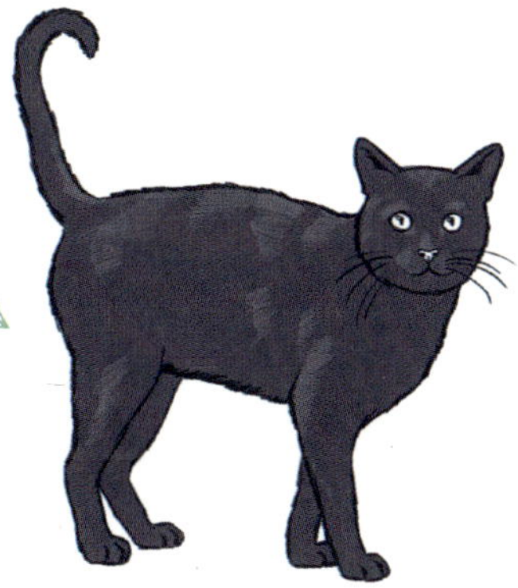

9 Die Katze dunkelgrau kolorieren.

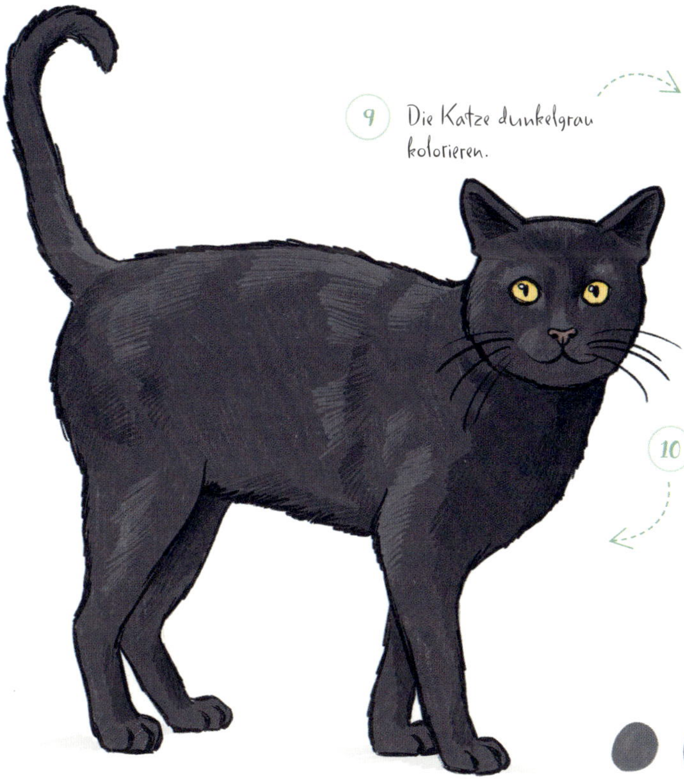

10 An Brust und Beinen Schatten einfügen, damit die Katze plastischer wirkt. Die Nase rosa kolorieren, die Augen gelb.

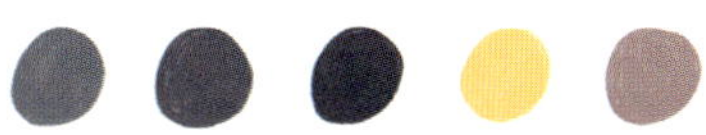

Siamkatze

Siamkatzen haben blaue Augen, einen schlanken Körperbau und ein glattes, glänzendes Fell. Diese beiden scheinen sich gut zu verstehen.

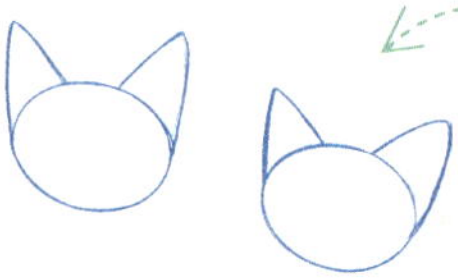

1 Zwei Ovale vorzeichnen und relativ große, spitze Ohren anfügen.

2 Die Ovale mit Hilfslinien vierteln.

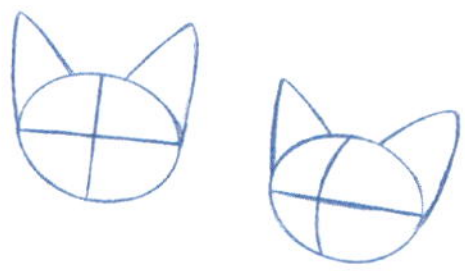

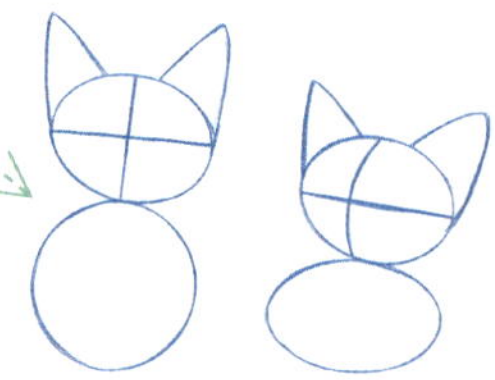

3 Größere Ovale für die Brust anfügen.

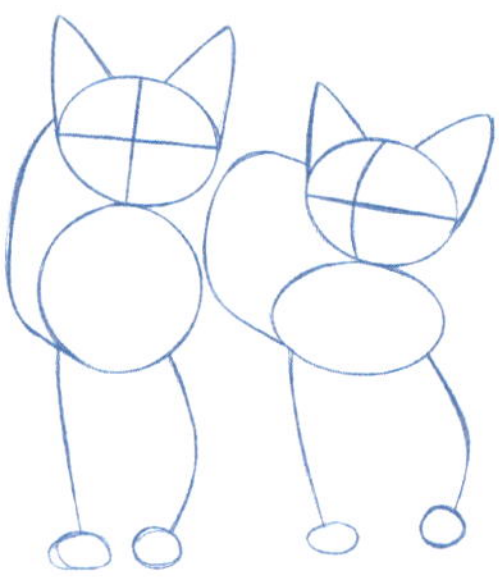

4 Senkrechte Striche für die Vorderbeine skizzieren. Die rechten Beine der Katzen sind an den Gelenken leicht gebeugt. Runde Pfoten hinzufügen. An jeder Katze einen Bogen vom linken Ohransatz bis zum unteren Rand der Brust zeichnen.

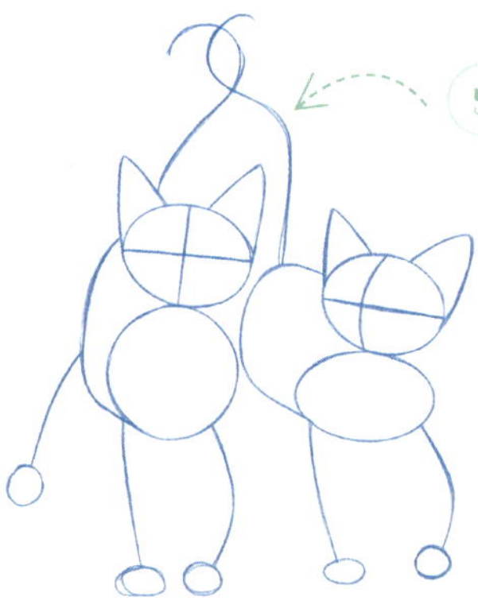

5 Das Hinterbein der linken Katze als schrägen Strich mit einem Kreis am Ende skizzieren. Die gekrümmten Schwänze so vorzeichnen, dass ihre Spitzen sich kreuzen.

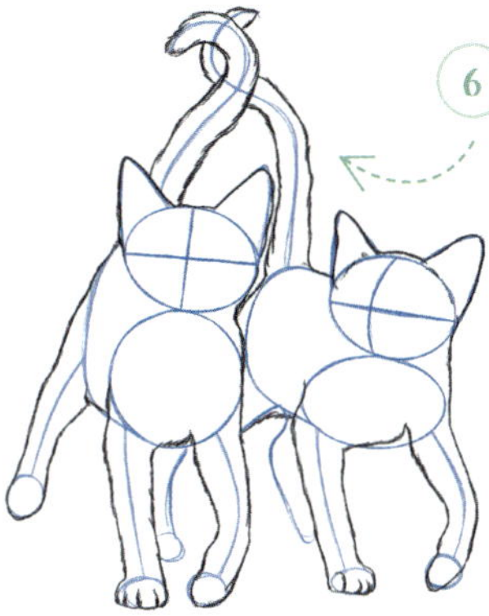

6 Die Körperkonturen aus den Hilfslinien entwickeln und stricheln. Am Bauch mit längeren Strichen arbeiten, um das längere Fell darzustellen. Die Beine zeichnen und die Zehen mit kurzen Strichen andeuten. Die beiden teilweise verdeckten Hinterbeine zeichnen (eins ist ganz verdeckt).

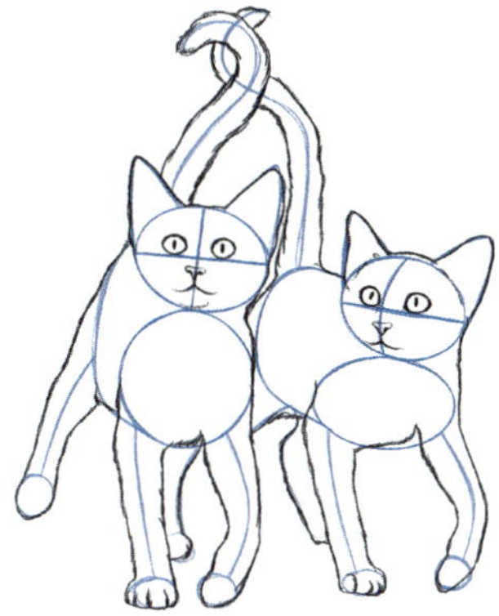

7 Die Hinterbeine weiter ausarbeiten. Anhand der Hilfslinien die Augen mit den schmalen Pupillen sowie Nase und Maul einzeichnen.

8 Die Hilfslinien ausradieren. Barthaare, Nasenlöcher und Haare in den Ohren hinzufügen. Schatten unter den Füßen mit einigen Strichen andeuten.

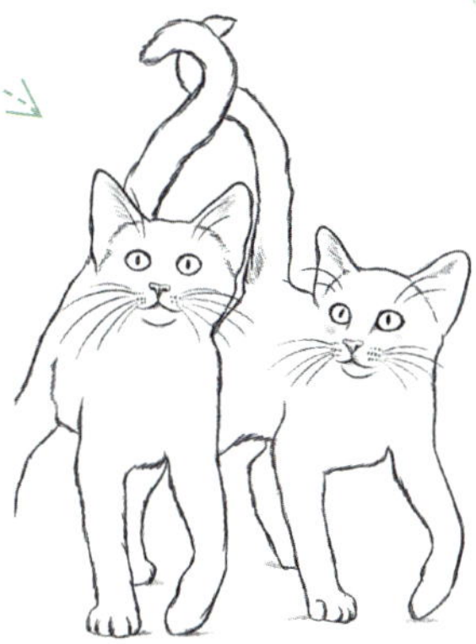

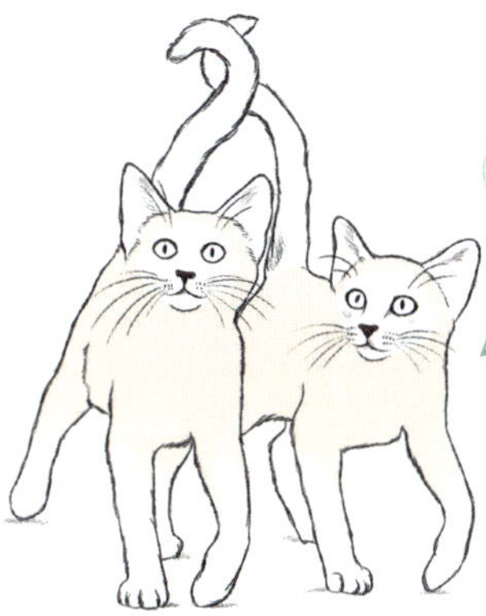

9 Beide Katzen mit einem hellen Beige kolorieren.

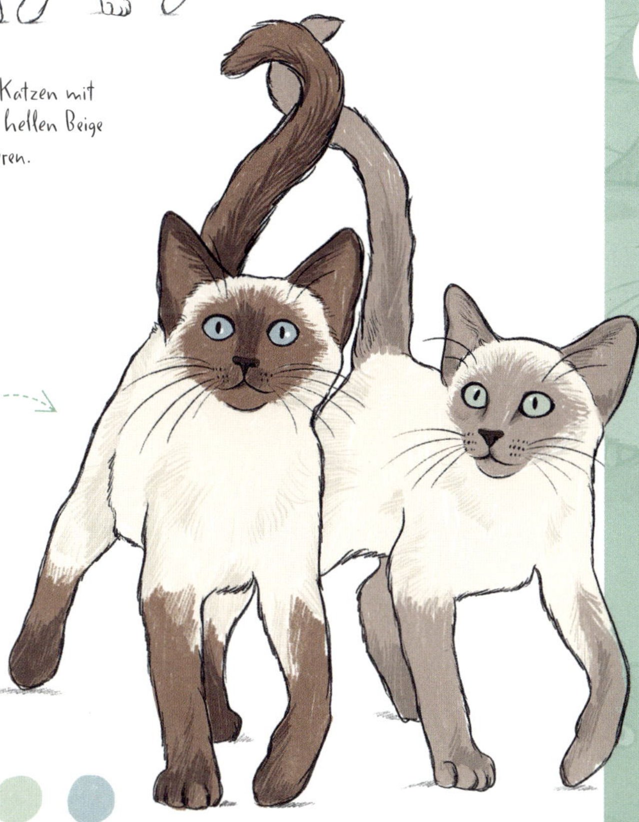

10 Gesicht, Ohren und Beine einer Katze mit Braun abdunkeln, für die andere Katze Grau verwenden. Die Augen hellblau oder grün ausmalen, dabei die kleinen Lichtreflexe weiß lassen. Schatten an den Rändern der Ohren und den Schwänzen einfügen.

Norwegische Waldkatze

Die elegante Rasse hat relativ langes Haar und einen buschigen Schwanz. Sie ist außergewöhnlich groß und hat ein sehr freundliches Wesen.

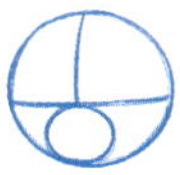

1 Ein Oval zeichnen und mit einer Querlinie unter der Mitte teilen. Den oberen Teil halbieren und einen Kreis für die Schnauze einzeichnen.

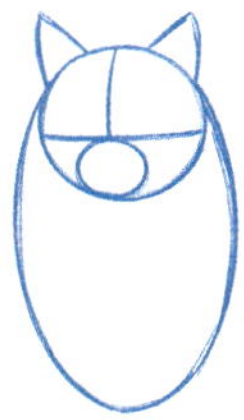

2 Zwei spitze Ohren und eine lange U-Form für die Brust hinzufügen.

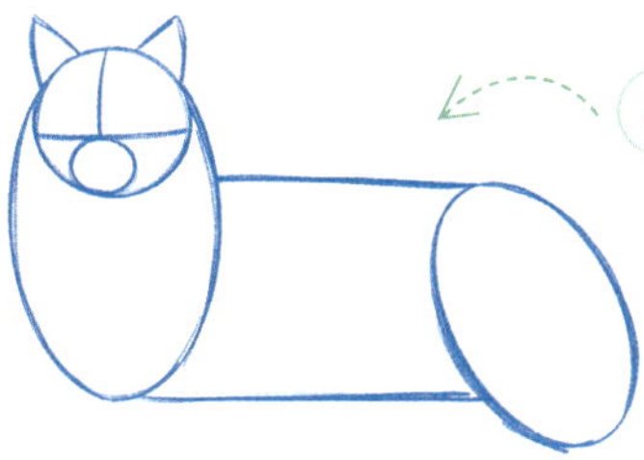

3 Zwei waagerechte Striche nach rechts anschließen und an diese ein schräg stehendes Oval anfügen, das etwas kleiner als die Brust ist.

4 Unter der Brust Hilfslinien für die Vorderbeine mit ovalen Pfoten skizzieren.

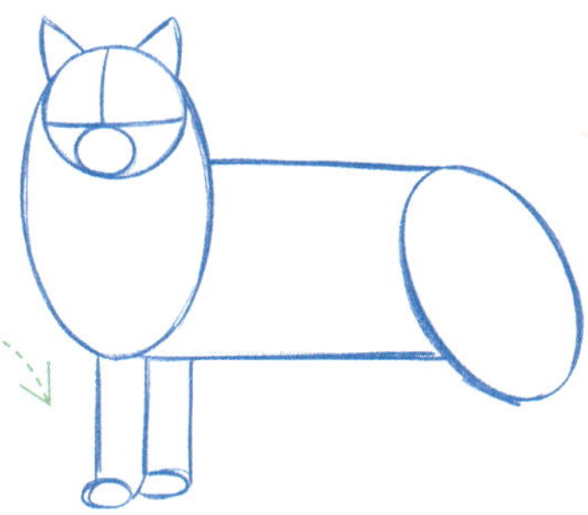

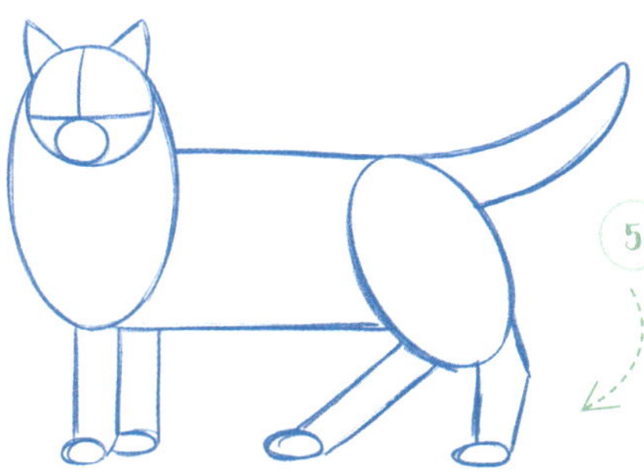

5 Die Hinterbeine unter dem zweiten Oval skizzieren. Den fülligen Schwanz skizzieren.

6 Anhand der Hilfslinien runde Augen mit dunklen, schmalen Pupillen vorzeichnen. Die Nase auf die Schnauze zeichnen. Nasenlöcher, zwei Bögen für das Maul und einen kleineren Bogen für das Kinn hinzufügen.

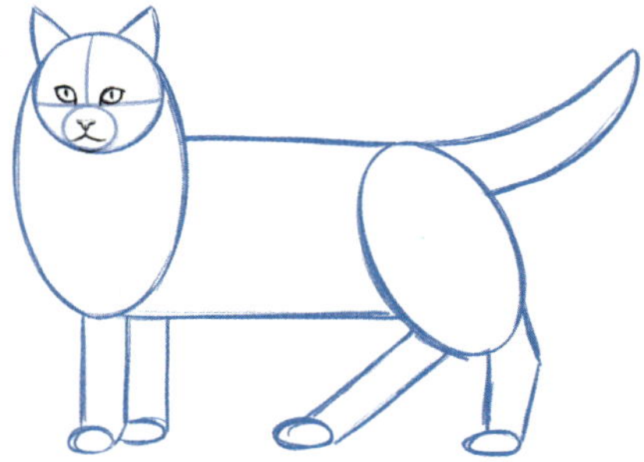

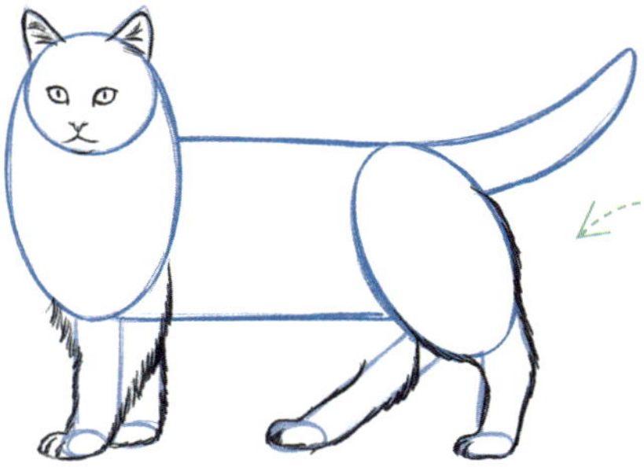

7 Die Beine deutlicher ausarbeiten, dabei das Fell durch kurze Striche andeuten.

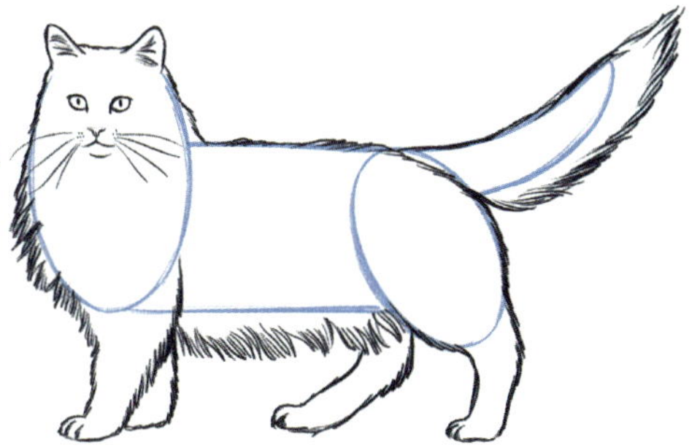

8 Den Körper ebenso ausarbeiten. Das längere Fell an Schwanz, Brust und Bauch mit langen Strichen darstellen. Die Hilfslinien ausradieren.

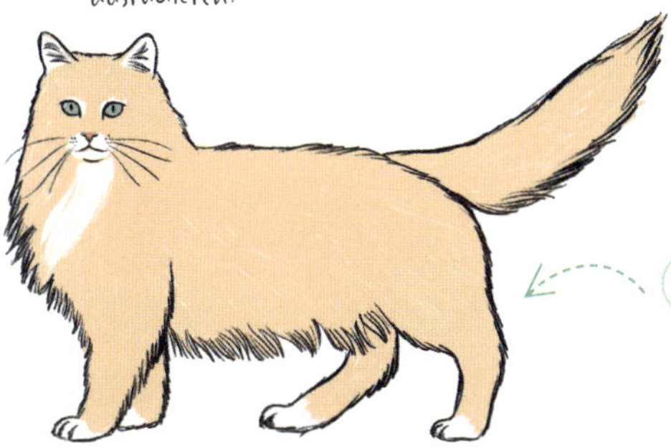

9 Die Katze hellbraun kolorieren, den Brustfleck weiß lassen.

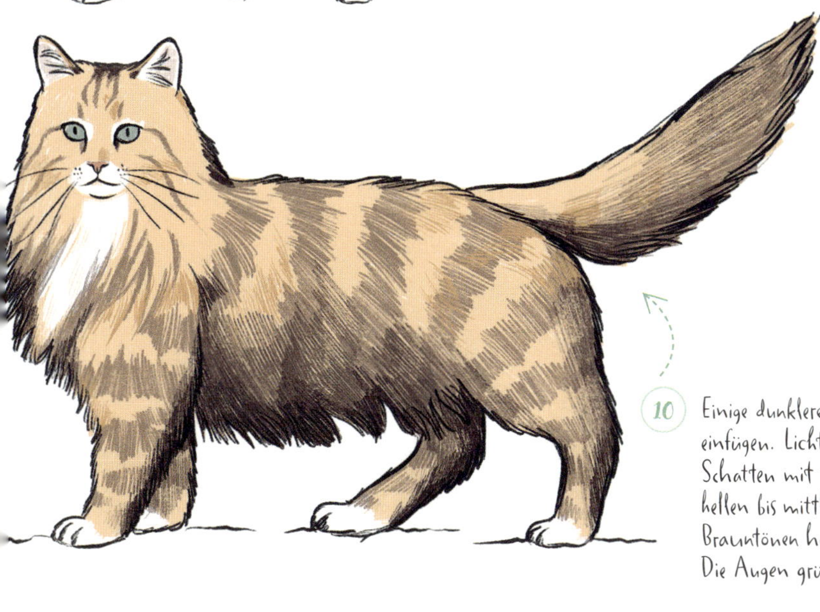

10 Einige dunklere Streifen einfügen. Lichter und Schatten mit verschiedenen hellen bis mittleren Brauntönen herausarbeiten. Die Augen grün ausfüllen.

Burmilla

Burmillas haben ein kurzes, seidiges Fell, das mit kurzen Strichen dargestellt werden muss. Sie haben ein ruhiges Wesen, spielen aber auch gern.

1 Drei Kreise für Kopf und Körper vorzeichnen. Die Kreise für den Körper berühren sich, zum Kopf (rechts) bleibt ein kleiner Abstand.

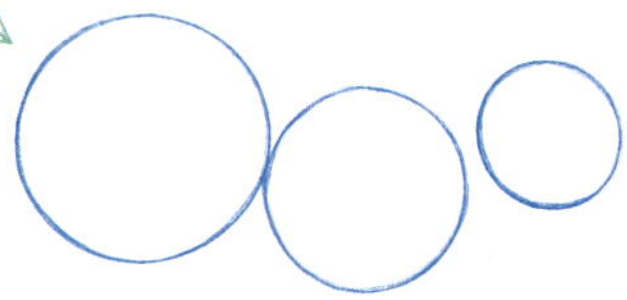

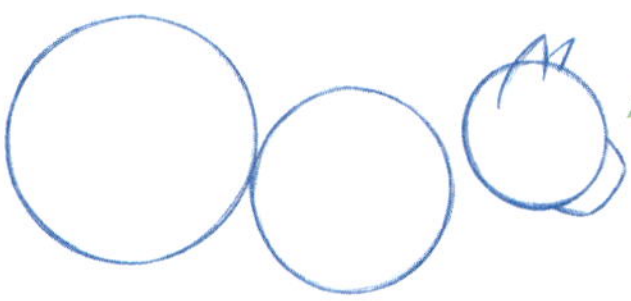

2 Die Schnauze und zwei spitze Ohren skizzieren.

3 An Hals und Rücken die Kreise mit gekrümmten Linien verbinden.

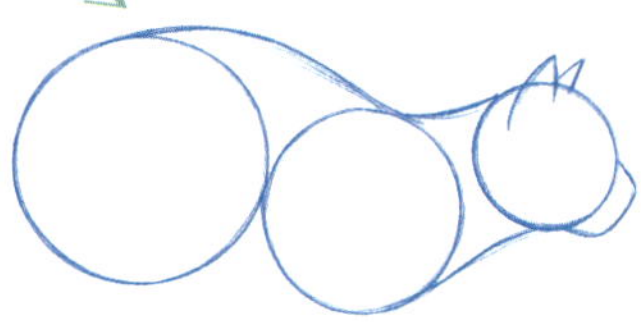

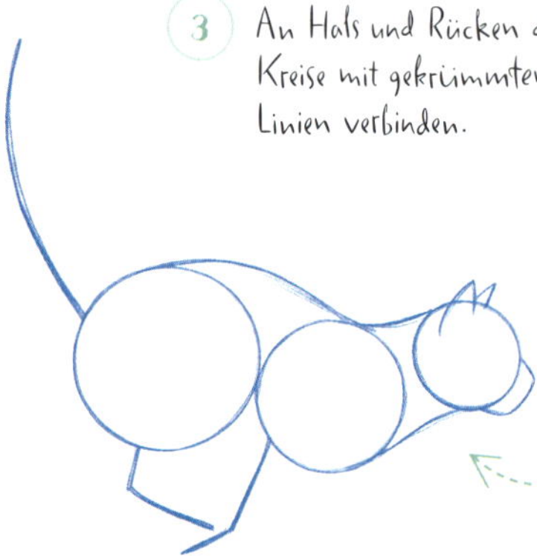

4 Unter dem linken Kreis das Hinterbein skizzieren. Es ist im Gelenk nach rechts abgewinkelt. Das Vorderbein sitzt unter dem mittleren Kreis und ist nach links abgewinkelt. Den langen, gekrümmten Schwanz hinzufügen.

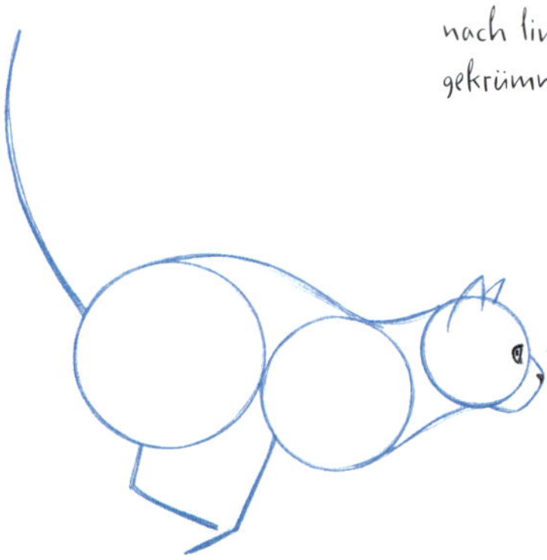

5 Das Auge einzeichnen, ebenso an der Schnauzenspitze ein kleines Dreieck für die Nase.

6 Die Ohren genauer ausarbeiten, dann den Kopf etwas flacher ausformen. Durch eine Einbuchtung auf Augenhöhe wird die Schädelform erkennbar.

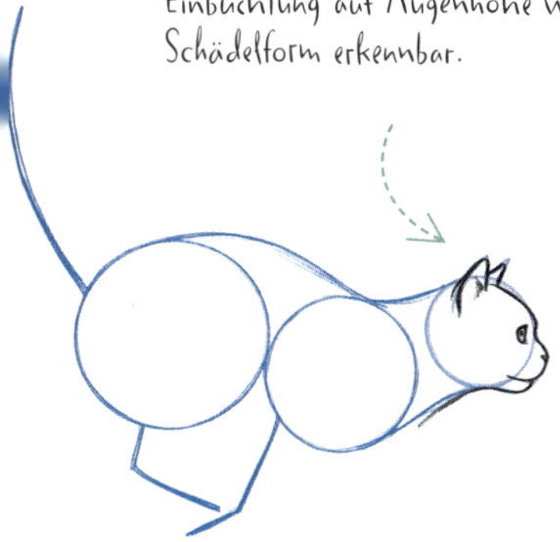

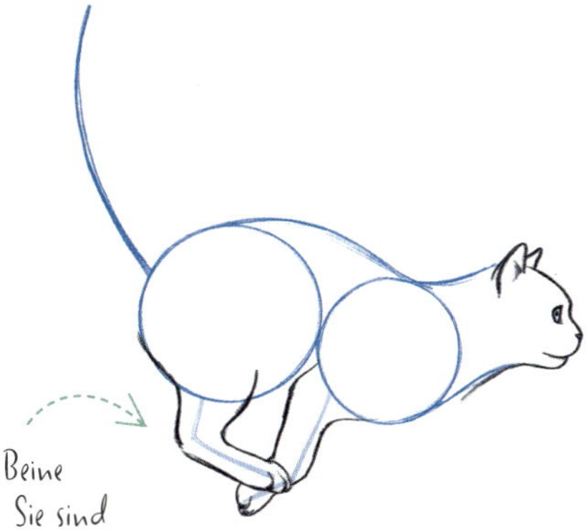

7 Die rechten Beine ausarbeiten. Sie sind oben deutlich dicker und an den Gelenken abgerundet. Auf den runden Pfoten die Zehen mit kleinen Strichen andeuten.

8 Die restlichen Körperkonturen stricheln. Hilfslinien für die teilweise verdeckten Beine einzeichnen.

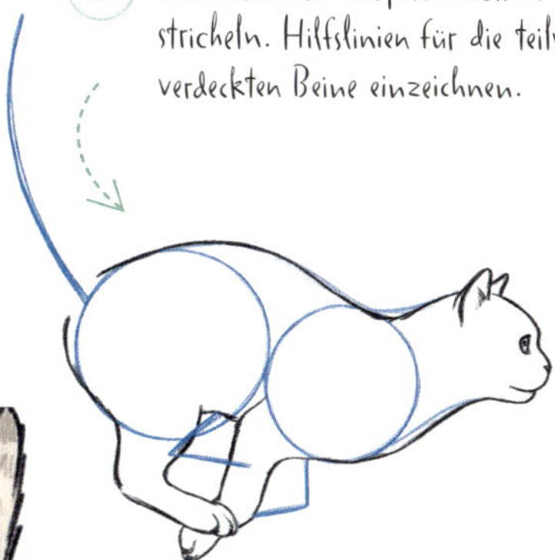

9 Die teilweise verdeckten Beine ausarbeiten. Die Schwanzkontur mit längeren Strichen nachzeichnen, um das längere Fell darzustellen. Die Hilfslinien ausradieren.

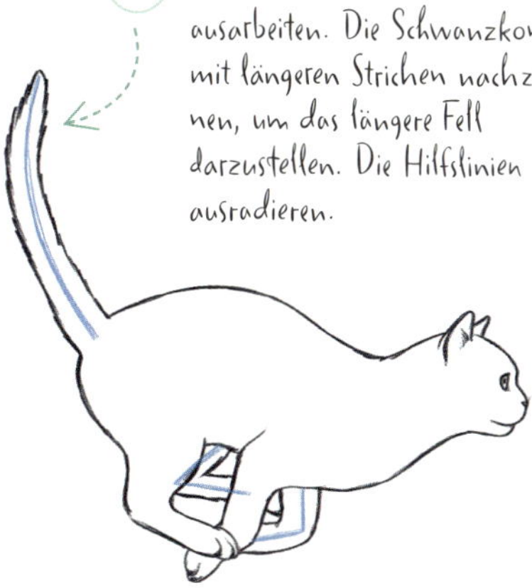

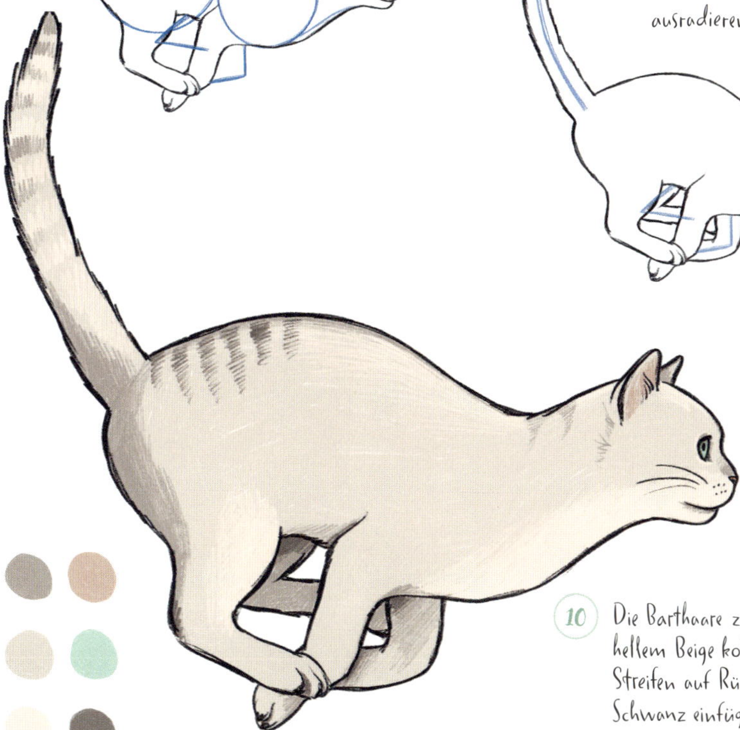

10 Die Barthaare zeichnen. Das Fell in hellem Beige kolorieren. Dunklere Streifen auf Rücken, Nacken und Schwanz einfügen. Die halb verdeckten Beine schattieren.

Chausie

Chausies sind hochbeinige, stattliche Katzen, die gut rennen und springen können. Alle Katzen landen, wenn sie fallen, auf den Füßen.

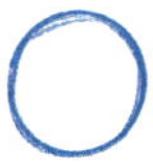

1 Mit einem Kreis beginnen.

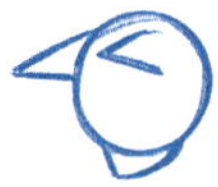

2 Zwei spitze, nach vorn gerichtete Ohren und unter dem Kreis die Schnauze skizzieren.

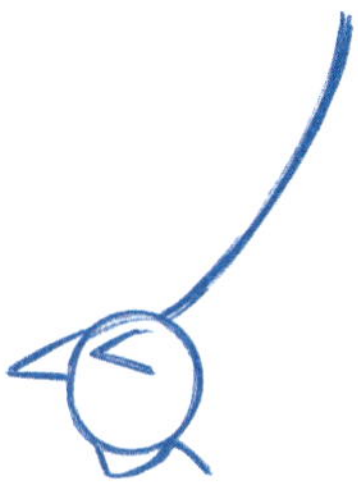

3 Einen flachen Bogen für den Rücken zeichnen. Er ist dreimal so lang wie der Kopfdurchmesser, beginnt am Hinterkopf und führt schräg rechts aufwärts. Unter der Schnauze einen kurzen Strich anfügen.

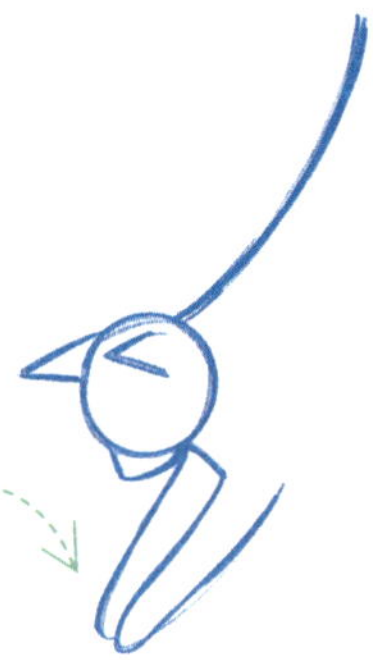

4 An diesen kurzen Strich die Grundformen der Vorderbeine anfügen. Sie zeigen schräg nach links unten.

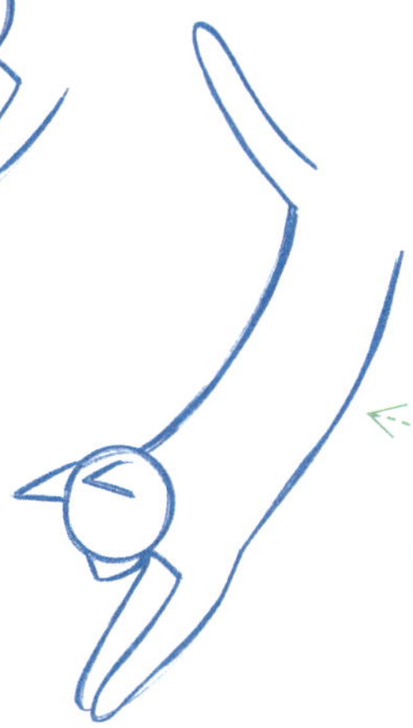

5 Die Bauchkontur parallel zum Rücken zeichnen und den Schwanz anfügen.

6 Die Hinterbeine vorzeichnen.

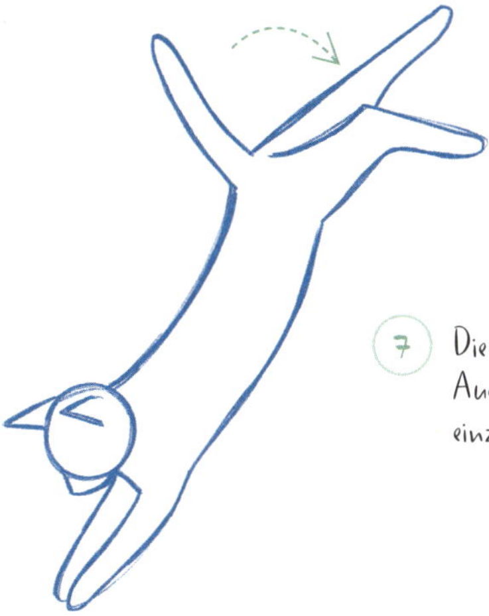

7 Die Ohren ausarbeiten, Auge und Nasenspitze einzeichnen.

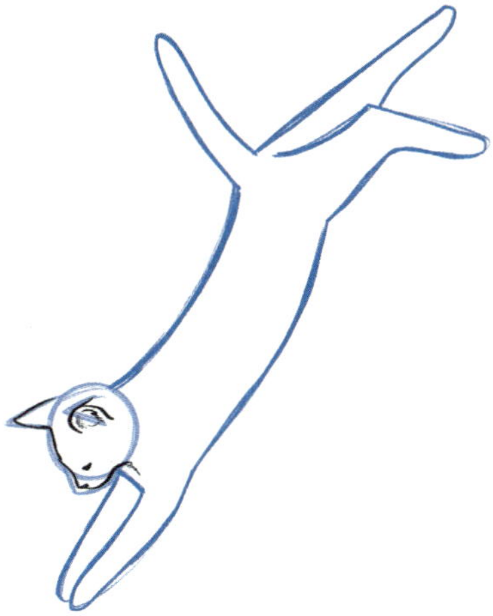

8 Die Beine deutlicher ausarbeiten. Die Zehen mit kleinen Strichen andeuten.

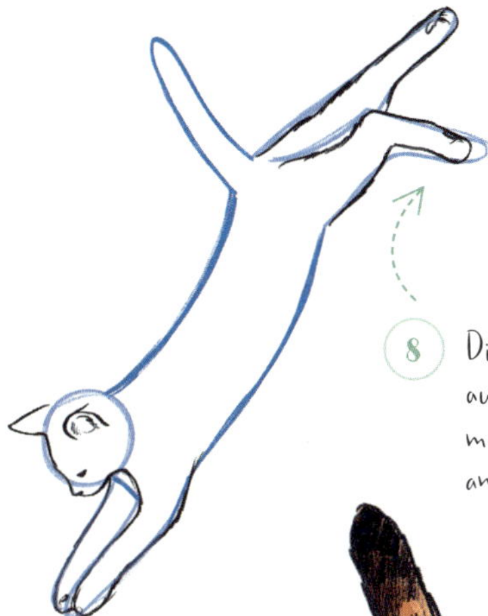

9 Die restlichen Körperkonturen stricheln. Die Hilfslinien ausradieren.

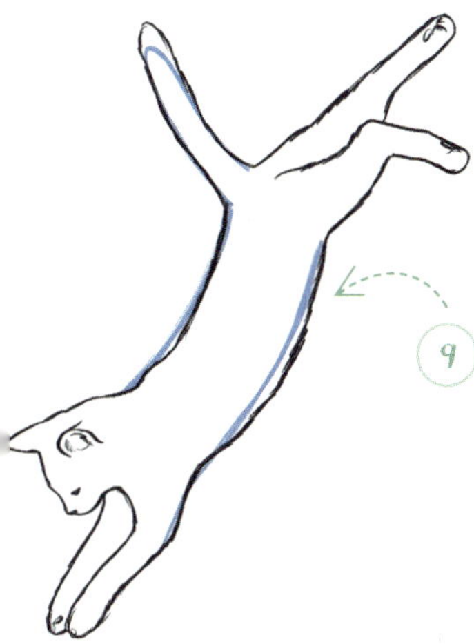

10 Die Katze mit Orange und Gelbtönen kolorieren. Für Schatten am Bauch und um die Ohren Braun verwenden. Um die Augen und das Innere der Ohren mit einem helleren Ton arbeiten, die Streifen am Schwanz mit Dunkelbraun malen.

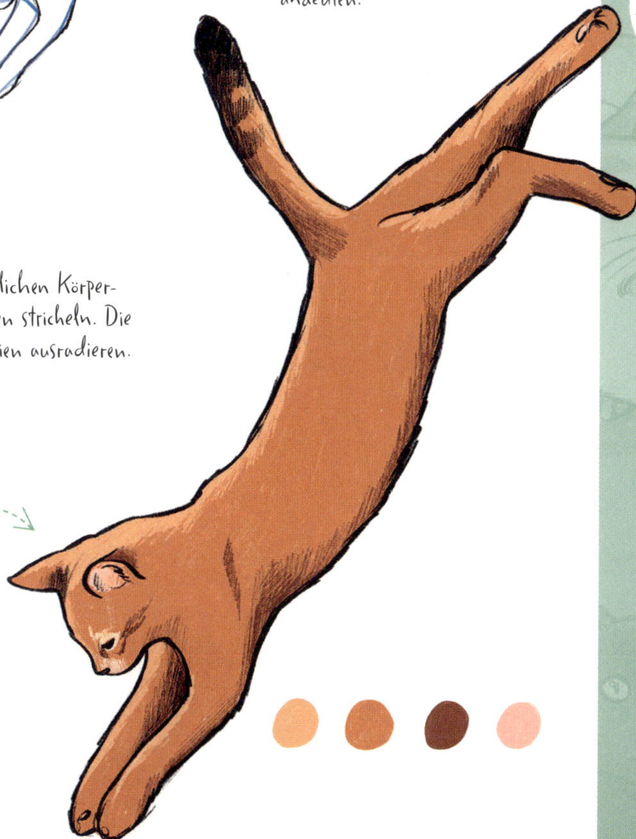

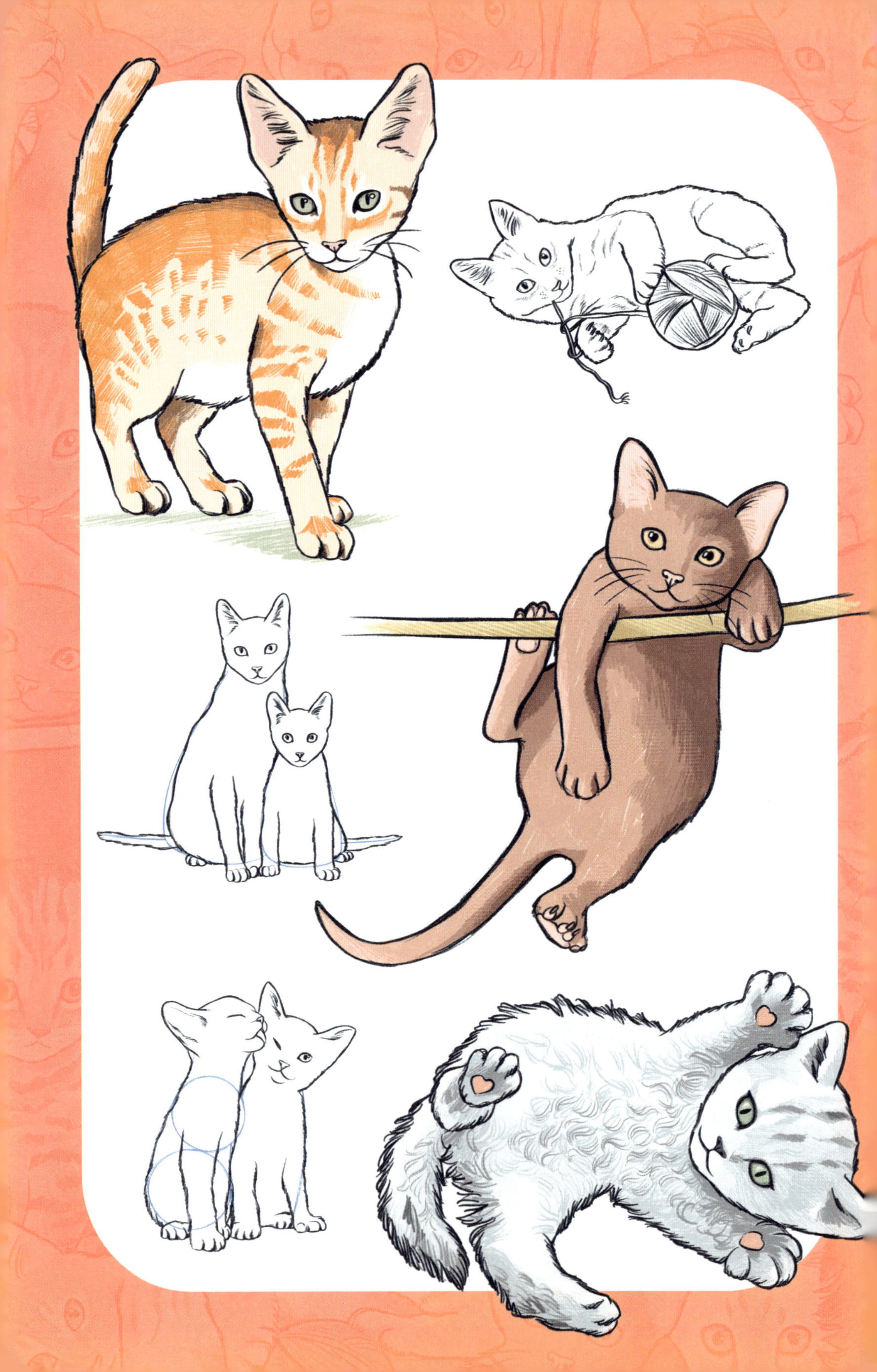

Katzenbabys

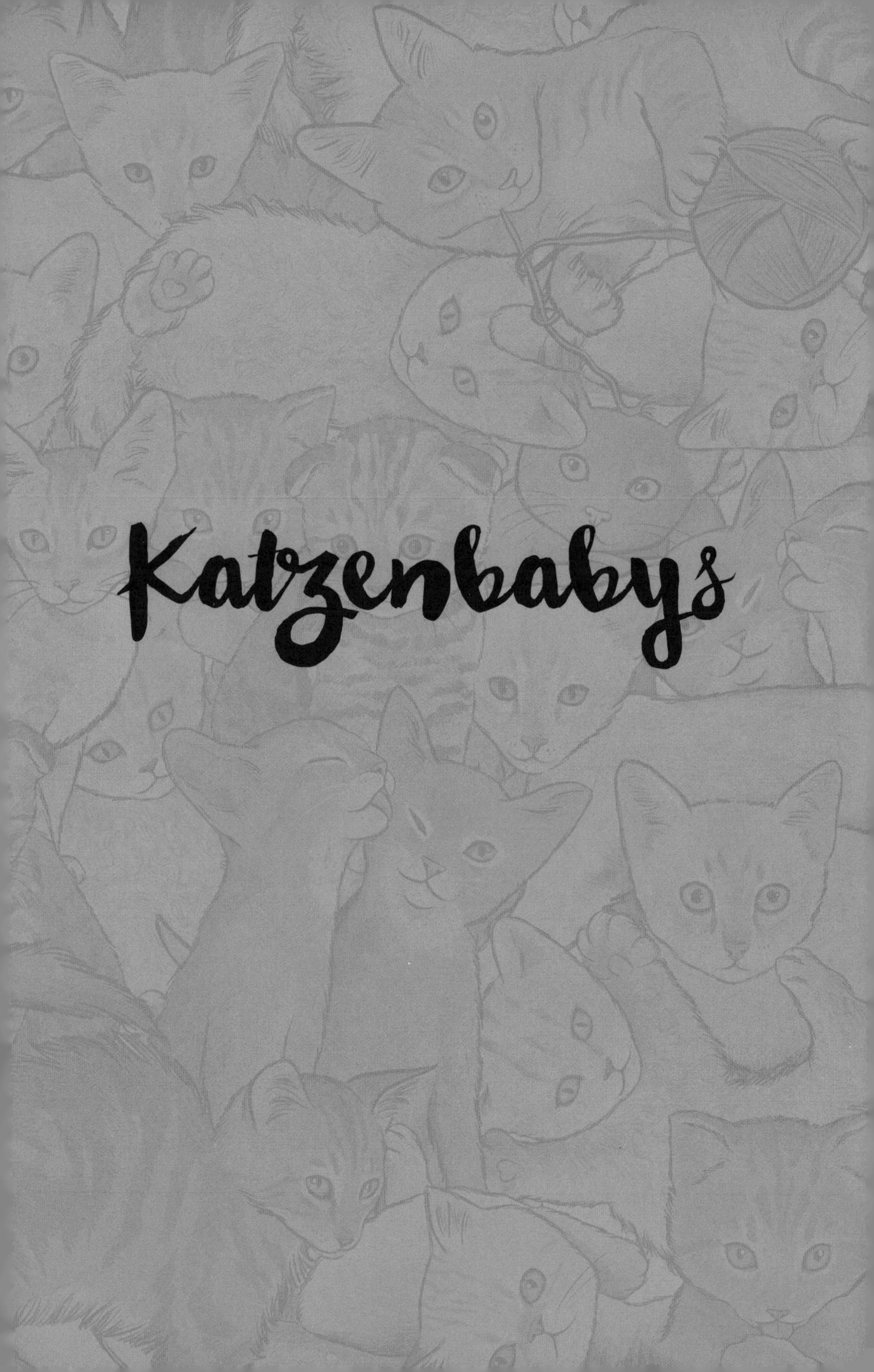

Putzen

Junge Katzen schauen ihren Müttern zu und lernen schon sehr früh, ihr Fell sorgfältig zu pflegen.

1 Mit einem Kreis beginnen. Eine senkrechte Mittellinie und im unteren Bereich eine Querlinie einzeichnen.

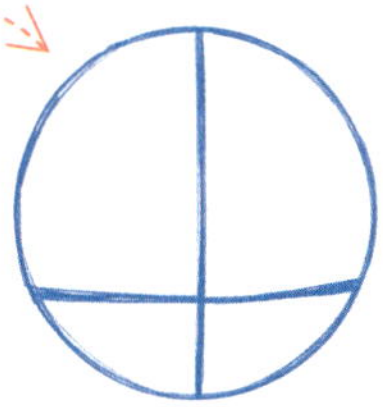

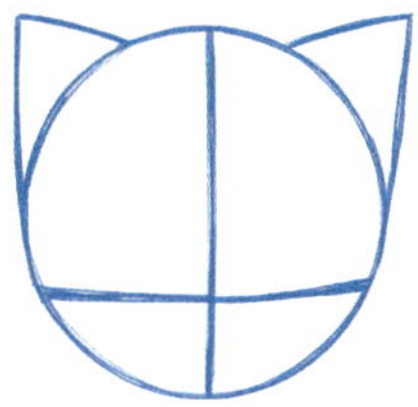

2 Dreieckige Ohren anfügen.

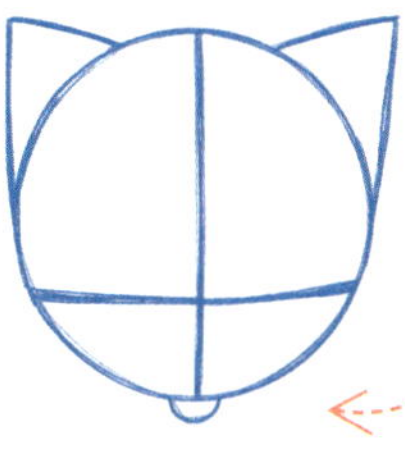

3 Einen winzigen Halbkreis für die Zunge zeichnen.

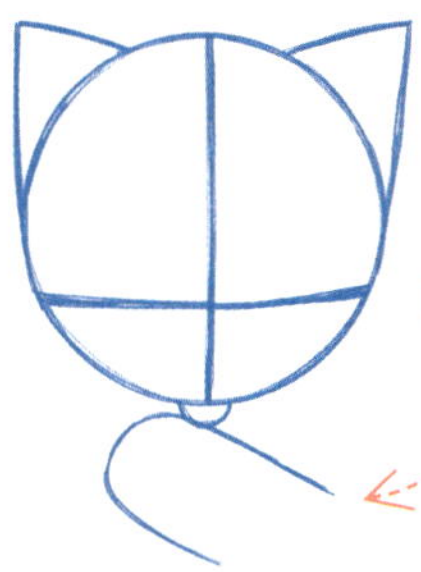

4 Eine schräge U-Form für die Pfote zeichnen.

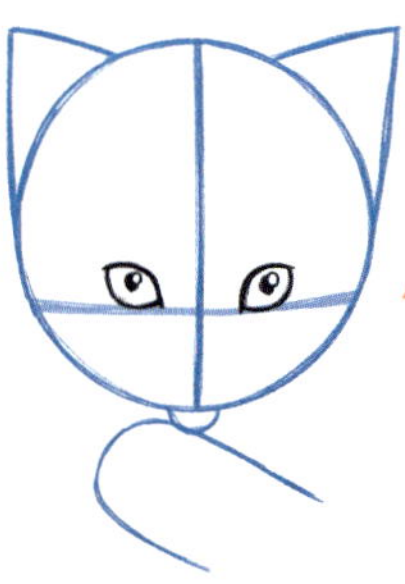

5 Zwei große, mandelförmige Augen zeichnen. Die inneren Winkel sind spitzer als die äußeren.

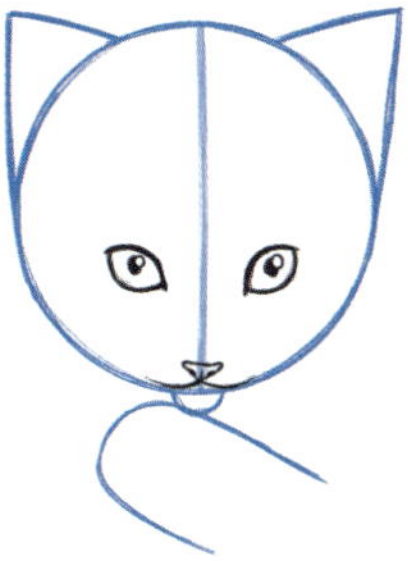

6 Auf der Mittelsenkrechten am unteren Rand des Kreises die Nase und zwei flache Bögen für das Maul einzeichnen.

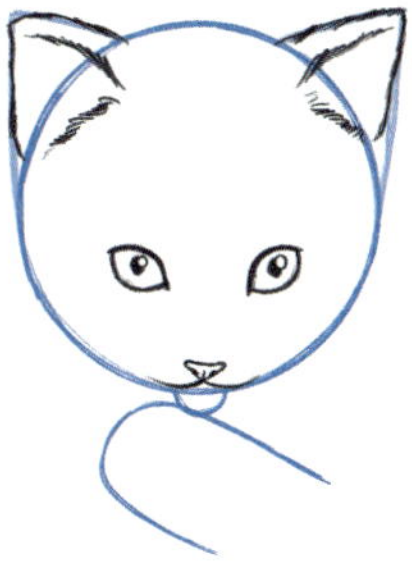

7 Die Ohren genauer ausarbeiten, dabei Details im Inneren stricheln.

8 Die Kopfkontur stricheln, um das Fell anzudeuten. Ebenso die Pfote stricheln. Die Hilfslinien ausradieren.

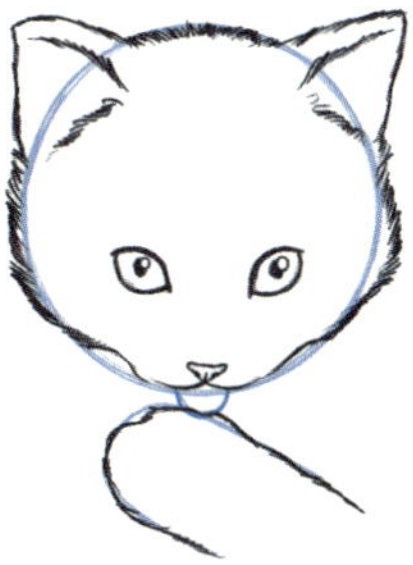

9 Den Kopf in hellem Beige kolorieren. Um Augen, Ohren und Maul sowie an der Seite befinden sich hellere Lichter. Die Nase hellbraun malen, die Zunge rosa und die Augen hellblau. Die kleinen Lichtreflexe bleiben weiß.

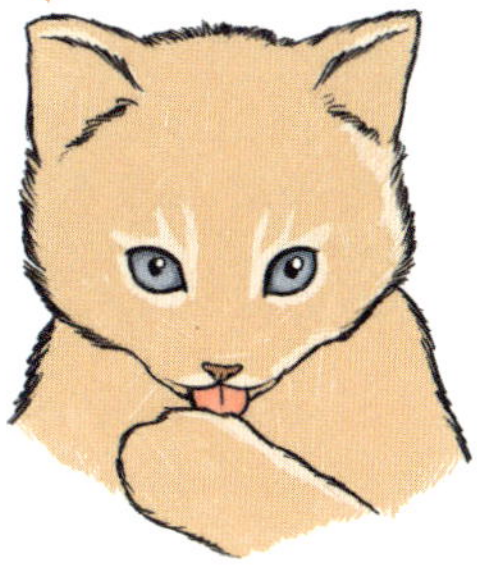

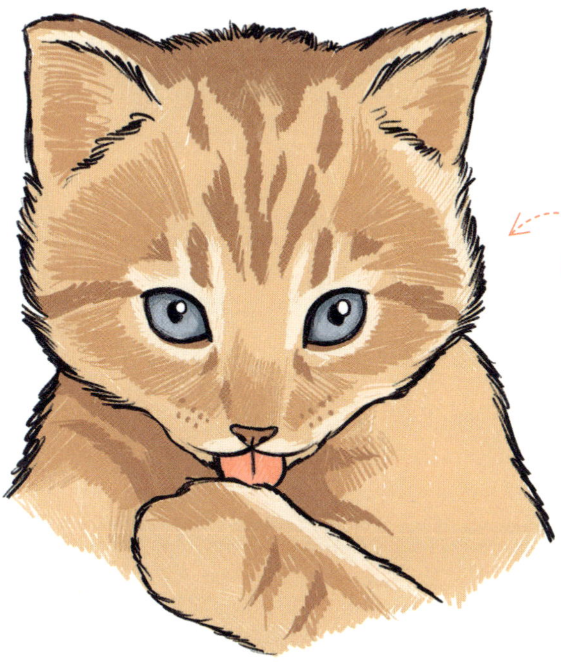

10 Auf Oberkopf und Stirn, seitlich der Augen, am Hals und auf der Pfote die dunkleren Streifen einzeichnen.

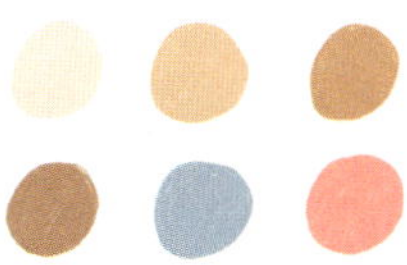

Klettern

Katzen sind enorm wendig. Sie können hoch springen, hervorragend balancieren, und sie sind wahre Kletterkünstler. Es macht viel Spaß, ihnen zuzuschauen.

1 Mit einem Kreis beginnen und diesen mit schrägen Hilfslinien vierteln.

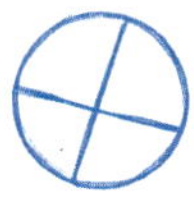

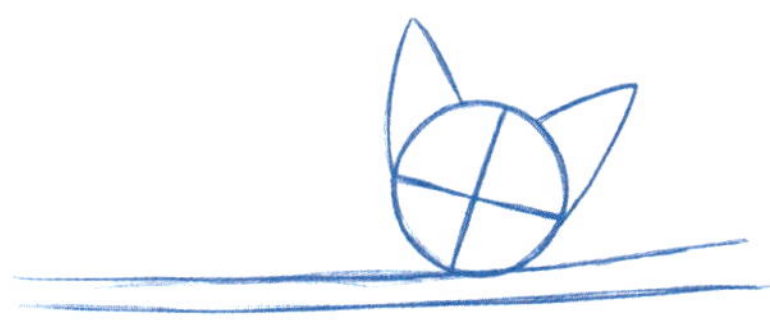

2 Zwei dreieckige Ohren anfügen. Darunter mit zwei Strichen das Seil andeuten.

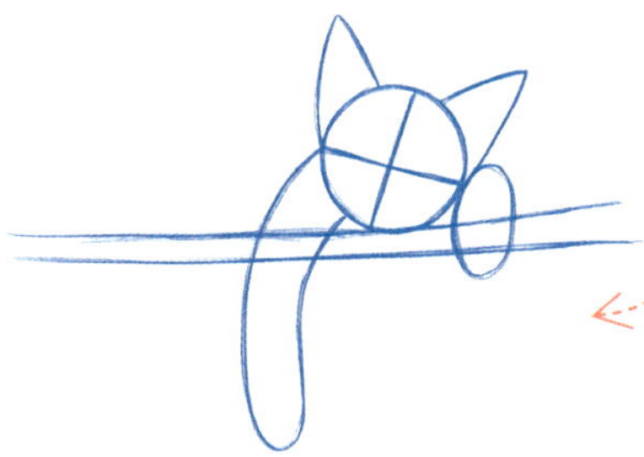

3 Für das rechte Vorderbein ein langes Oval über das Seil zeichnen. Rechts vom Kopf ein kleineres Oval für die linke Pfote skizzieren.

4 Links ein weiteres längliches Oval für die rechte Hinterpfote zeichnen, dann darunter eine große U-Form für den Körper hinzufügen.

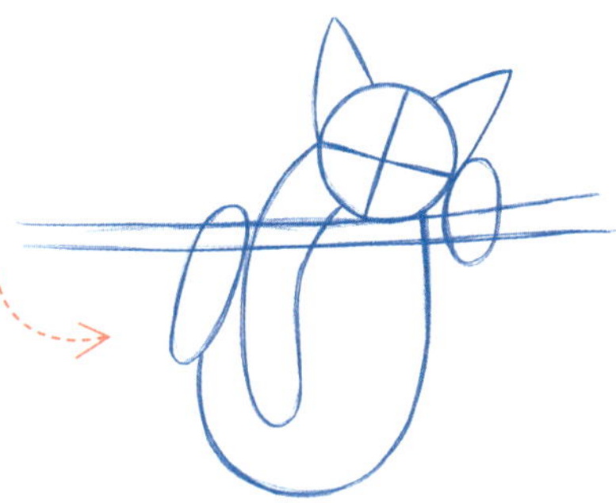

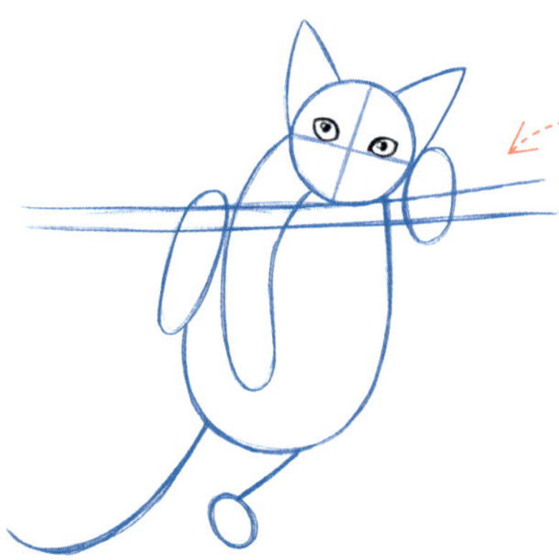

5 Den Schwanz und das linke Hinterbein skizzieren, dann auf der Hilfslinie die Augen einzeichnen.

6 Ein kleines Dreieck für die Nase und zwei Bögen für das Maul hinzufügen. Die Ohren anhand der Hilfslinien ausarbeiten.

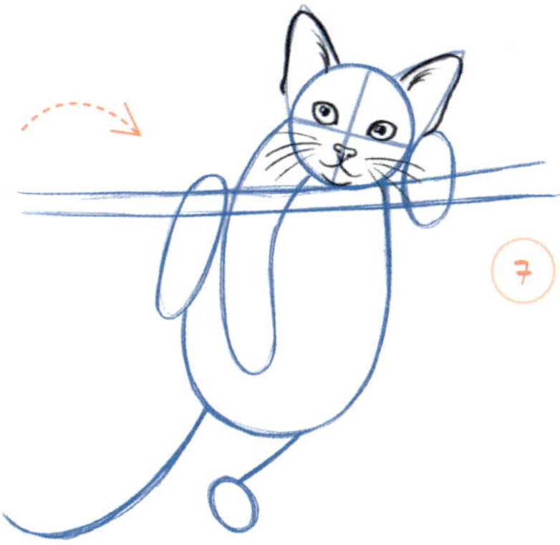

7 Kopf und Vorderbeine anhand der Hilfslinien ausarbeiten, dabei die Konturen stricheln, um das Fell darzustellen. Die Zehen mit kleinen Strichen andeuten.

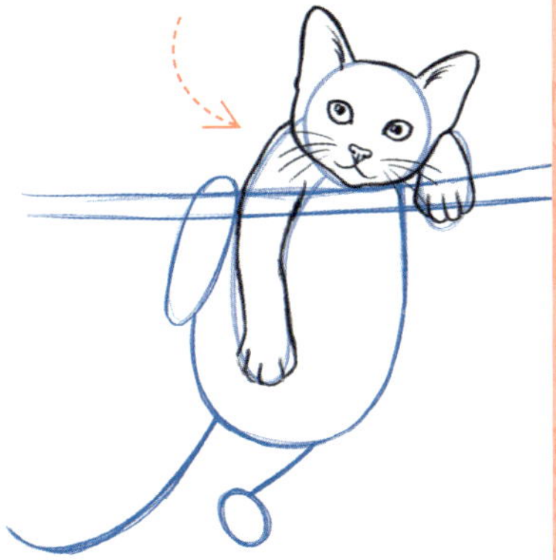

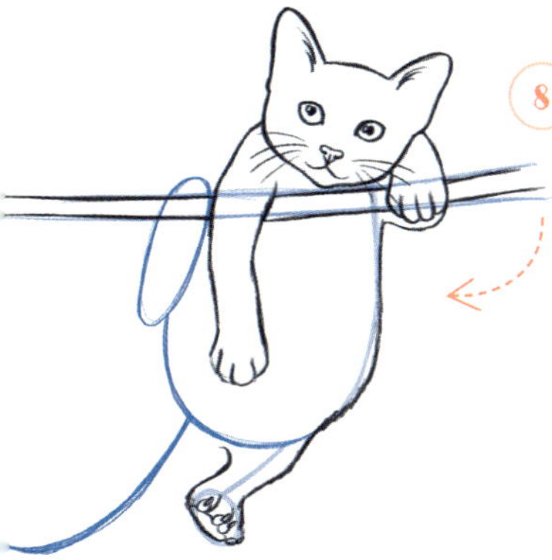

8 Den restlichen Körper und das linke Hinterbein ebenso stricheln. Das Seil deutlicher nachzeichnen.

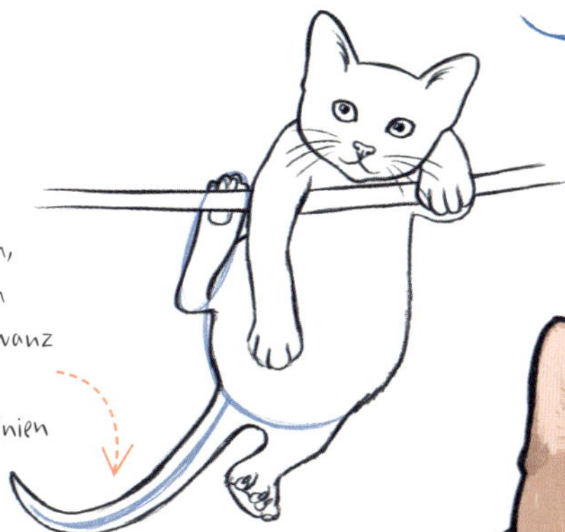

9 Das Hinterbein beenden, dabei die Pfotenballen ausarbeiten. Den Schwanz aus der Hilfslinie entwickeln. Die Hilfslinien ausradieren.

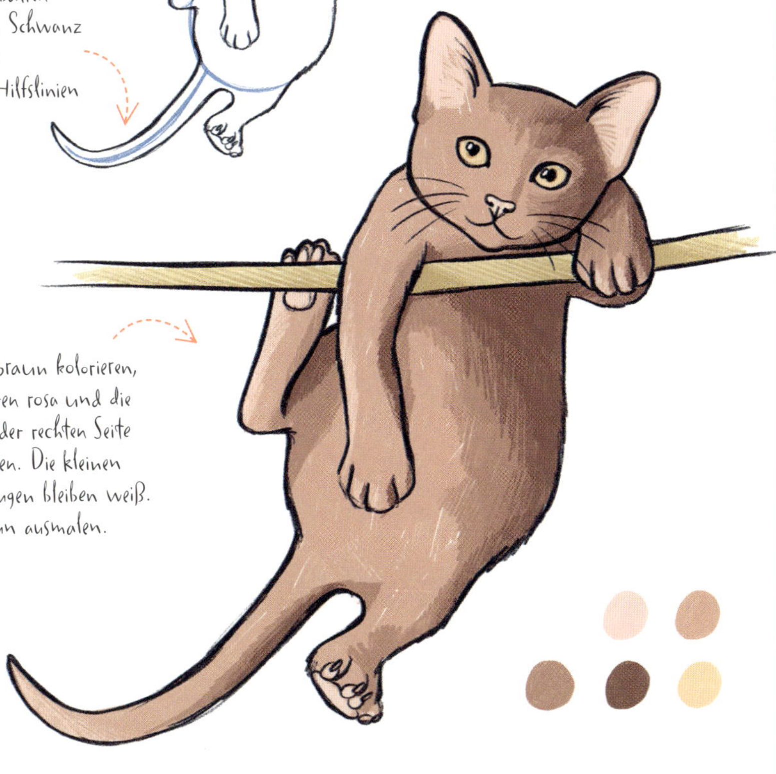

10 Den Körper hellbraun kolorieren, die inneren Ohren rosa und die Augen gelb. An der rechten Seite Schatten andeuten. Die kleinen Lichter in den Augen bleiben weiß. Das Seil hellbraun ausmalen.

Spielen

Mit einem Wollknäuel können sich kleine Katzen stundenlang amüsieren. Hier hat es dieselbe Farbe wie die Augen. Das Fell könnte auch ein dunkleres Muster haben.

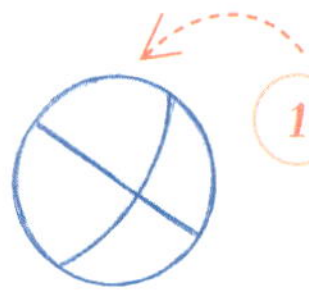

1 Mit einem Kreis beginnen und diesen mit zwei schrägen Hilfslinien vierteln.

2 Zwei dreieckige Ohren und einen Hilfskreis für die Schnauze einzeichnen.

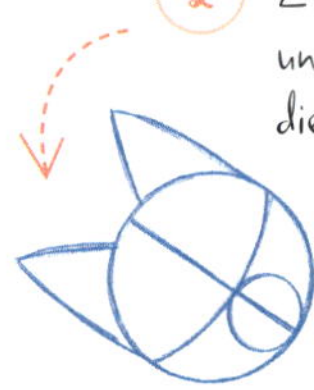

3 Den Körper vorzeichnen. Die grün gestrichelte Linie zeigt, dass seine höchste Stelle auf Höhe der Ohrspitze liegt. Auf die untere Körperkontur einen Kreis für das Wollknäuel zeichnen.

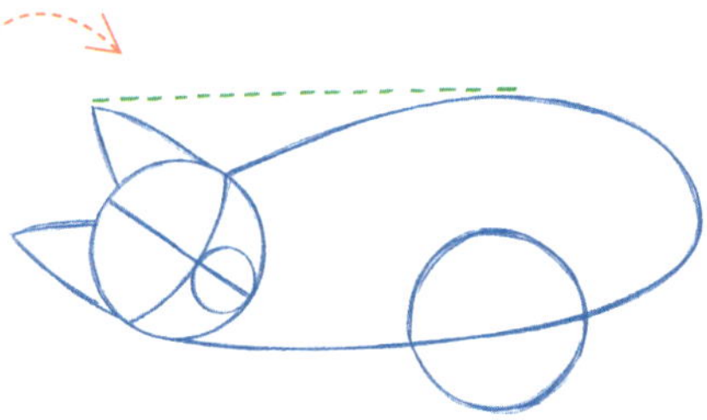

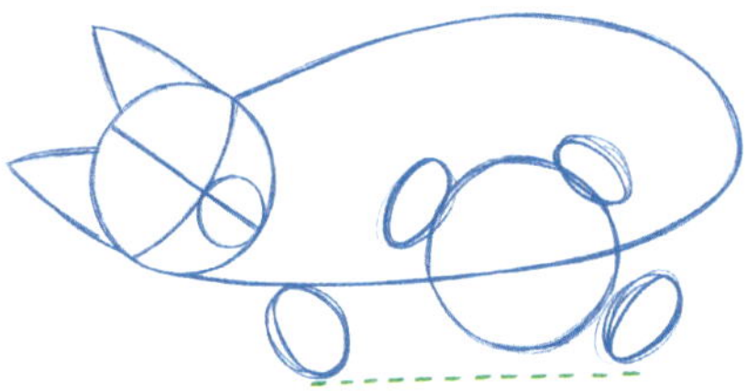

4 Zwei kleine Ovale für die Pfoten innerhalb der Körperfläche ans Wollknäuel setzen, ein weiteres rechts unterhalb. Die vierte Pfote befindet sich näher am Kopf.

5 Von den Pfoten ausgehend die gebeugten Beine skizzieren. Zwei mandelförmige Augen mit spitzen inneren Winkeln sowie die Nase und zwei flache Bögen für das Maul hinzufügen.

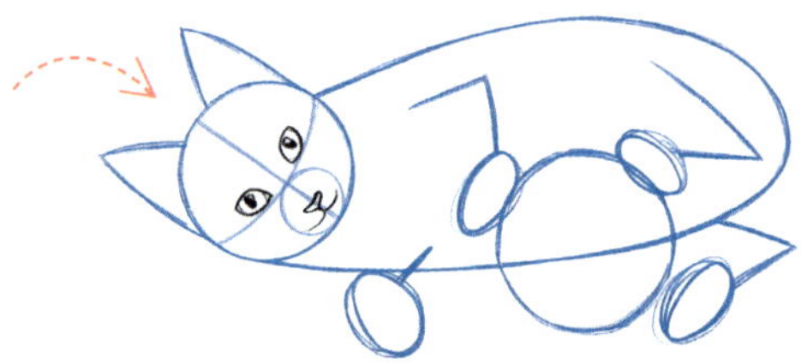

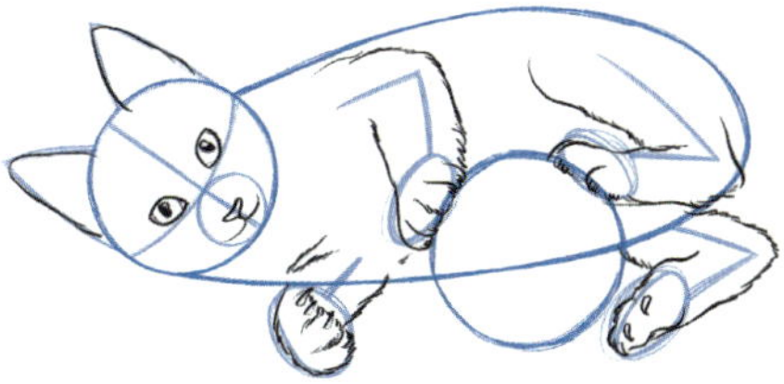

6 Anhand der Hilfslinien die Formen von Ohren, Pfoten und Beinen entwickeln. Die Zehen mit kurzen Strichen andeuten.

7 Die restlichen Körperkonturen ausarbeiten, dabei das Fell durch kurze Striche andeuten. Den Wollfaden einzeichnen.

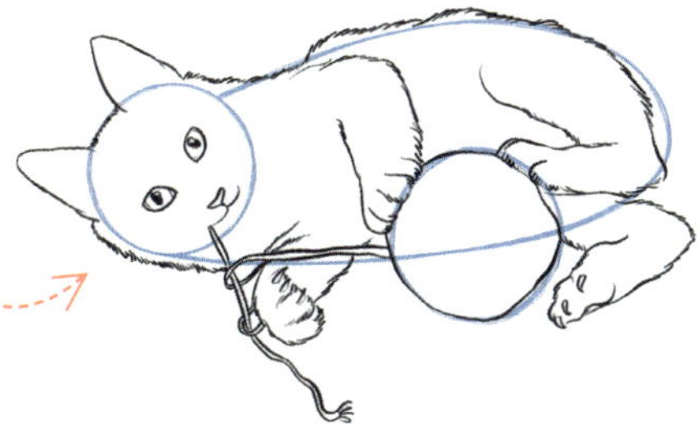

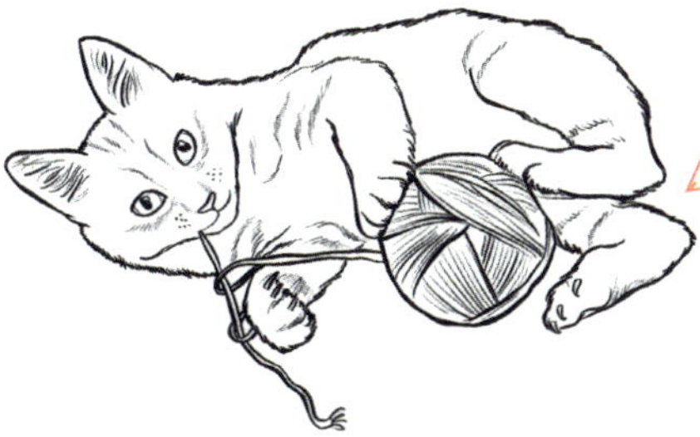

8 Die Hilfslinien ausradieren und das Fell mit kurzen Strichen weiter ausarbeiten. Einige gerade Striche auf das Wollknäuel zeichnen.

9 Die Katze in hellen Gelb- und Orangetönen kolorieren, dabei für Gesicht, Bauch, Brust und Beine hellere Töne wählen.

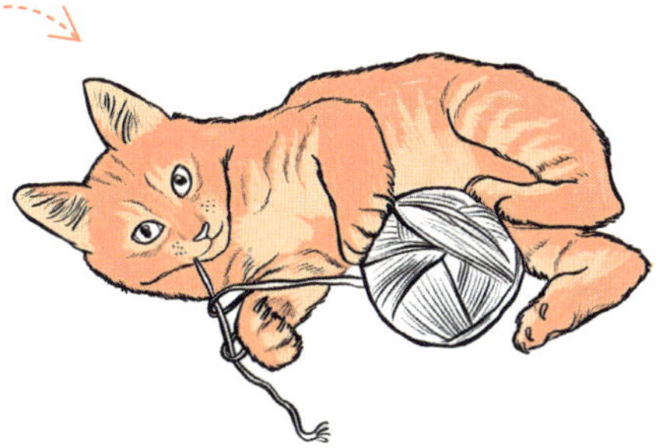

10 Wollknäuel und Augen blau ausmalen, aber die kleinen Lichter in den Augen weiß lassen. Mit einem dunkleren Orangeton das Streifenmuster auf dem Fell einzeichnen.

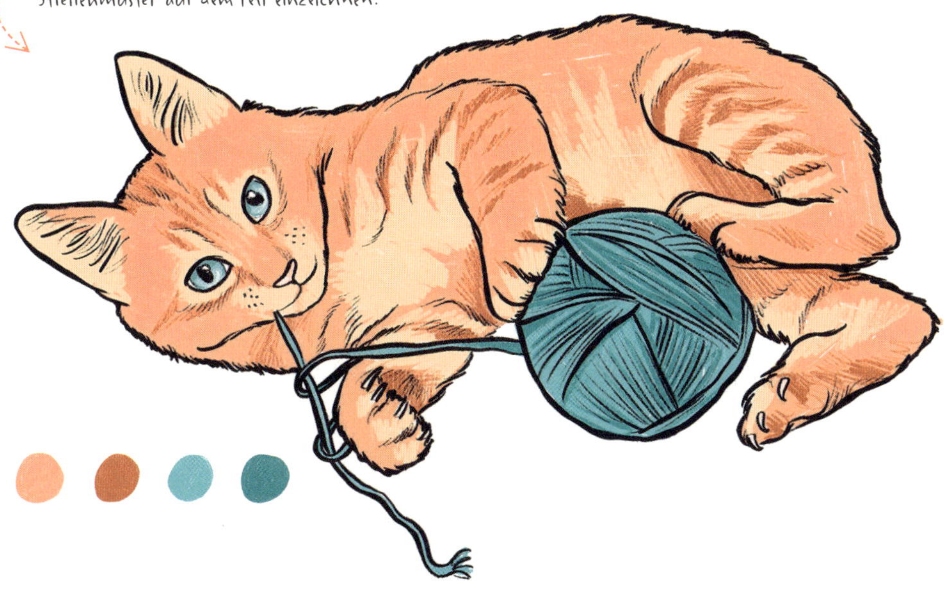

Buckel

Wenn Katzen sich bedroht fühlen, drehen sie sich zur Seite und machen ein Buckel. So wirken sie größer und können einen Angreifer oder Rivalen einschüchtern.

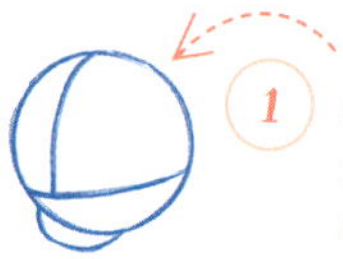

1 Mit einem Kreis beginnen. Im unteren Bereich eine gekrümmte Querlinie einzeichnen, im linken oberen Bereich eine gekrümmte Senkrechte. Die Schnauze skizzieren.

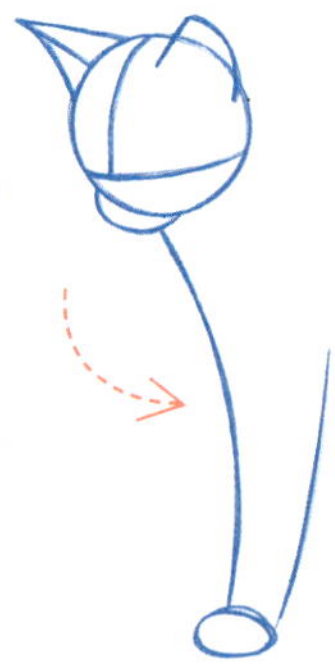

2 Zwei dreieckige Ohren anfügen. Für das erste Vorderbein zwei gekrümmte Linien zeichnen, die in einer ovalen Pfote enden.

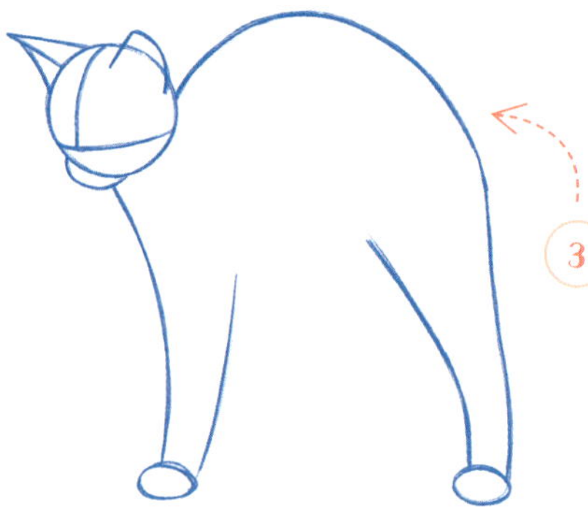

3 Vom Hinterkopf aus einen langen Bogen zeichnen, der in das Hinterbein übergeht. Das Bein mit einer zweiten Linie und einer ovalen Pfote vervollständigen.

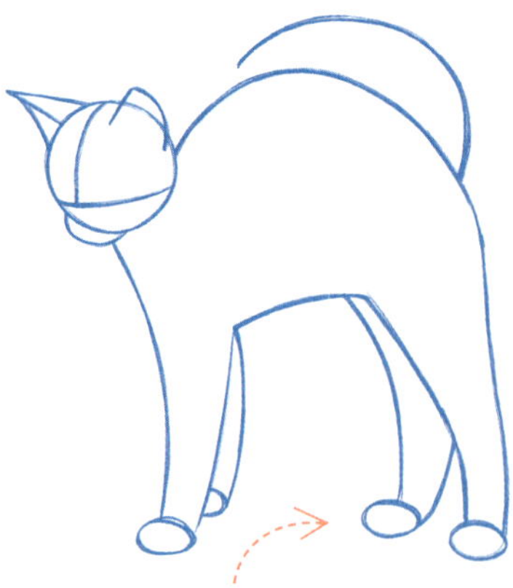

4 Die teilweise verdeckten Beine vorzeichnen. Eine Linie für den Bauch und einen gekrümmten Schwanz hinzufügen.

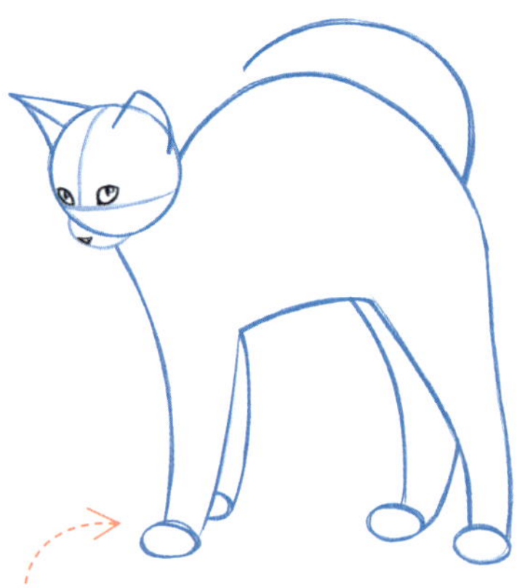

5 Anhand der Hilfslinien ovale Augen mit schmalen Pupillen skizzieren. Die Nase auf der Schnauze einzeichnen.

6 Die Ohren genauer ausarbeiten, dabei die Haare mit langen Strichen andeuten. Die Konturen der Vorderbeine stricheln, um das Fell darzustellen.

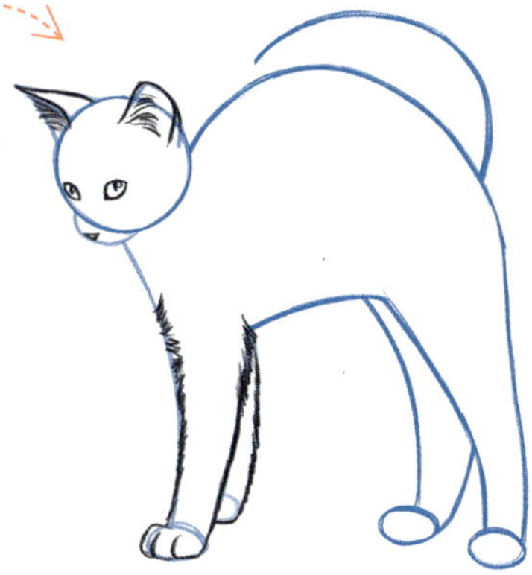

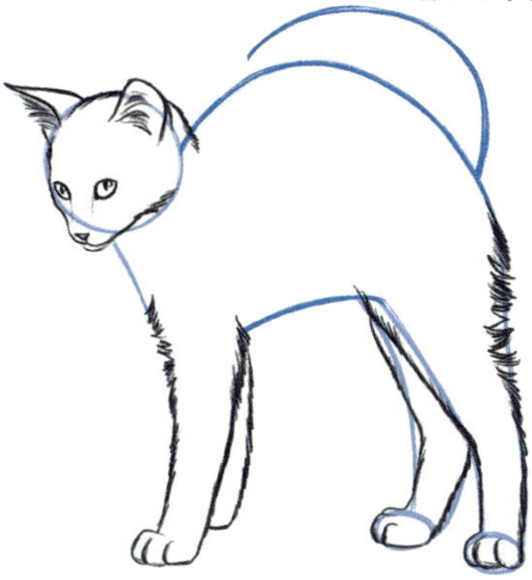

7 Den Kopf und die Hinterbeine ebenso ausarbeiten.

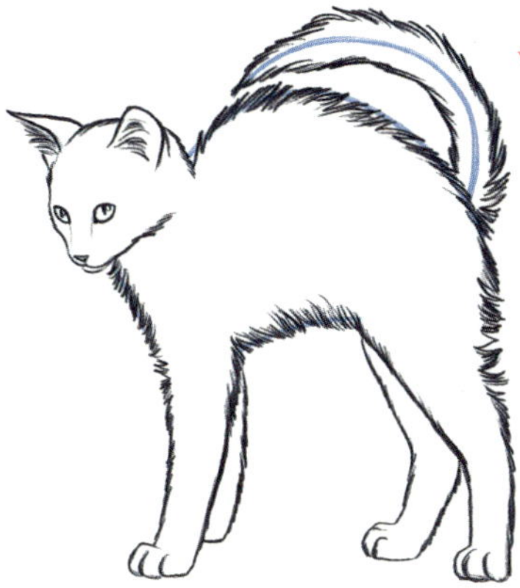

8 Den restlichen Körper ebenso ausarbeiten. Teilweise mit längeren Strichen arbeiten, um das lange Fell darzustellen.

9 Die Hilfslinien ausradieren. Den Körper in einem warmen Braun kolorieren, hellere Töne für die Vorderseiten der Beine, den Bauch und das Kinn verwenden.

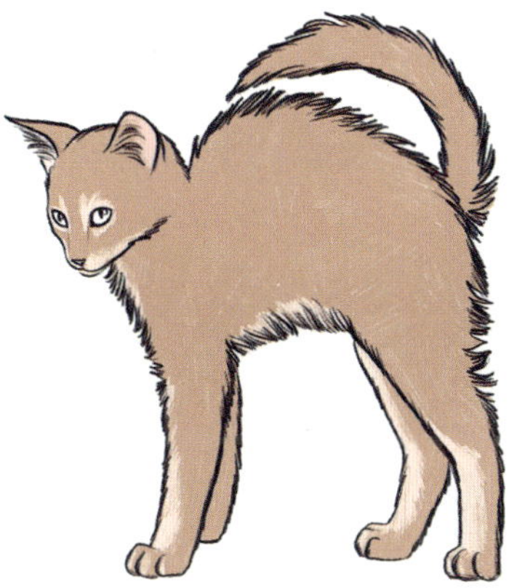

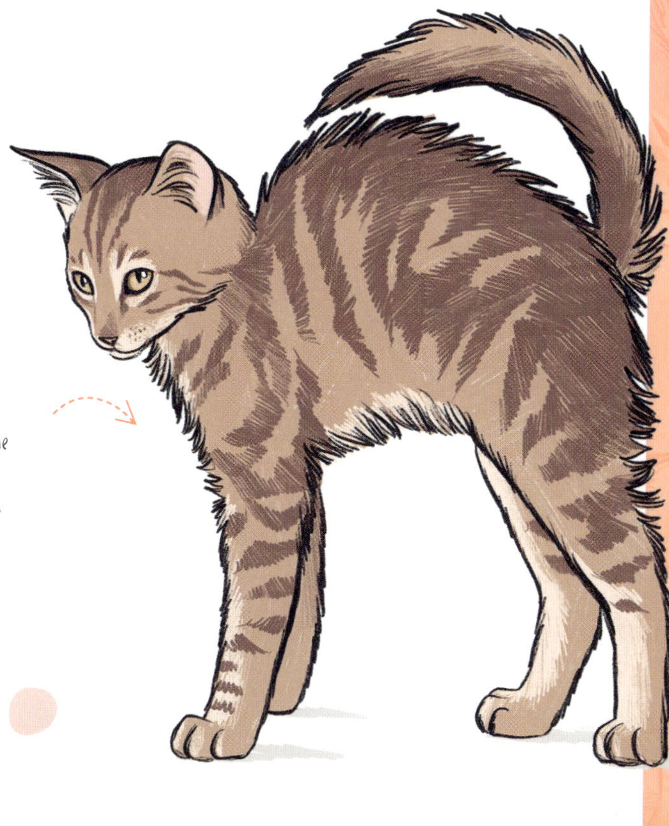

10 Zuletzt mit dunklerem Braun die Streifen auf Körper, Beinen und Oberkopf einzeichnen. Die Augen gelb kolorieren, die Nase rosa.

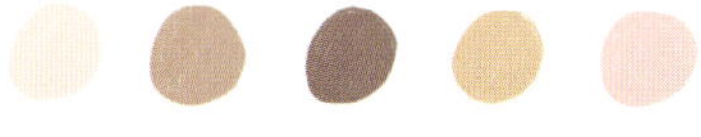

Mutter & Kind

Diese hübsche Katzenmutter sitzt stolz neben ihrem Kind. Sie können mit verschiedenen Farben, Mustern und Formen experimentieren, um andere Rassen darzustellen.

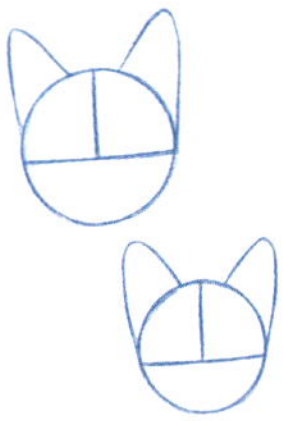

1 Zwei Hilfskreise vorzeichnen. Der kleinere liegt rechts unterhalb des größeren. Beide mit einer Querlinie teilen, dann die oberen Bereiche senkrecht halbieren. Dreieckige Ohren anfügen.

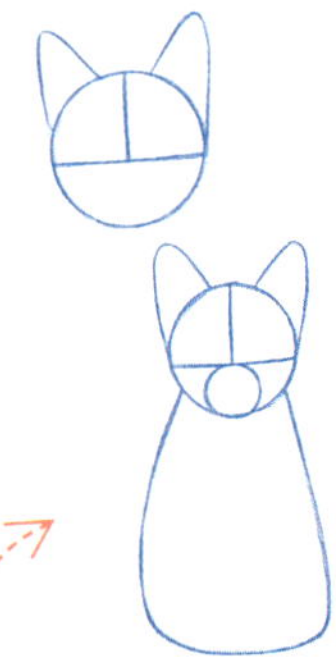

2 Das Katzenjunges bekommt einen U-förmigen Körper und einen runden Hilfskreis für die Schnauze.

3 Dieselben Elemente größer für die Mutter vorzeichnen (sie sind teilweise vom Kätzchen verdeckt).

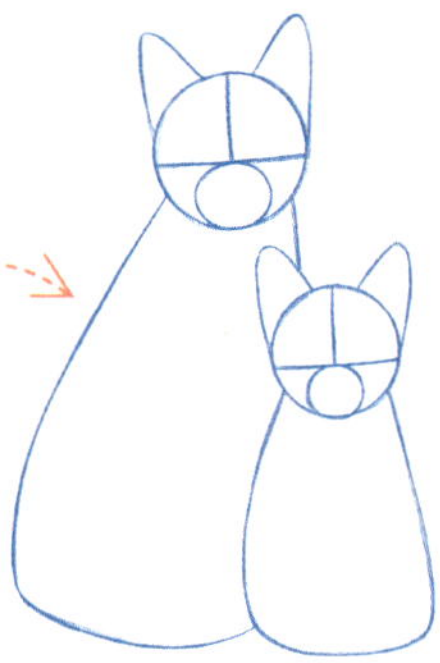

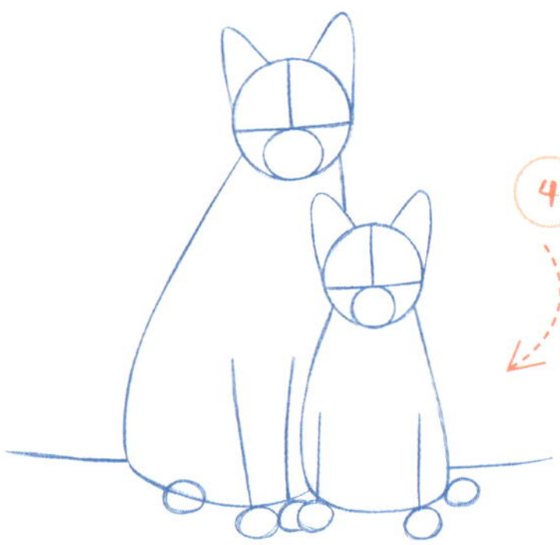

4 Für die Vorderbeine gerade Hilfslinien mit runden Pfoten zeichnen. Eine Hinterpfote ist jeweils unter dem Körper zu sehen. Die Schwänze verlaufen gerade zur Seite.

5 Die Mutter bekommt mandelförmige Augen, die Augen des Katzenkindes sind groß und rund. Beide haben schmale Pupillen und kleine, runde Lichtreflexe. Die Nasen und jeweils zwei Bögen für das Maul anfügen.

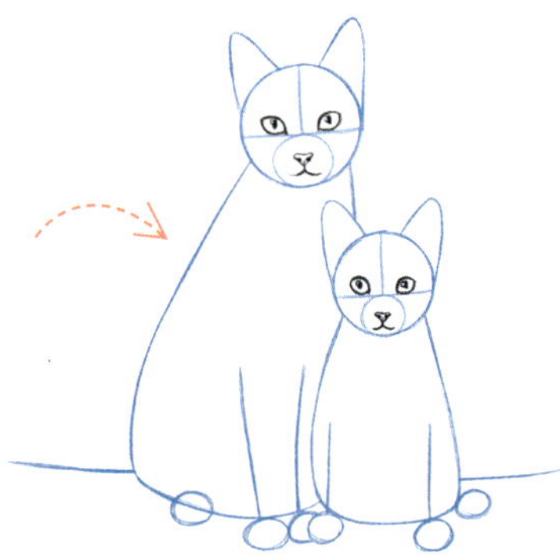

6 Die Ohren ausarbeiten und die Haare im Inneren mit längeren Strichen andeuten. Die Vorderbeine des Katzenbabys stricheln und die Zehen mit kleinen Strichen andeuten.

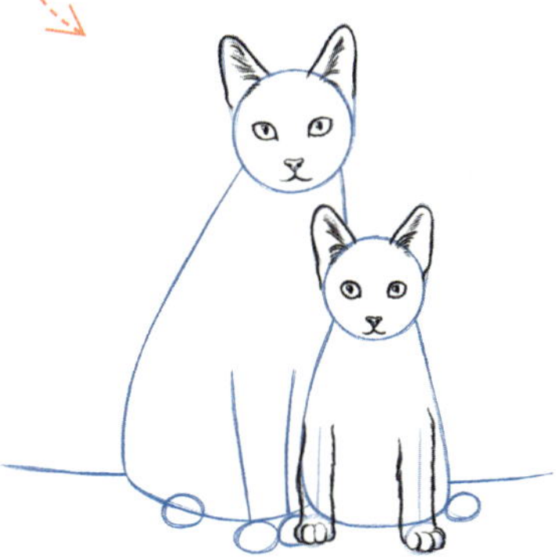

7 Die Köpfe ausarbeiten, dabei den Kopf der Mutter dreieckiger ausformen. Die Beine anhand der Hilfslinien entwickeln.

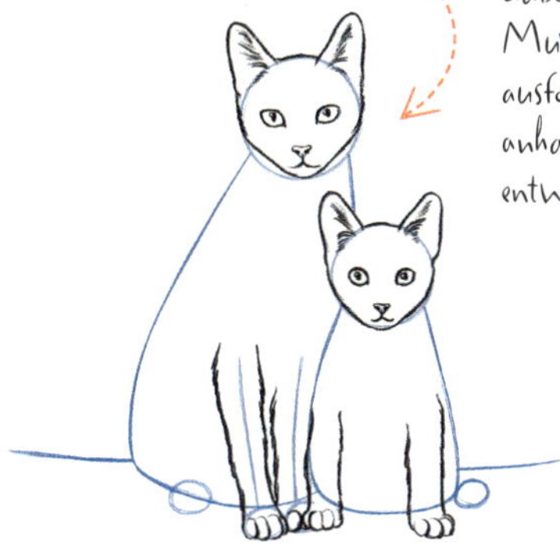

8 Die restlichen Körperkonturen mit zügigen, kurzen Strichen ausarbeiten. Die Hilfslinien ausradieren.

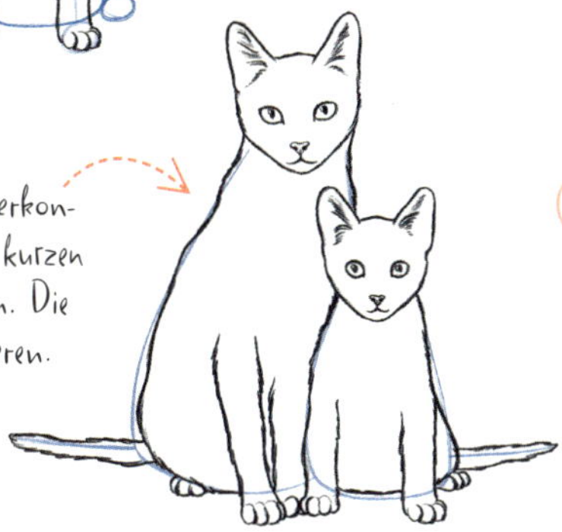

9 Das Fell der Mutter sandbeige kolorieren. Das Katzenjunges ist heller und hat eine weiße Brust.

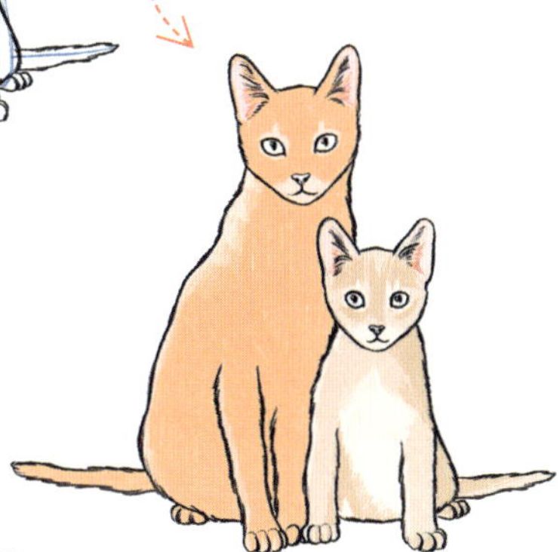

10 Mit Hell- und Mittelbraun einige Schatten und Lichter ausarbeiten. Die Streifen in verschiedenen Brauntönen einfügen, damit die Katzen gut zu unterscheiden sind. Die Augen hellgelb malen, die Nasen rosa.

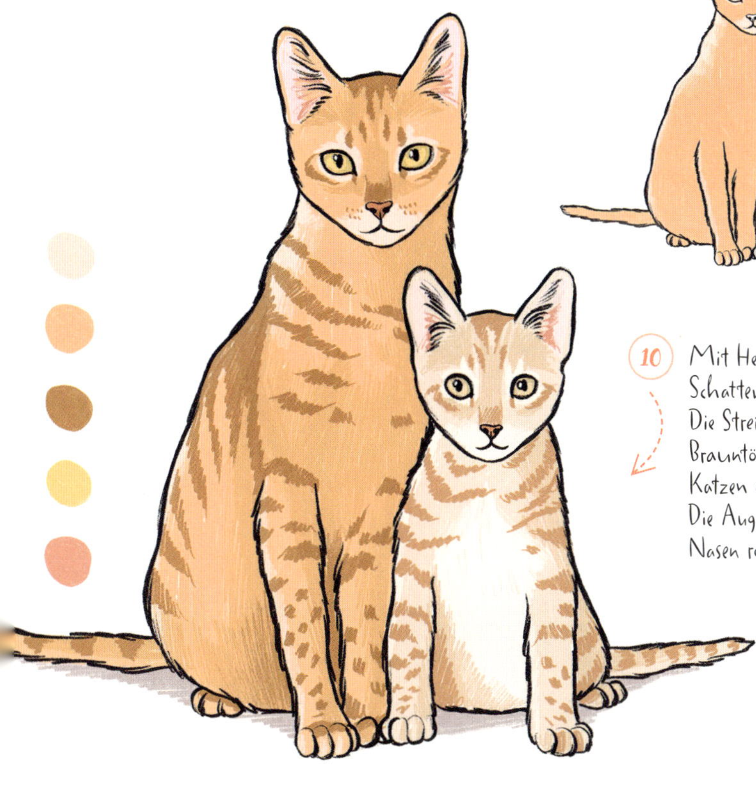

Abessinier

Abessinier haben einen rundlich-keilförmigen Kopf, mandelförmige Augen, große Ohren und flach anliegendes Fell. Diese beiden Kätzchen putzen sich gegenseitig. Das stärkt ihre Beziehung.

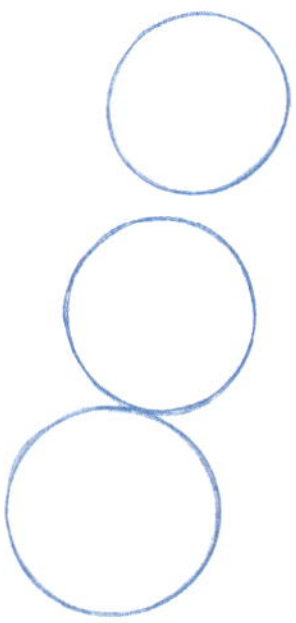

1 Drei Hilfskreise vorzeichnen. Die unteren berühren sich, der obere steht in kleinem Abstand darüber.

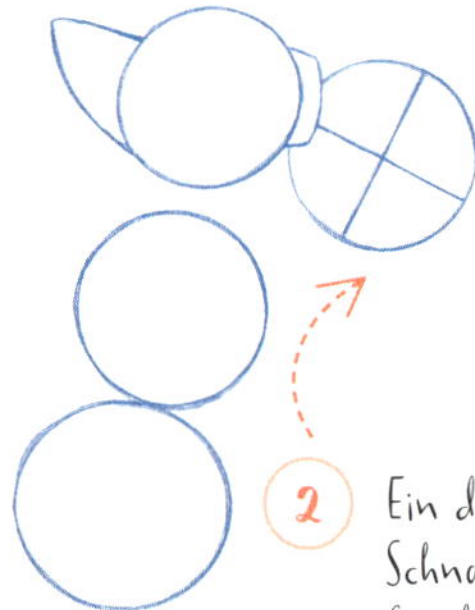

2 Ein dreieckiges Ohr und eine viereckige Schnauze vorzeichnen. Den Hilfskreis für den Kopf des zweiten Kätzchens zeichnen. Er berührt die Schnauze des ersten. Den zweiten Kopf mit schräg stehenden Hilfslinien vierteln.

3 Zwei dreieckige Ohren anfügen. Die drei Kreise des ersten Kätzchens mit fließenden Strichen verbinden.

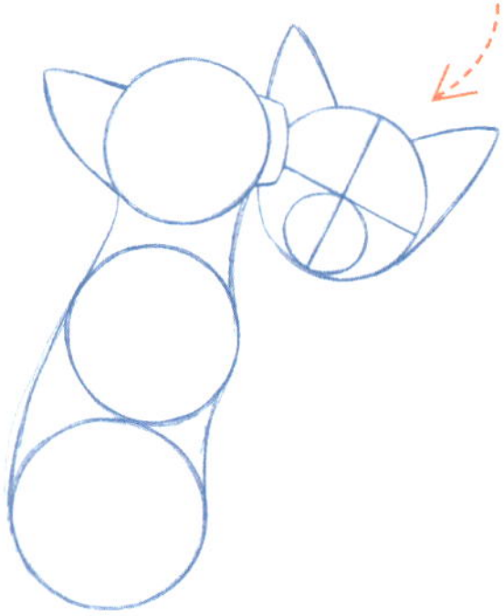

4 Das erste Katzenbaby bekommt zwei senkrechte Hilfslinien für die Beine (das linke ist teilweise vom rechten verdeckt). Ovale Pfoten anfügen und rechts eine einzelne Hinterpfote vorzeichnen. Den Körper des zweiten Katzenbabys vorzeichnen. Zwei Striche für die Vorderbeine und drei Ovale für die Pfoten hinzufügen.

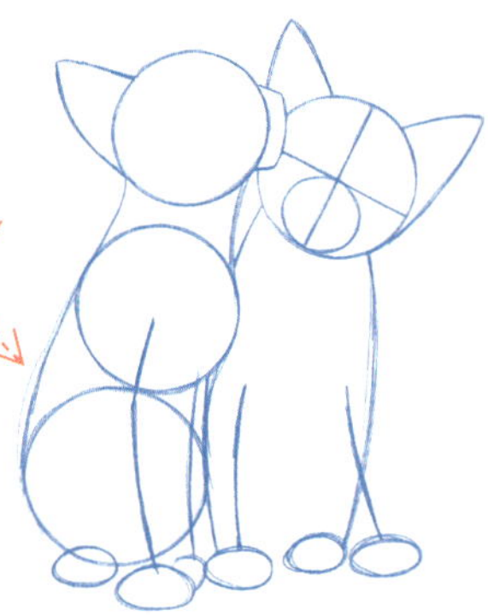

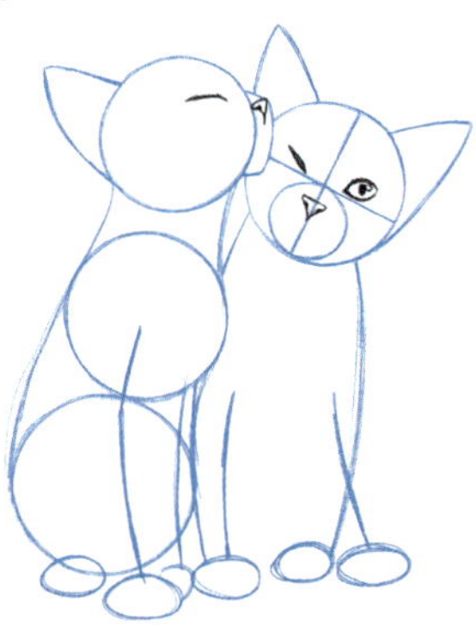

5 Augen und Nasen einzeichnen. Ein Auge des zweiten Kätzchens ist geschlossen, im anderen sieht man die ovale Pupille und einen kleinen Lichtreflex. Das Auge des ersten Kätzchens als kleinen Bogen skizzieren.

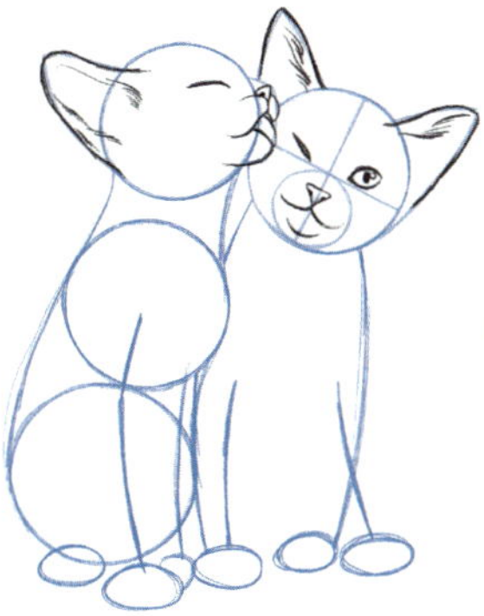

6 Die Ohren genauer ausarbeiten. Das Fell im Inneren mit kurzen Strichen andeuten.

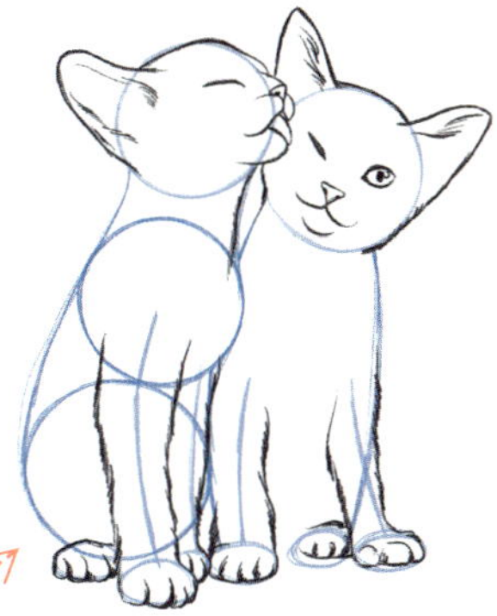

7 Die Konturen der Beine ausarbeiten und stricheln. Die Zehen mit kleinen Strichen andeuten.

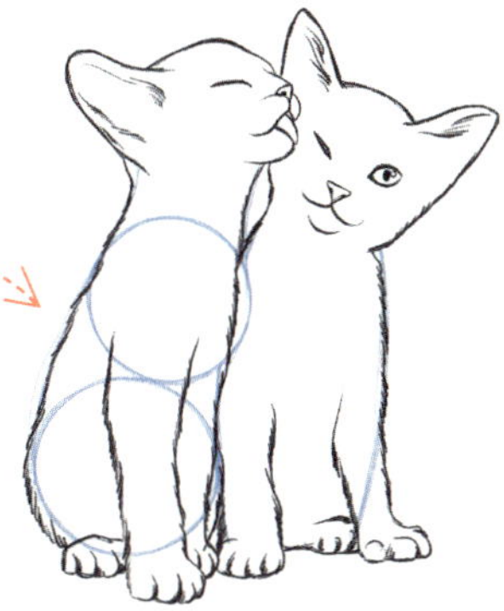

8 Die übrigen Körperkonturen ebenfalls stricheln. Die Hilfslinien ausradieren.

9 Augen, Nasen und Hälse mit hellem Gelb kolorieren, für das restliche Fell einen Orangeton verwenden. Die Augen sind hellblau, die Lichtreflexe bleiben weiß. Nasen und Zunge rosa malen und zuletzt weiße Barthaare hinzufügen.

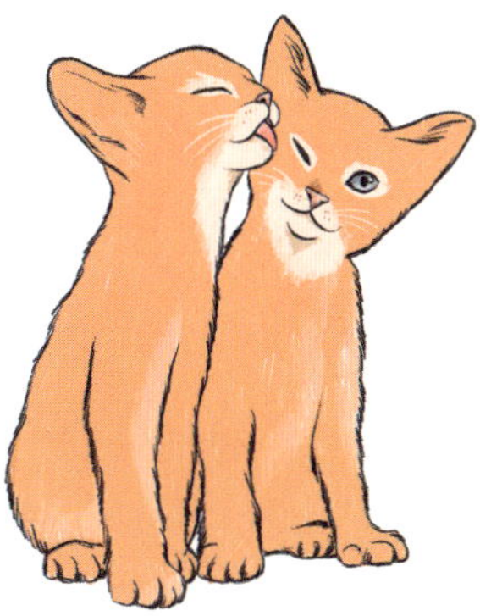

10 Die Zeichnung mit einem mittleren Sandbeige schattieren.

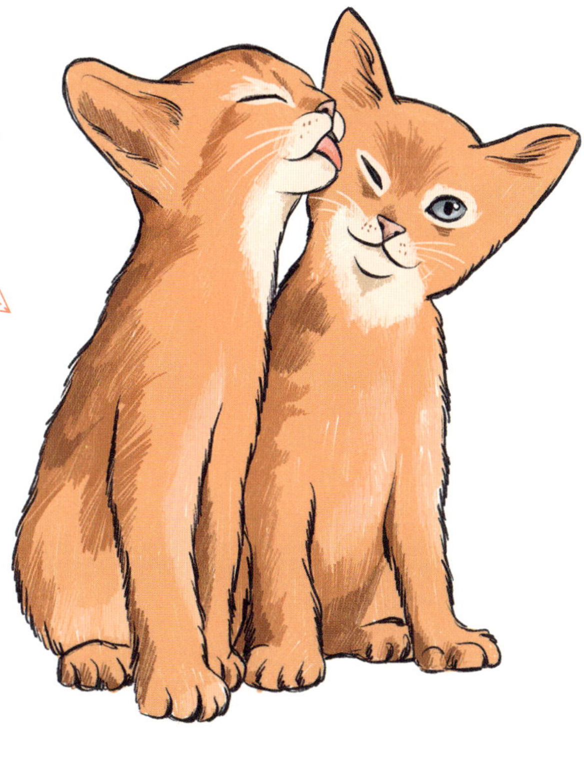

Exotisch Kurzhaar

Diese Rasse hat einen breiten Kopf mit kleinen, weit auseinander stehenden Augen. Die Beine sind kurz, der Schwanz ist buschig. Diese Jungkatze ist völlig entspannt.

1 Mit einem Kreis für den Kopf beginnen.

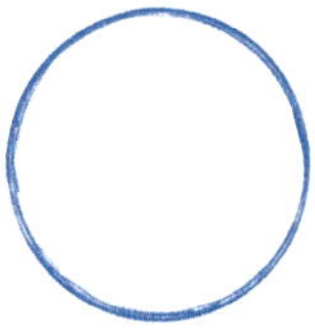

2 Zwei dreieckige Ohren anfügen. Eine schräge Hilfslinie in den Kopf zeichnen und den unteren Bereich halbieren.

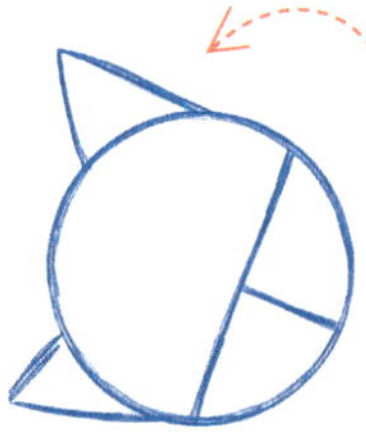

3 Links daneben einen Kreis ähnlicher Größe für den Körper zeichnen.

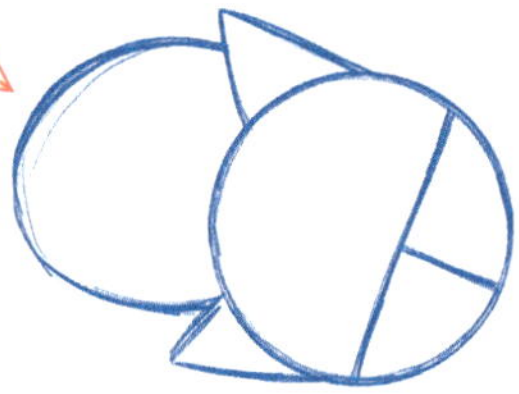

4 Hilfslinien für die Beine einfügen. Die linken Beine sind wegen der Perspektive kürzer als die rechten. Kreise für die Pfoten anfügen.

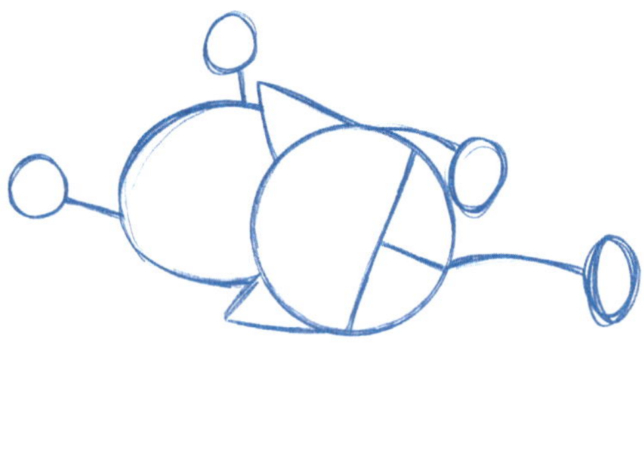

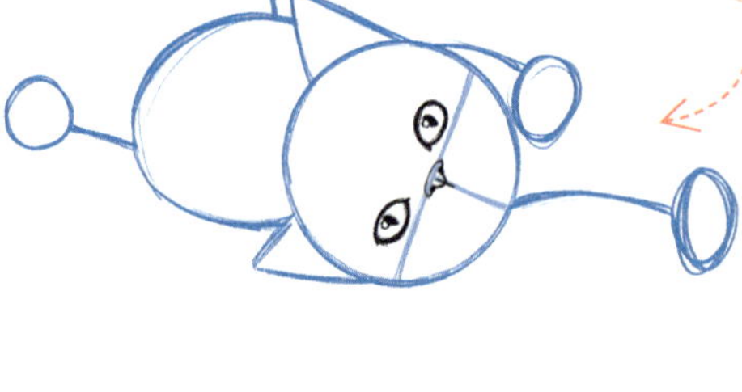

5 Anhand der Hilfslinie zwei große ovale Augen einzeichnen. Ihre inneren Winkel sind spitz. Die Nase auf der Kreuzung der Hilfslinien platzieren.

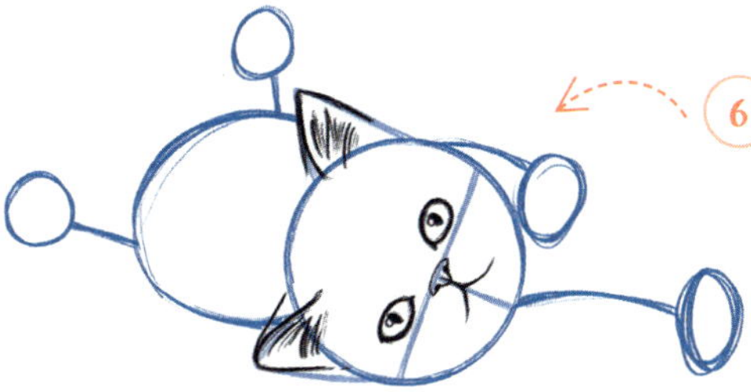

6 Zwei flache Bögen für das Maul hinzufügen. Anhand der Hilfslinien die Ohren ausarbeiten. Die Haare durch längere Striche andeuten.

7 Die Konturen von Kopf und Körper mit kurzen Strichen nachzeichnen. Barthaare beiderseits der Nase hinzufügen.

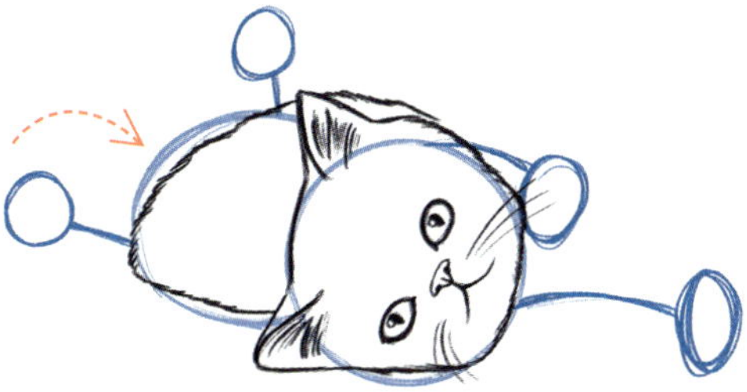

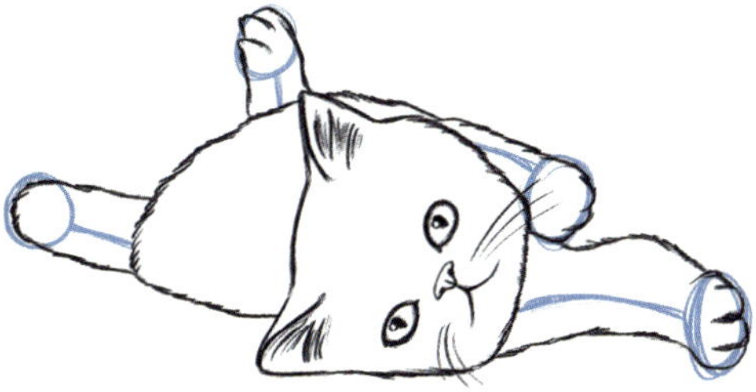

8 Anhand der Hilfslinien die Beine ausarbeiten. Die Zehen durch kurze Striche andeuten.

9 Die Hilfslinien ausradieren und einige Schatten einfügen.

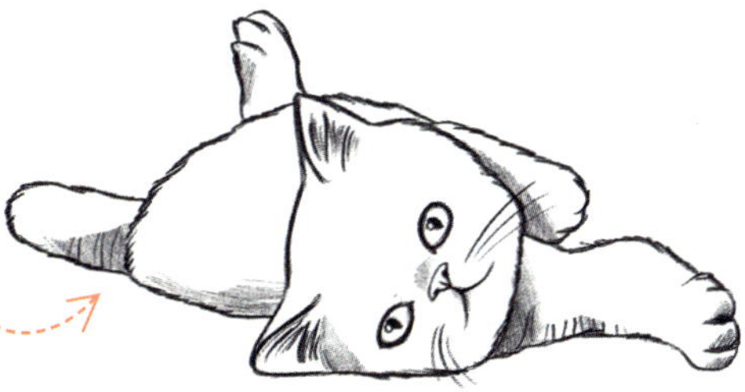

10 Das Fell in hellem Beige kolorieren. Mit einem dunkleren Ton schmale Streifen auf Stirn, Beinen und Schwanz andeuten. Für die Augen ein helles Blau verwenden.

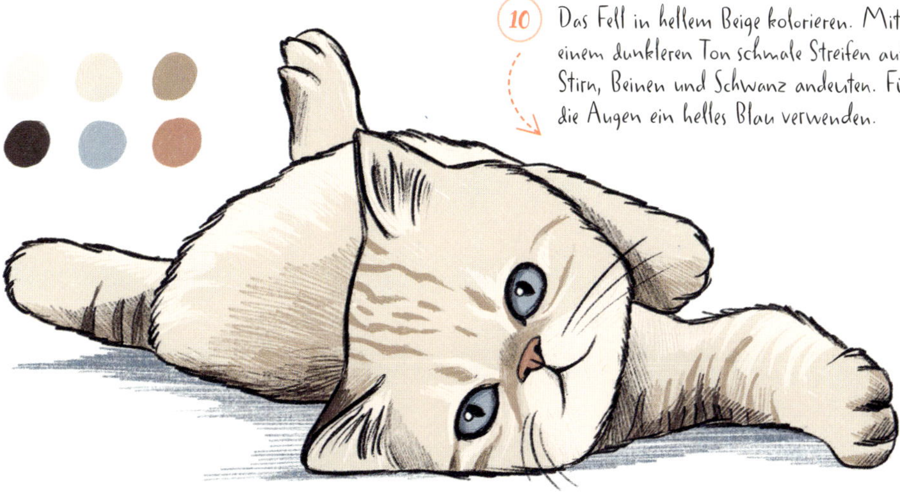

LaPerm

LaPerm ist eine Katzenrasse mit lockigem Fell. Die lebhaften Tiere sind immer zu einem Schabernack aufgelegt.

1 Mit einem Kreis für den Kopf beginnen.

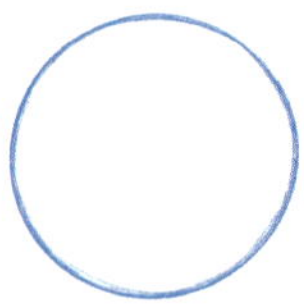

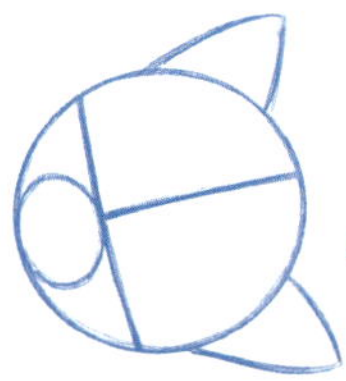

2 Zwei dreieckige Ohren anfügen. Im linken Drittel eine schräge Hilfslinie einzeichnen. Den rechten Bereich halbieren. Einen Hilfskreis für die Schnauze einzeichnen.

3 Rechts und links vom Kopf Kreise für die Vorderpfoten skizzieren. Für den Körper zwei parallele Bögen zeichnen und die Pfoten mit diesen verbinden.

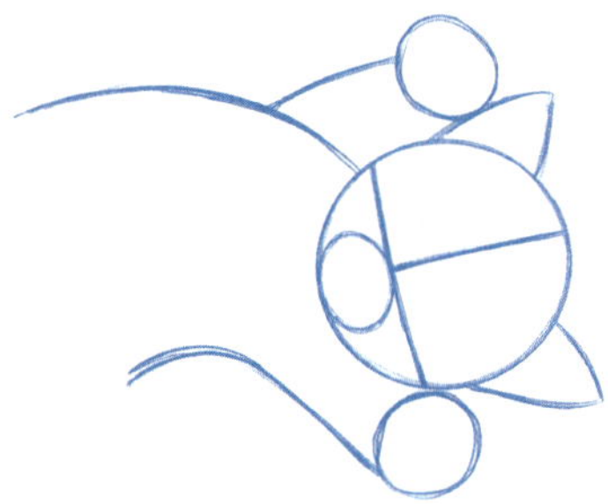

4 Die Hilfslinien für den unteren Körper zeichnen. Ein Kreis und eine U-Form bilden das rechte Hinterbein. Das linke Hinterbein liegt neben dem Körper.

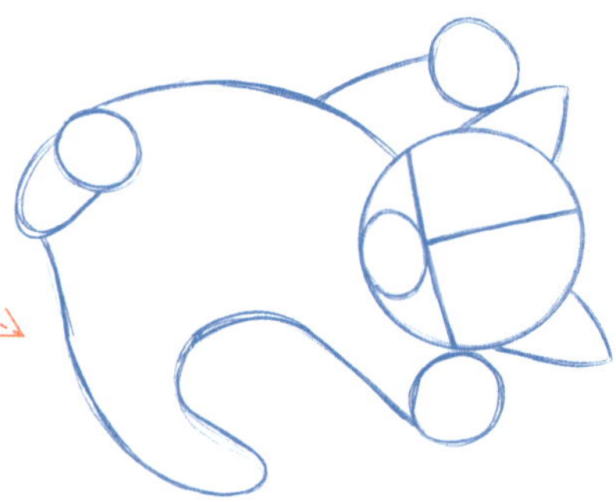

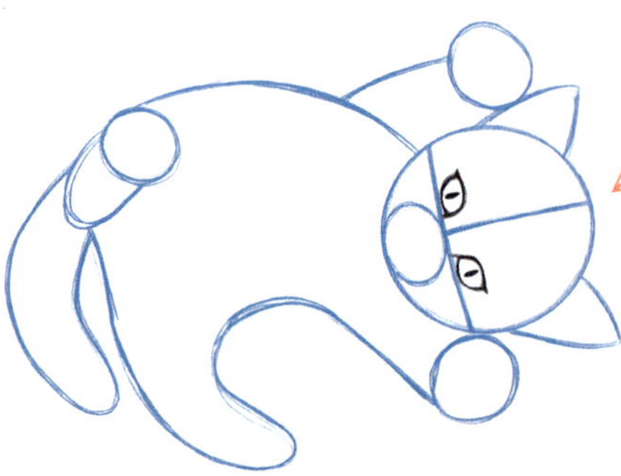

5 Den Schwanz skizzieren. Anhand der Hilfslinien zwei mandelförmige Augen einzeichnen. Ihre inneren Winkel sind spitz.

6 Die Nase und zwei flache Bögen für das Maul hinzufügen. Die Ohren genauer ausarbeiten, dabei Details im Inneren andeuten.

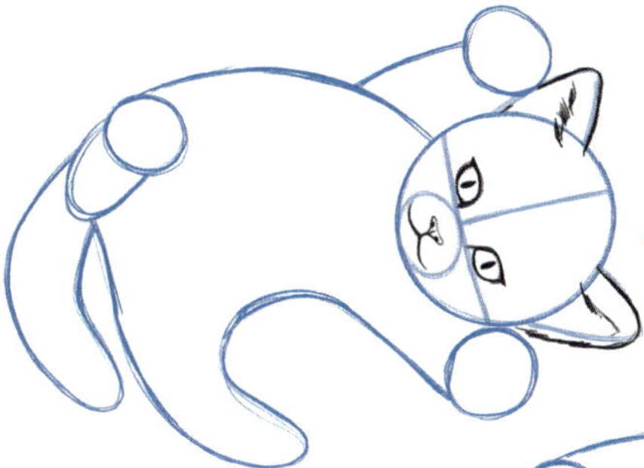

7 Anhand der Hilfslinien den restlichen Kopf und die Vorderbeine stricheln, um das Fell anzudeuten. Details der Pfoten einzeichnen.

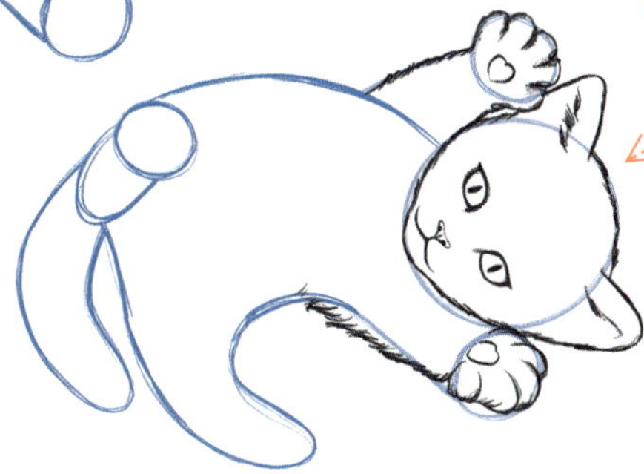

8 Die Hinterbeine stricheln und die Ballen der Hinterpfote einzeichnen. Die Zehen der linken Pfote durch kleine Bögen andeuten.

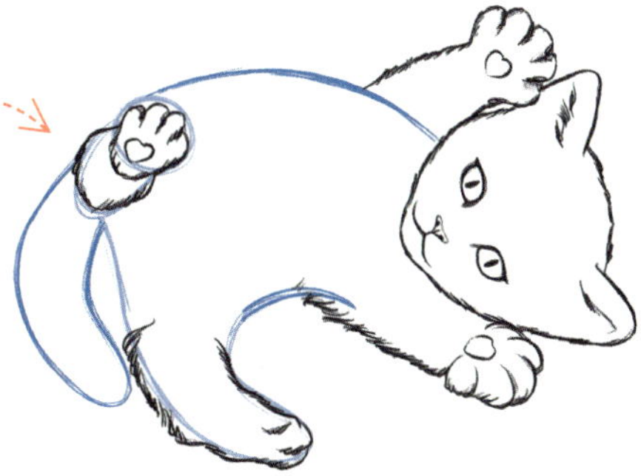

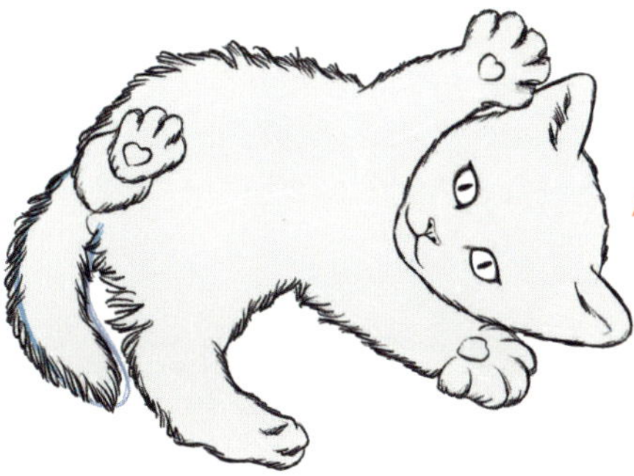

9 Die restlichen Konturen so ausarbeiten, dass das lockige Fell erkennbar wird. Die Hilfslinien ausradieren. Den Körper in Hellgrau und gebrochenem Weiß kolorieren.

10 Beim Schattieren mit kurzen, welligen Strichen arbeiten, um die lockige Fellstruktur zu verdeutlichen. Die Pfotenballen rosa kolorieren, die Augen hellgrün. Die kleinen Lichtreflexe bleiben weiß.

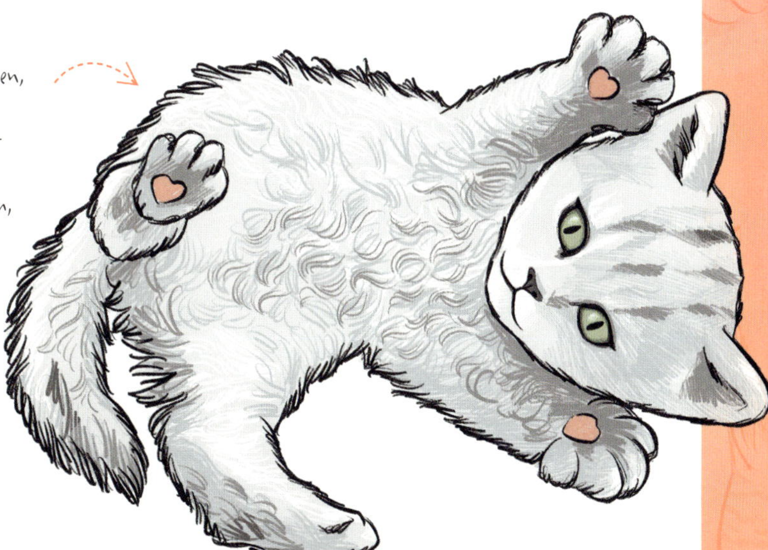

Amerikanisch Kurzhaar

Die Amerikanisch Kurzhaar ist eine kräftige Rasse mit breiter Brust, muskulösem Hals, breitem Kiefer und stämmigen Beinen. Das Fell ist dick und dicht.

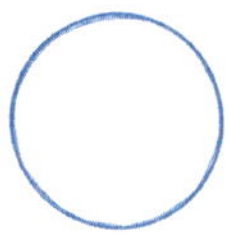

1 Mit einem Kreis beginnen.

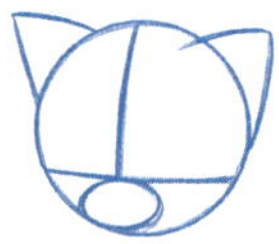

2 Zwei kleine dreieckige Ohren anfügen. Im unteren Drittel einen Querstrich durch den Kreis ziehen, dann den oberen Bereich halbieren. Einen kleinen Hilfskreis für die Schnauze einzeichnen.

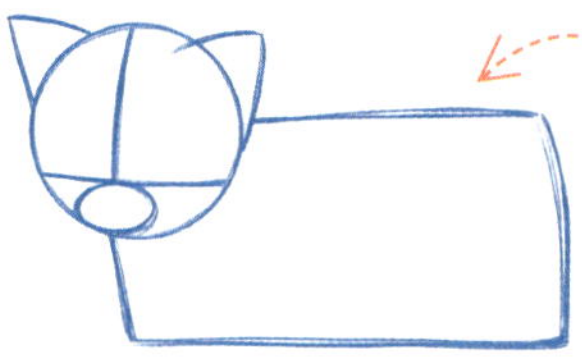

3 Den Körper als Rechteck skizzieren.

4 Die Vorderbeine mit Kreisen für die Pfoten vorzeichnen. Den gekrümmten Schwanz ans Hinterteil anfügen.

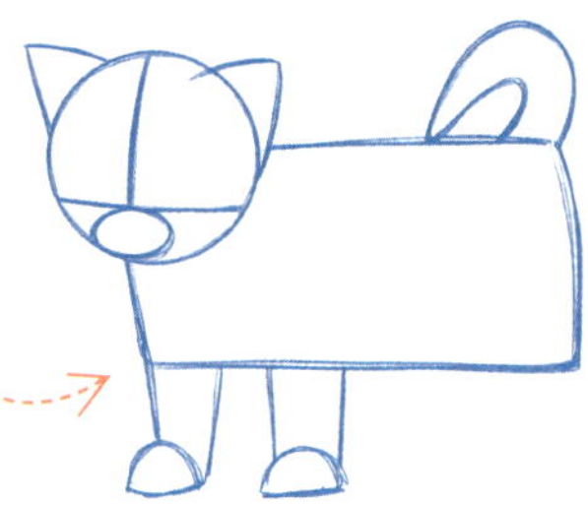

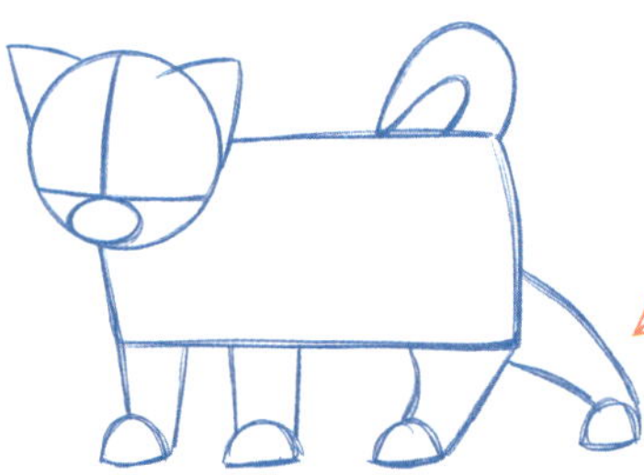

5 Die Hinterbeine samt Pfoten vorzeichnen.

6 Anhand der Hilfslinien die mandelförmigen Augen mit schmalen Pupillen und kleinen runden Lichtreflexen einzeichnen. In den Kreis für die Schnauze die Nase und zwei Bögen für das Maul zeichnen.

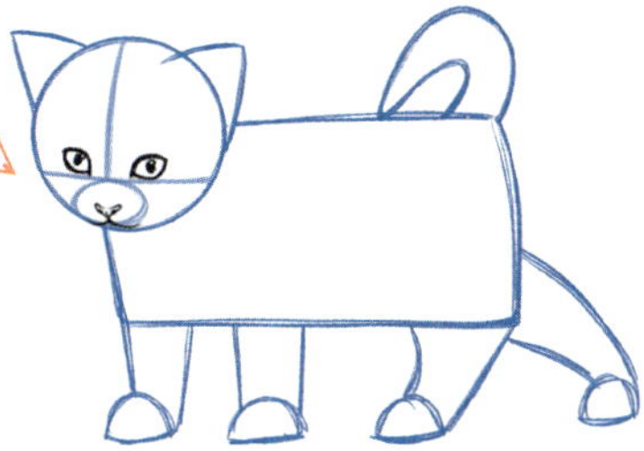

7 Die Ohren genauer ausarbeiten, dabei die Haare im Inneren mit längeren Strichen andeuten. Die Vorderbeine ausarbeiten und die Zehen mit kleinen Strichen andeuten.

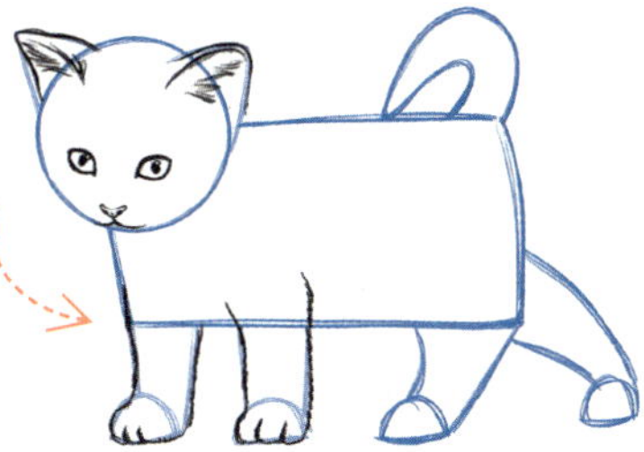

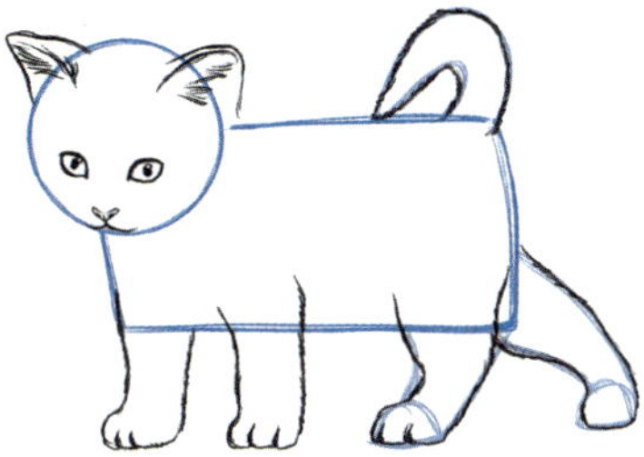

8 Die Hinterbeine und den Schwanz ebenso ausarbeiten, dabei die Konturen stricheln.

9 Den restlichen Körper stricheln, dabei die rechteckige Hilfsform abrunden, damit sie natürlicher wirkt. Die Hilfslinien ausradieren.

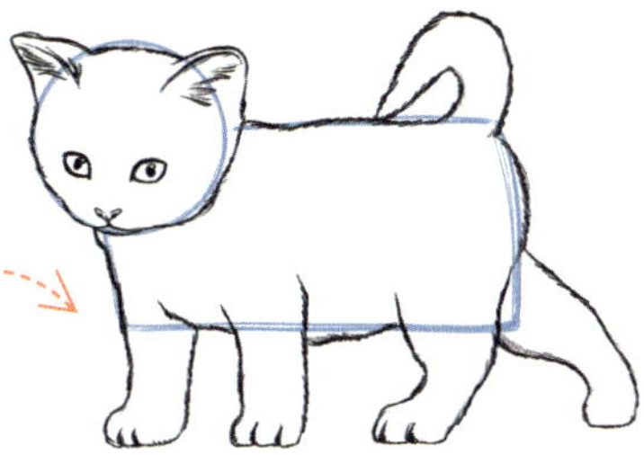

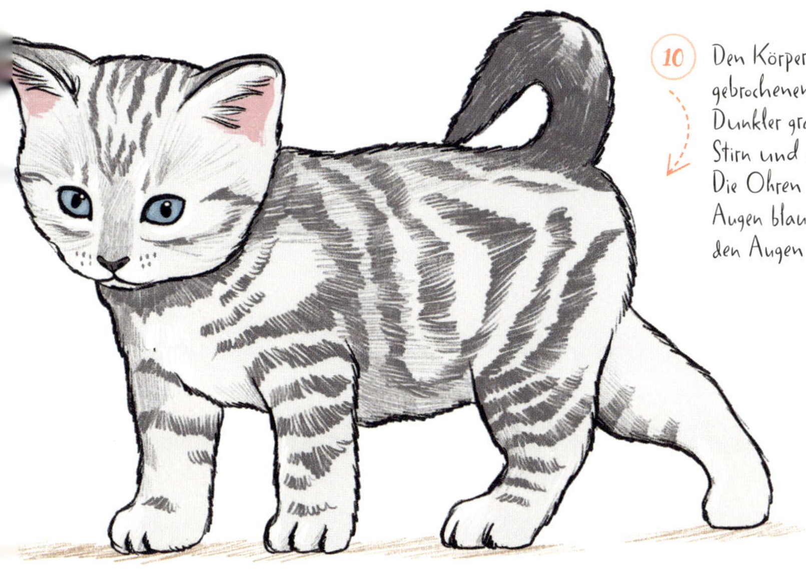

10 Den Körper in Hellgrau und gebrochenem Weiß kolorieren. Dunkler graue Streifen auf der Stirn und dem Körper andeuten. Die Ohren rosa malen, die Augen blau. Die Lichtreflexe in den Augen bleiben weiß.

Schottisch Faltohr

Diese Rasse ist wegen ihrer »Kippohren« unverwechselbar. Die Katzen sind freundlich, gesellig und klug. Sie kommen in verschiedenen Farben und Zeichnungen vor.

1 Mit einem Kreis beginnen.

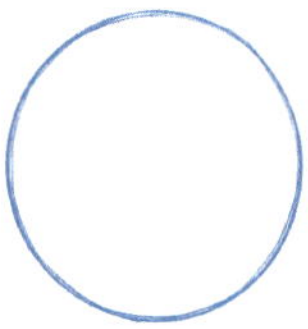

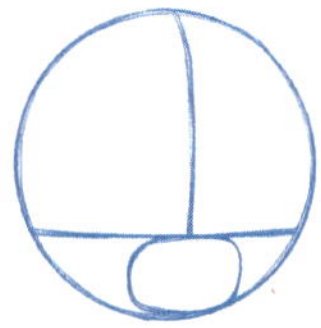

2 Im unteren Drittel einen Querstrich einzeichnen, dann den oberen Bereich senkrecht halbieren. Ein abgerundetes Rechteck für die Schnauze einzeichnen.

3 Zwei dreieckige Ohren zeichnen. Sie überlappen die Kopfkontur. Einen U-förmigen Körper anfügen, der etwa doppelt so hoch ist wie der Kopf.

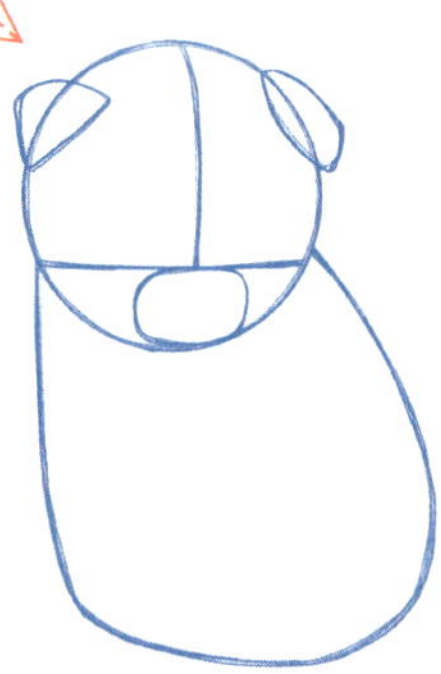

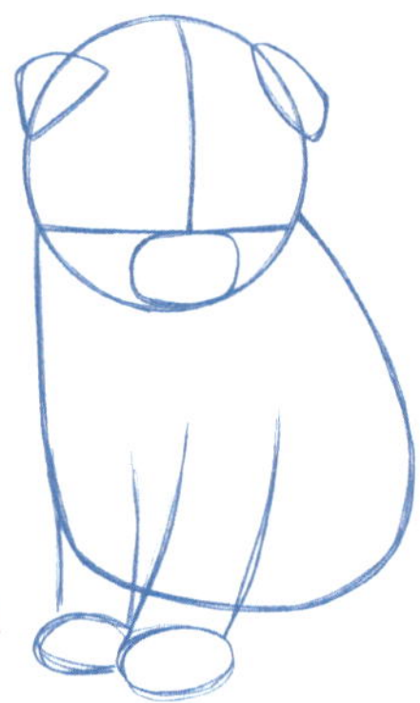

4 Vier Striche für die Vorderbeine vorzeichnen und Kreise für die Pfoten anfügen.

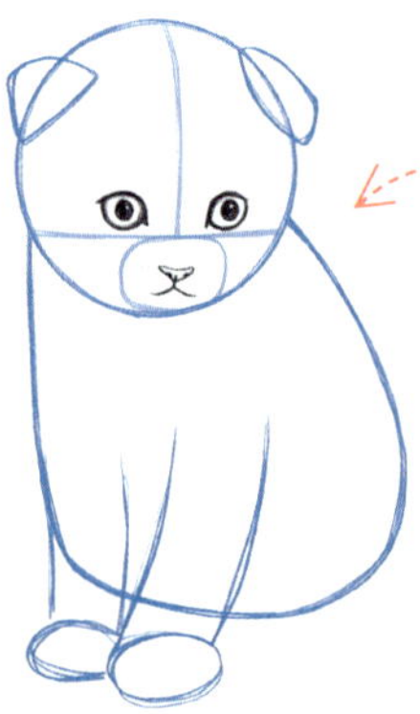

5 Anhand der Hilfslinien zwei runde Augen zeichnen. Runde Pupillen mit kleinen Lichtreflexen einfügen. Die Nase und zwei Bögen für das Maul skizzieren.

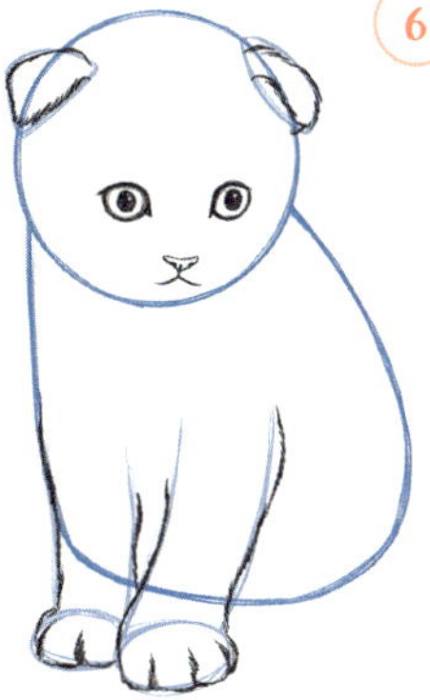

6 Anhand der Hilfslinien die Ohren und Vorderbeine ausarbeiten. Die Konturen stricheln, um das Fell darzustellen. Die Zehen mit kleinen Strichen andeuten.

7 Die Kopfkontur mit sehr kurzen Strichen stricheln.

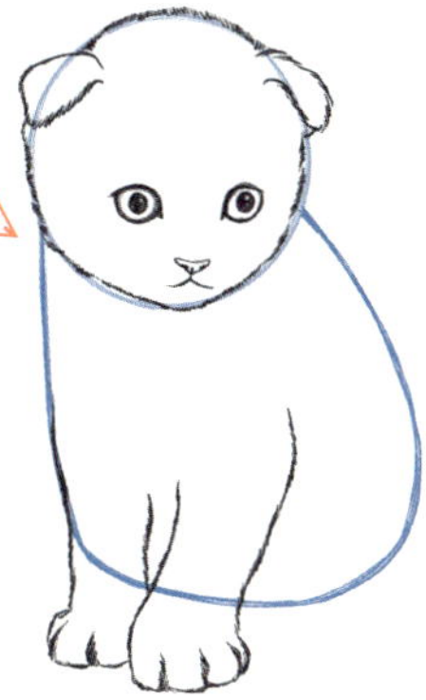

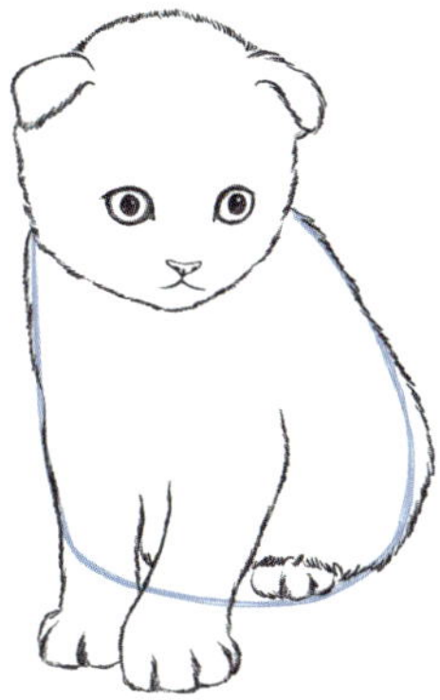

8 Die restlichen Konturen ebenso ausarbeiten. Sie können noch eine Pfote einfügen, die unter dem Bauchfell herausschaut. Die Zehen mit kleinen Bögen andeuten. Die Hilfslinien ausradieren.

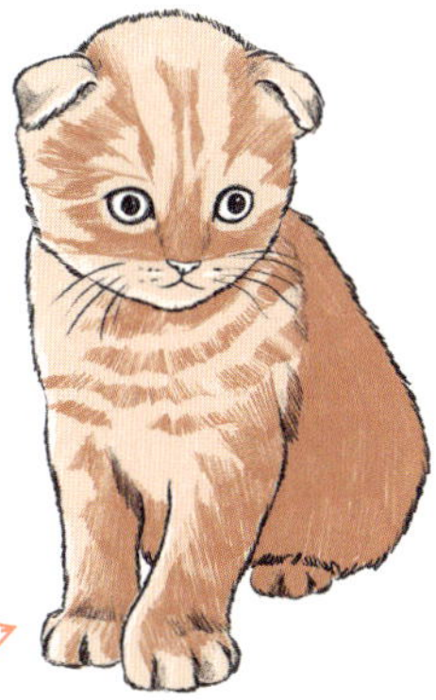

9 Einige Schatten einfügen. Die Barthaare auf beiden Seiten der Nase zeichnen.

10 Lichter und Schatten mit hellen und mittleren Brauntönen herausarbeiten. Die Augen hellblau kolorieren, die Lichter bleiben weiß.

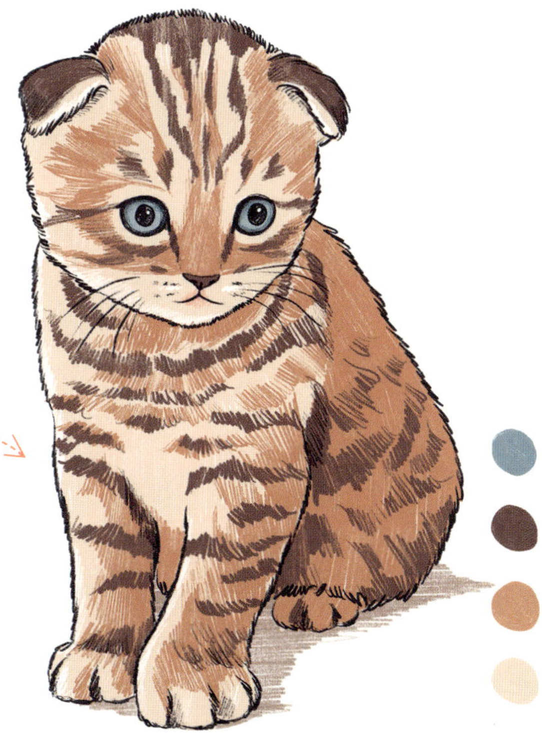

Tonkinese

Tonkinesen gibt es in verschiedenen Farben. Sie haben ein kurzes, anliegendes Fell, das sich sehr weich und seidig anfühlt.

1 Zwei Hilfskreise zeichnen. Beide im unteren Drittel mit einer Querlinie teilen, dann die oberen Bereiche senkrecht halbieren. Kreise für die Schnauzen einfügen.

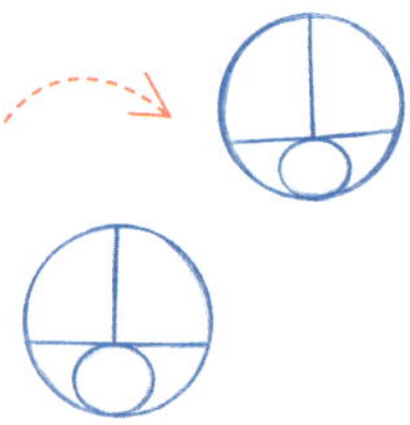

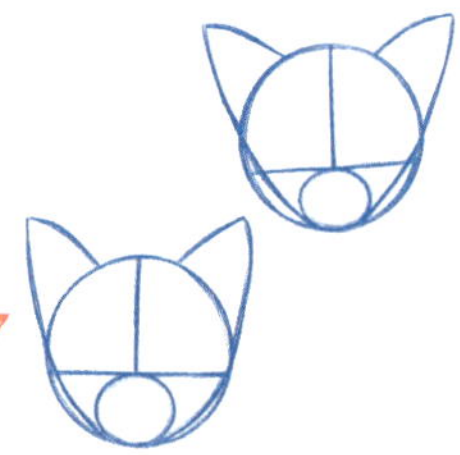

2 An jeden Kopf zwei Ohren anfügen. Die Seitenlinien der Ohren verlängern, sodass das Kinn spitzer wird.

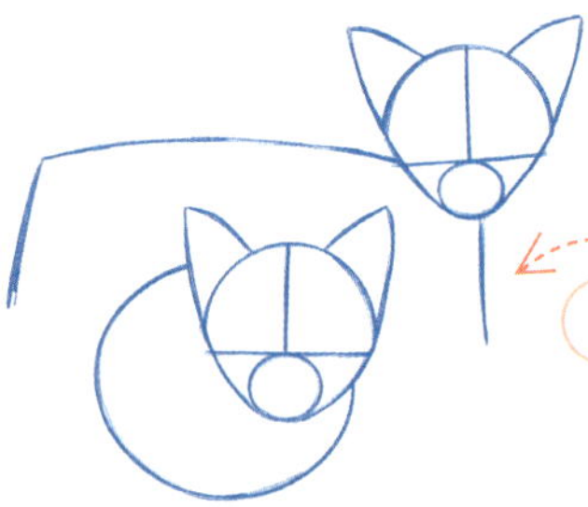

3 Die Hilfslinien der Kopfseiten ausradieren. Für den Körper des oberen Kittens einen langen Strich nach links und einen kurzen senkrechten unter dem Kopf zeichnen. Schräg links unter den anderen Kopf einen größeren Kreis setzen.

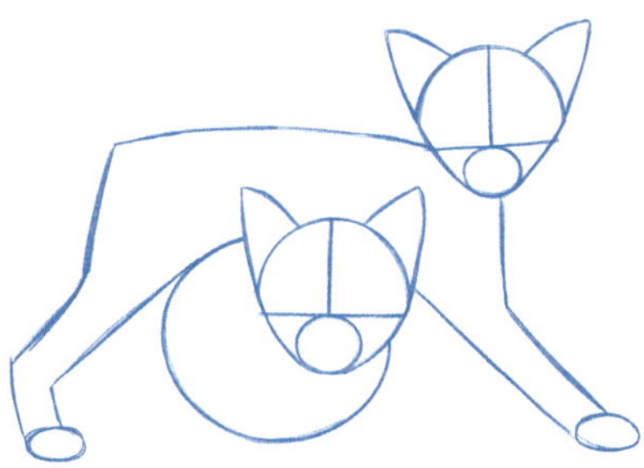

4 Ausgehend vom Rumpf die Beine des oberen Kätzchens vorzeichnen.

5 Vom unteren Kätzchen sieht man nur zwei Vorder- und eine Hinterpfote. Alle drei mit kleinen Kreisen skizzieren. Den Schwanz des oberen Tiers und seine teilweise verdeckten Beine vorzeichnen.

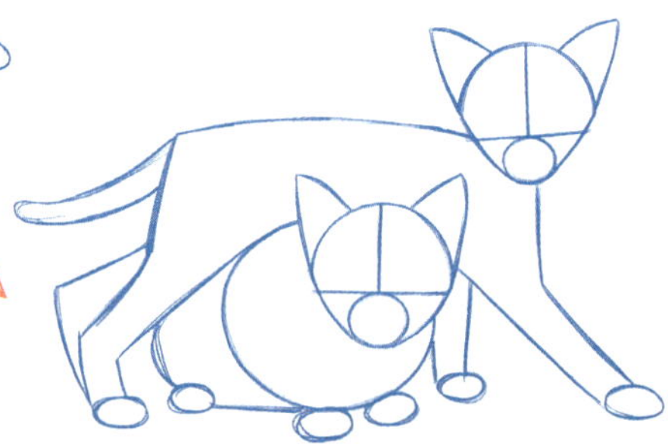

6 Anhand der Hilfslinien die Augen und Nasen einzeichnen.

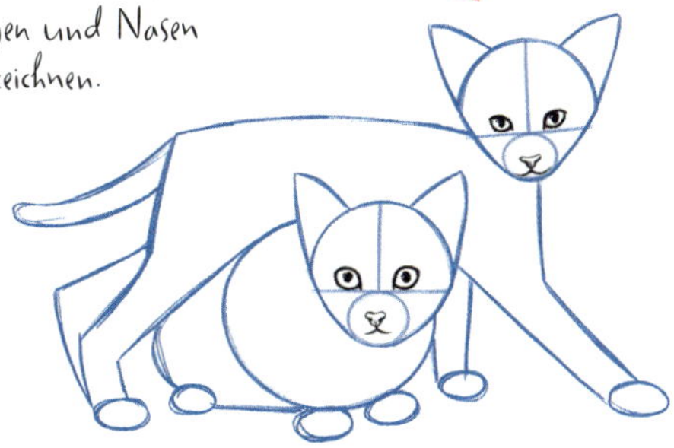

7 Die Köpfe und Ohren ausarbeiten, dabei die Haare in den Ohren mit kurzen Strichen andeuten.

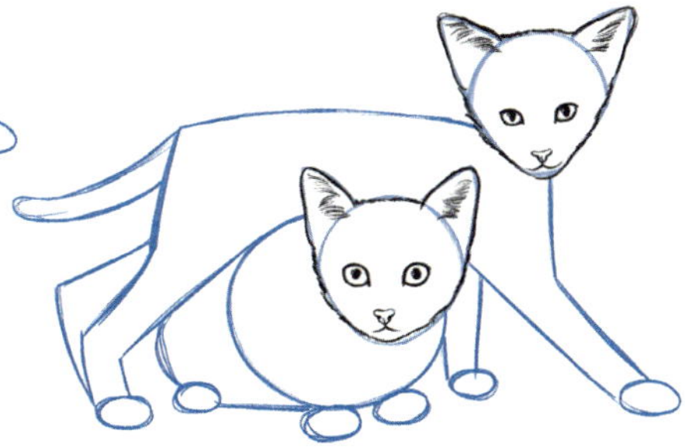

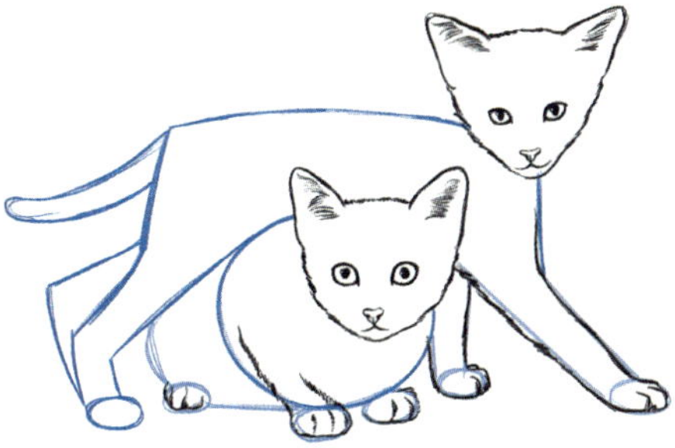

8 Die Beine aus den Hilfslinien entwickeln und die Konturen stricheln. Die Zehen durch kleine Striche andeuten.

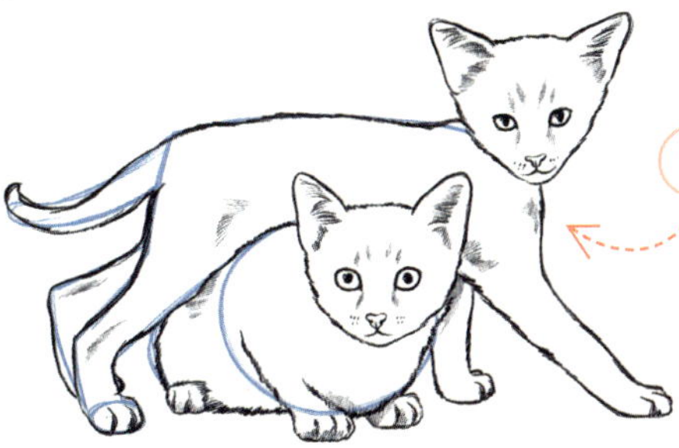

9 Die Körper fertig ausarbeiten, dabei das Fell durch kurze Striche darstellen. Die Hilfslinien ausradieren.

10 Die Körper hellbeige kolorieren. Gesichtsmasken, Beine, Ohren und Schwänze etwas dunkler eintönen, aber auf weiche Übergänge achten. Die Augen blau oder grün malen, die Lichtreflexe bleiben weiß.

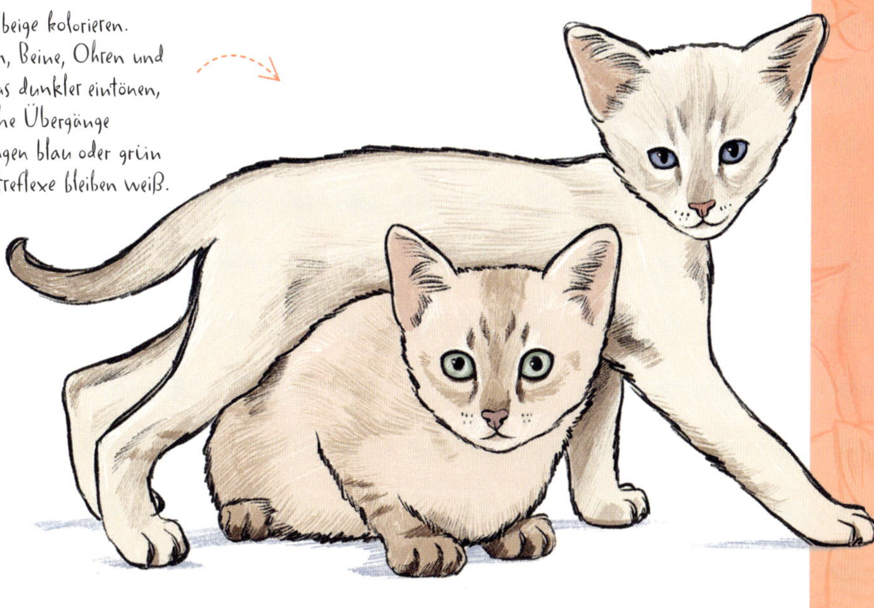

Ocicat

Die Ocicat hat ein kurzes, glattes, geflecktes Fell. Das Muster ist in typischer Weise auf den Körperseiten verteilt und setzt sich auf den Beinen fort.

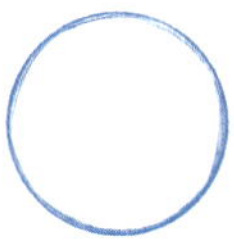

1 Mit einem Kreis für den Kopf beginnen.

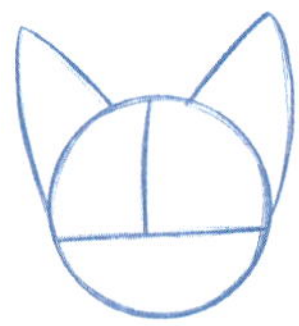

2 Den Kopf mit einer Querlinie teilen, dann den oberen Bereich mit einer senkrechten Linie halbieren. Zwei große dreieckige Ohren anfügen.

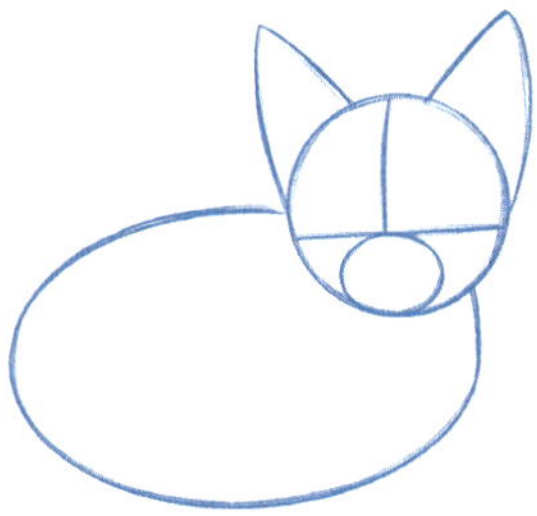

3 Einen Hilfskreis für die Schnauze einzeichnen. Den ovalen Körper anfügen, er ist etwa viermal so groß wie der Kopf.

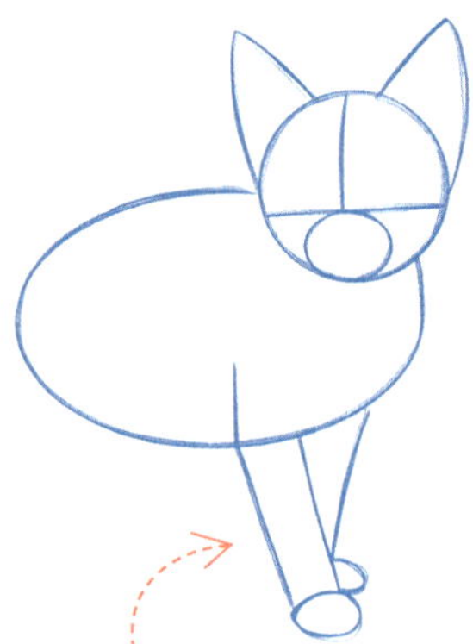

4 Die Vorderbeine vorzeichnen, eins steht leicht vor dem anderen. Ovale Pfoten skizzieren.

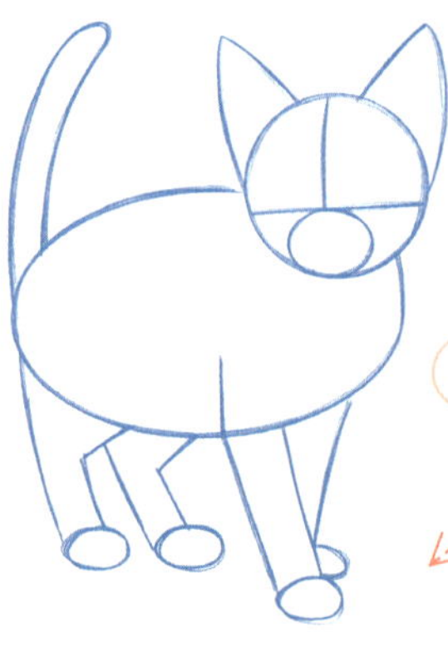

5 Die Hinterbeine mit Pfoten und den Schwanz vorzeichnen.

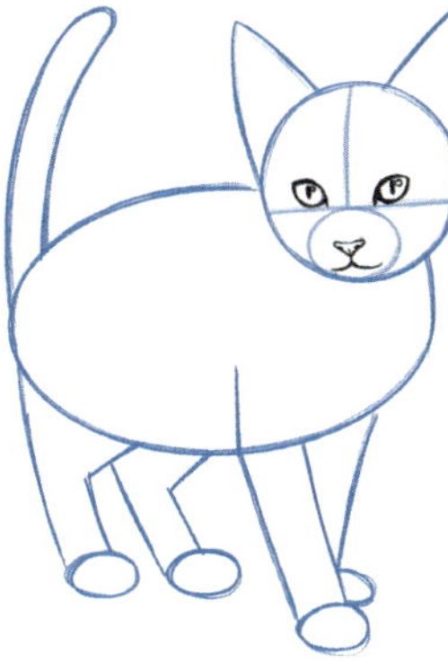

6 Anhand der Hilfslinien die ovalen Augen zeichnen. Schmale Pupillen und kleine Lichtreflexe einfügen. Die dreieckige Nase und das Maul hinzufügen.

7 Die großen Ohren und die Vorderbeine ausarbeiten, dabei die Haare in den Ohren durch Striche darstellen. Die Zehen mit kleinen Strichen andeuten.

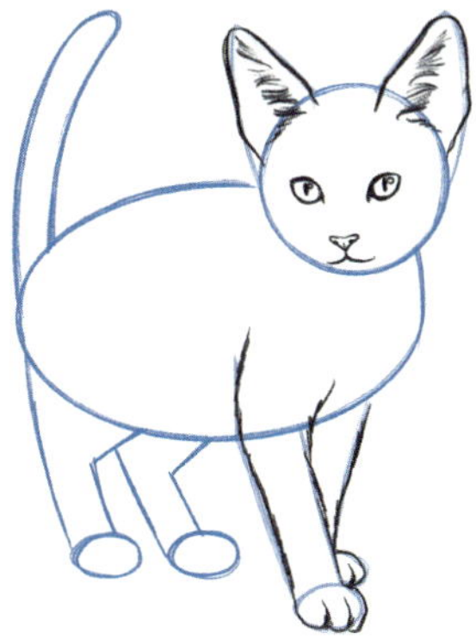

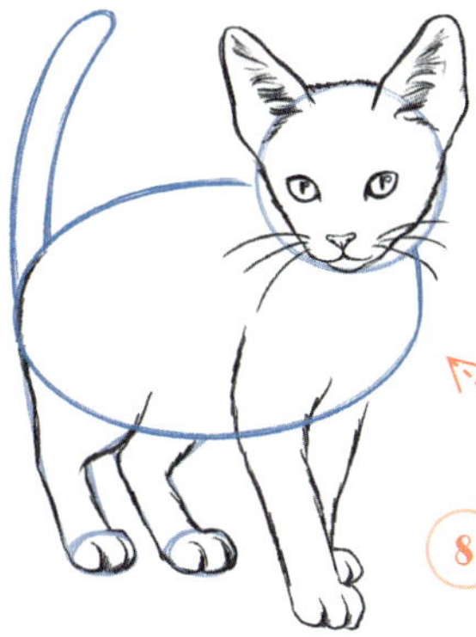

8 Aus dem Hilfskreis den keilförmigen Kopf entwickeln. Die Hinterbeine anhand der Hilfslinien ausarbeiten.

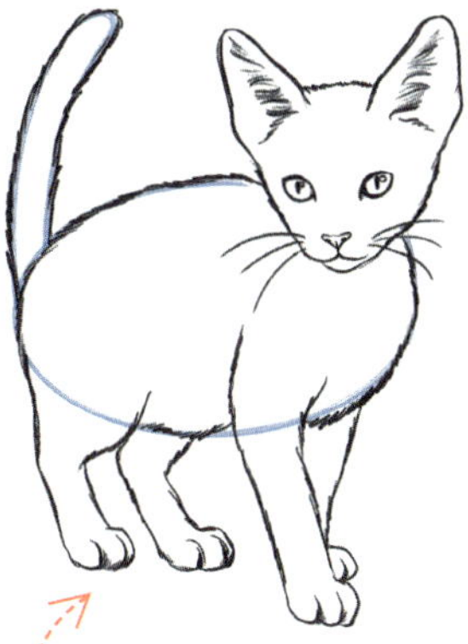

9 Den restlichen Körper und den Schwanz mit kurzen Strichen ausarbeiten. Die Hilfslinien ausradieren.

10 Das Fell in hellem Beige grundieren, Brust und Augenumgebung bleiben weiß. Das Fellmuster mit einem rötlichen Ocker malen. Die Augen hellgrün kolorieren.

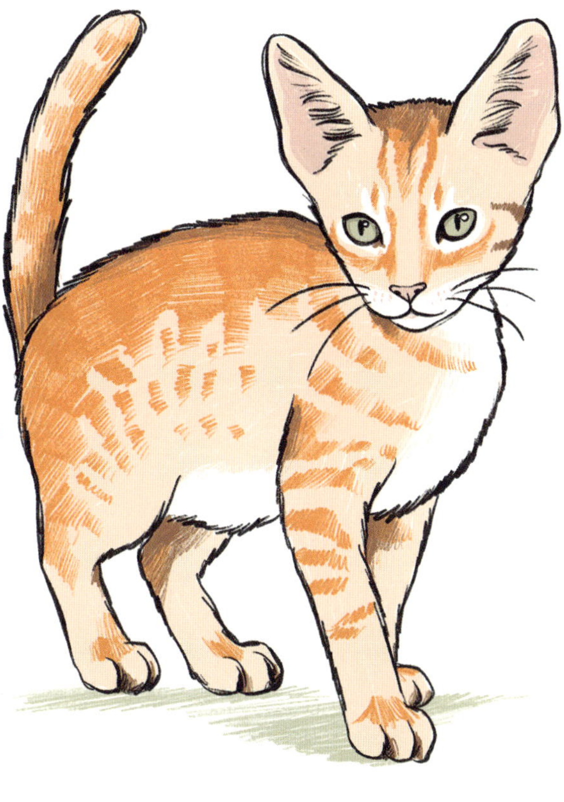

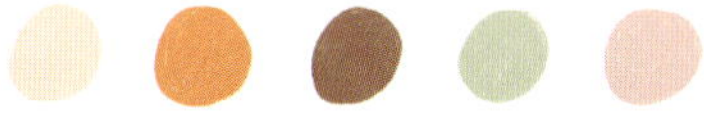

Über die Autorin

Justine Lecouffe lebt in London, wo sie als Illustratorin, Zeichnerin und gelegentlich auch als Storyboard-Artist arbeitet. Das Spektrum ihrer Motive umfasst Mode, Beauty und Natur. Darum kommen viele ihrer Auftraggeber aus Branchen wie Mode, Schmuck und Kosmetik. Obwohl Zeichnen und Illustration ihre Schwerpunkte sind, möchte sie sich gern noch mit vielen anderen Stilen und Genres beschäftigen. Wenn sie gerade nicht zeichnet, kocht sie gern, radelt durch London, fotografiert oder schaut sich im Internet Katzen- und Hundebilder an.

Weitere Informationen über Justine sowie Beispiele ihrer Werke sind auf Instagram @justine_lcf zu finden.

Dank

Vielen Dank an die Leser meiner vorherigen Bücher *10-Steps: Menschen* und *10-Steps: Zuhause*, von denen ich so viele positive Rückmeldungen bekommen habe. Diese fantastische Ermutigung hat mich motiviert, mein drittes Buch zu schreiben.

Herzlichen Dank an das Team von The Bright Press für die Möglichkeit, ein weiteres Buch zu veröffentlichen, und für die großartige Unterstützung.